KB189324

반야심경

무구자 도인 주해

# 반야심경

학산 대원 대종사 강설

불광출판사

# 마하반야바라밀다심경 주해

摩訶般若波羅蜜多心經 註解

●

## 송계 도인 무구자 주

松溪道人 無垢子 註

●

## 학산 대원 대종사 강설

鶴山 大元 大宗師 講說

# 머리글

아! 석가모니 부처님께서 동서사방 종횡으로 중생을 위하여 설법하심이 마침내 49년이라. 그 가운데 21년간 『반야경』을 설하셨으니 이것은 사람의 본래 마음을 가리킨 것이라. 본심은 옛날과 지금에도 떨어지지 않고 망정을 초월하고 견해 또한 여읜 것이니, 담담 고요하고 둥글게 밝아서 형상이 없고 허공처럼 비어 있어서 하늘과 땅이 덮고 싣지 못하고 허공도 삼키지 못하느니라.

그러므로 법계를 안고 삼키며 묘한 법을 드러내니 한 입으로 다 말하지 못하느니라. 깨달은즉 반야 지혜를 쓰고 깨닫지 못하고 미한즉 어리석은 마음을 쓰므로, 오온五蘊, 육근六根과 육경六境과 육식六識의 십팔계가 벌어지느니라.

반야 지혜를 쓸 때 섬광이 한 번 번쩍 하면 마구니의 머리는 깨지고 흩어지며, 음陰의 세계는 쓰러져 엎드리고, 무명 범부는 흔적조차 없으며, 부처님과 조사도 천 리나 물러가니 하나의 티끌도 수고로이 나에게 세우지 못함이라.

부처님께서 봄비를 내리시고 무구자 도인께서 씨를 심으시니 마치 흰 암소와 표범이 서로 등지지 않고 계합함과 같음이라.

무구자 도인께서『반야심경』주해를 내시어 후래 학자가 어려움 없이 쉽게 알 수 있게 하시니 누구든지 접하여 읽으면 즉시에 지혜의 바른 눈을 떠서 바로 허공의 뼈를 뚫어 추리고 종전의 병을 치료하는 침을 발출해 내리라.

　　부딪치는 곳마다 훤히 통하여 해탈해 걸림이 없고 성품에 맡겨 흐름에 따라 마음대로 하니 고요하고 즐거워서 감로의 문을 열고 널리 중생을 이롭게 하느니라. 이로써 위로 부처님과 스승과 부모와 나라에 은혜를 갚는 것이 되리라.

　　부처님의 혜명을 이어서 대법의 광명을 베푸시어 장부로서 분명히 해야 할 일을 마치시니 오직 무구자 도인이로다.


　　손을 털고 집에 이르러 머리를 돌이켜 보니
　　이 가운데 소식을 사람이 알지 못하네.
　　뜰 앞의 소나무는 스스로 겁 밖의 봄이요.
　　계룡산 돌이 희니 만고에 빛남이라.


- 학산 대원 사문 근서

# 序文

咄哉 釋迦老子 指東說西說 了四十九年中 說般若 卽人之本心 今
古不落 超情離見 湛寂圓明 無形虛廓 乾坤不覆載 空也不吞 抱含
法界 流出妙法 一口不盡說 開悟卽用般若 迷卽用痴心 羅列五蘊六
蔽十八界 用般若時 閃光翻爍 魔頭破裂 陰界消伏 無明凡夫無痕跡
佛祖千里退去 一塵不立勞我 如來下春雨 無垢子道人 播種白牯狸
奴 了無向背 無垢子道人 註解 後來學者 無難易解 學者接讀 卽下
開般若正眼 直敎鑽透虛空髓 拔出從前治病鍼 觸處洞然而解脫無碍
任性逍遙 寂然快樂 開甘露門 普利群生 由此上報四重恩 永延慧明
爲大法光明之施 丈夫能事畢 唯有無垢子道人也


頌曰


撒手到家回頭觀 箇中消息人不識
庭前松自劫外春 鷄龍石白萬古輝


鶴山 大元 沙門 謹書

# 책을 열며

이 글은 1998년 11월 동안거부터 2000년 2월 동안거까지 학산 대원 대종사께서 오등선원과 오등시민선원의 대중을 위해 진행하신 소참법문을 정리한 것입니다.

총 36회에 걸쳐 대전 조사와 무구자 도인의 『반야심경 주해』를 강설하셨는데 대전 조사 주해는 약 2회분으로 짧고 무구자 도인의 주해와 겹치는 부분이 많아서 생략했습니다.

또 읽는 분들의 이해를 돕기 위해 강講의 구분 없이 이어서 정리했습니다.

큰스님의 법문을 풀어 정리하기에는 저희들의 공부가 너무나 짧아 큰스님께 오히려 누가 될까 두려웠지만 실참하고 있는 수행자와 진리를 갈구하는 모든 분들에게 큰스님의 법문을 들려드리고 싶은 마음이 더 컸기에 감히 용기를 내었습니다.

돌이켜 보니 더 세밀히 살피고 더 자주 큰스님께 여쭈었더라면 하는 아쉬움이 큽니다. 부디 이 책이 실참실구하는 모든 분들께 마음의 고향에 이르는 반야선般若船이 되었으면 합니다.

이 책을 낼 수 있도록 자리를 마련해 주신 불광출판사 대표 지홍 스님을 비롯한 불광출판사 관계자 그리고 학림사 회주 진호

스님, 학림사 주지 서봉 스님, 경담 스님, 소연 스님, 무진 스님께
감사드립니다.

- 오등시민선원 운영위원회

# 차례

# 강설을 시작하면서

법상에 오르신 후 주장자를 들어 대중에게 보이시고, 법상을 세
번 치신 후에 사자후하셨다.

　　"시회대중時會大衆은 아시겠습니까?"

　　방금 산승이 주장자를 들어서 세 번 치고 물었습니다. 대중
은 아시겠냐? 이 말이지요. 여기에서 알아 계합하면 『반야경』 속
의 골수를 바로 깨달아서 해 마치는 것입니다.
　　부처님은 성도 후 49년 동안 중생을 위해 설법하시고 교화
하셨습니다. 중국의 천태지자天台智者 대사가 교판하신 바에 의
하면 부처님께서는 『화엄경』을 최초의 21일 동안 말씀하시고,
『아함경』을 12년, 『방등경』을 8년, 『반야경』을 21년, 『법화경』을
8년 동안 설하셨습니다. 『반야경』을 가장 오래 설하셨지요.
　　『반야경』은 흔히 600부 반야라고 합니다. 이 600부 『반야
경』을 짐으로 짊어지라면 혼자서는 다 질 수 없을 것입니다. 이
600부나 되는 『반야경』의 골자를 추려서 270자로 압축한 것이

『반야심경』입니다. 골수만 추려서 요긴하게 만든 것이지요.

　글자로 계산하면 270자 밖에 되지 않지만 이 『반야심경』 안에는 부처님께서 49년 동안 설하신 팔만 사천의 법문이 다 포함되어 있습니다. 역대로 무수한 선지식들이 이 『반야심경』에 대해 주해를 냈습니다. 그 가운데 무구자無垢子 도인의 『반야심경』 주해가 후래 학자와 참선 수행하는 사람들에게 도움이 될 것이라 생각되어 여기에 해석을 붙이고, 공부하는 데 필요한 것들을 더 덧붙여서 소참법문小參法門식으로 진행하려고 합니다.

　『반야심경』에 대해 말씀드리기 전에 『반야심경』 주해의 서문을 모두冒頭에 간단히 적었습니다. 후래의 눈 푸른 학자가 보면 많이 매를 칠 것입니다. 매 맞을 각오로 몇 자 붙였습니다.

# 송계도인 무구자

송계도인松溪道人 무구자無垢子라는 분이 있었습니다.

일정한 거주지도 없고 홀연히 나타나서 무엇인가 외우곤 하는데 어느 스님이 들어 보니 어떤 것은 알아듣겠고 어느 부분은 잘 알아들을 수 없었다고 합니다. 그래서 인사를 하고 물어보았습니다.

"말씀하시는 것이 무엇입니까?"

"『반야심경』을 주해註解한 것입니다. 인도에서 전해 내려오는 것인데 희귀한 것이니 한 번 보십시오."

그래서 그것을 받아 훑어보니 좋은 말씀이어서 속장경續藏經에 실었다고 합니다.

예전에 공부하시는 스님들은 대전大顚 조사와 무구자 도인의 주해를 많이 보셨고, 대중들도 선호했습니다. 송광사의 방장이셨던 구산九山 스님께서도 대전 조사 주해를 해석하셨는데, 당시 저도 그것을 들었습니다.

후에 속장경을 열람하다 보니 송계도인 무구자의 주해에는 불교뿐만 아니라 유교, 도교의 견해까지 모두 소개되어 있었습니다. 대전 조사 주해에는 유교와 도교의 견해에 대한 말씀이 없었습니다.

망아지가 천하 사람을 밟아 죽이니
임제도 익숙한 도적은 아니네.

馬駒踏殺天下人
臨濟未是白拈賊

중국 민閩 땅에 후백侯白이라는 천하에 소문난 도적이 있었습니다. 대낮에 부잣집에 들어가서 주인과 가족 그리고 많은 종들이 두 눈을 뜨고 있는데도 들키지 않고 집안의 보물들을 모두 가지고 나왔습니다. 보물을 훔친 후에 산에 올라가서 세상을 보고 '이 어리석은 사람들아!' 하고 웃었지요.

어느 날 보물자루를 짊어지고 가다 어느 마을의 뒷산에 앉아서 쉬고 있는데 한 사람이 우물 안을 들여다보고 앉았다 일어섰다 하면서 안절부절못하고 있는 모습이 눈에 띄었습니다. 이상하다 여겨 보물자루를 메고 내려가서 무엇을 하느냐고 물어 보았습니다. 그 사람[侯黑]이 대답하길, "나는 우리 집 대대로 내려오는 진귀한 보물을 호주머니에 넣고 다녔습니다. 그러던 중 목이 말라 물을 마시려고 우물에 몸을 엎드렸다가 그만 보물이 물에 빠져 버렸습니다." 하고 말하는 겁니다.

"그럼 우물에 들어가서 건지지 않고 뭐하시오."

"나는 물에 들어가는 재주가 없소."

"걱정 마시오. 나는 물에는 귀신이오. 내가 건져 줄 터이니 얼마를 주겠소."

"반은 주리다."

그 말을 듣자 후백은 보물자루를 놓고 우물에 들어가서 찾기 시작했습니다. 그러나 아무리 찾아봐도 보물은 흔적조차 없었습니다. 할 수 없이 밖으로 나와 보니 후흑은 이미 후백의 보물자루를 메고 달아나 자취조차 찾을 수 없었습니다.

이 이야기를 여러분에게 들려주는 까닭이 무엇이겠습니까? 여기에는 깊은 뜻이 숨겨져 있습니다. 이것을 바로 알면 하늘에서 비행기가 곡예를 하는 것같이 대용大用의 세계에서 종횡무진으로 쓰게[用] 되는 것입니다.

높고 높은 산에서
실오라기 하나 걸치지 않은 알몸이 드러나듯
소반 위에 구슬이 드러나듯
홀로 하늘 땅 위를 걸으니
나와 짝할 사람 그 누구인가?

巍巍落落赤裸裸
獨步乾坤誰伴我

　　대각사의 용성(龍城, 1864~1940) 스님께 전강(田岡, 1898~1975) 스님이 찾아오셨습니다. 용성 스님이 물었습니다.
　　"영신아!"
　　"예!"
　　"공부를 많이 했다고 하니 하나 물어보자!"
　　"예! 하문하시지요."
　　"어느 것이 제일구第一句이지?"
　　"예?"
　　용성 스님께서는 전강 스님이 잘못 들은 것 같아 다시 "영신아!" 하고 불렀고 전강 스님은 "예!" 하고 대답했습니다. "이것이 일구이니라." 그러자 전강 스님께서 일어나 손뼉을 치면서 "큰스님께서 살피지 못했습니다." 하고 문을 열고 나가니, 용성 스님이 말씀하시길, "내가 너에게 속았다." 하셨습니다. 선지식은 원래 납자衲子를 점검해 보기 위해 일부러 속아 주는 것입니다. 그러면서 납자를 간파하여 점검하는 것입니다.

　　이것은 공부하여 대지혜를 밖으로 드러내어 쓸 수 있는 그런 세계에서 오고간 말입니다. 용성 스님께서 납자의 공부 깊이가 어떠한가 알기 위하여 방망이 맞을 요량을 하고 납자 속으로 들어가신 것이지요. 일단 언하에, 눈 마주칠 때 간파했으면서도 재차 물어 보는 선지식이 많습니다. 그러면 안으로 공부한 내용과, 알고 있는 것을 밖으로 어떻게 표현하는지 볼 수 있습니다.

언어로 100퍼센트 맞게 표현할 수는 없습니다. 언어로 100퍼센트 맞게 표현할 수 있다면 부처님께서 왜 걱정을 했겠습니까? 그러나 세상 사람들은 진짜를 모르고, 진짜를 가르쳐 주기 위한 방편에 속고 있습니다. 반야의 눈이 열린 사람은 속지 않습니다. 그러나 눈이 열리지 않은 사람은 속게 되어 있습니다. 그런 것을 잘 알고 들어야 합니다.

# 대원 스님의 법맥

용성 대종사

고암 대종사

대원 대종사

〈 고암 스님의 전법 〉

천성선원의 용성 스님께 고암 스님이 물었습니다.

"『금강경』은 전부 공리空理입니까?"

용성 스님께서 "반야의 공리는 정안正眼으로 보는 것이다."

이 말씀에 깨침이 있었습니다. 용성 스님께서 다시 물으셨습니다.

"조주무자 십종병十種病에 걸리지 않으려면 어떻게 해야 합니까?"

고암 스님께서 "다만 칼날 위의 길을 갈 뿐입니다."

"세존께서 가섭에게 꽃을 들어 보이신 소식은 무엇인가?"

"사자의 굴속에 다른 짐승이 있을 수 없습니다."

"육조 스님이 바람이 움직이는 것도 깃발이 움직이는 것이 아니라 마음이 움직이는 것이라 했는데 그 뜻은 무엇인가?"

고암 스님이 세 번 절하고 "하늘은 높고 땅은 두텁습니다."

이번에는 고암 스님이 스승에게 물었습니다.

"스님의 가풍은 무엇입니까?"

용성 스님은 주장자를 세 번 내리쳤습니다. 그리고 고암 스님에게 물었습니다.

"너의 가풍은 무엇이냐?"

고암 스님도 똑같이 주장자를 세 번 내리쳤습니다.

이에 용성 스님이 만고풍월萬古風月이라 하시고 다음과 같은 전법게를 내려 인가하셨습니다.


부처와 조사도 알지 못하고 머리를 흔들며 나도 또한 알지 못하니

운문의 호떡은 둥글고 진주의 무는 길기만 하다.


佛祖元不會 掉頭吾不知 雲門胡餅團 鎭州蘿蔔長

〈 대원 스님의 전법 〉

홀연히 잣나무에서 손을 놓고 한 걸음 나아가라는 말을 듣고
의심뭉치 확연히 녹아 무너졌네.
밝은 달은 홀로 드러나고 맑은 바람 새로운데
늠름히 비로자나 이마 위를 활보함이로다.


忽然柏頭手放語 廓然銷覺疑團處
明月獨露淸風新 凜凜闊步毘盧頂


일갈송一喝頌을 올리니 고암 스님께서 입실을 허락하시며 전
법게를 내리셨습니다.


불조가 전한 심법은 알지도 못하고 또한 알지도 못함이라.
조주의 차 맛이 일미이거니 남전의 달이 정월이로다.


佛祖傳心法 不識又不會 趙州茶一味 南泉月正明

반야심경

般若心經

◉

## 서
### 序

◉

**▐ 주해 ▐**

이 한 점의 신령스런 빛이 도 위에서 오건만
단지 망령된 것을 따름으로 인해 티끌에 떨어졌도다.
그대는 지금 고향에 돌아가는 길을 보고자 하는가!
마음의 경을 깨달으면 도의 눈이 열릴 것이다.

這點靈光道上來 只因逐妄墮塵埃
君今要見還鄉路 悟得心經道眼開

# 마하

## 摩訶

'마하'는 인도말이며, 중국에서는 '크다[大]'라고 번역했다. '크다'고 하는 것은 끝이 없이 넓음을 말한다. 광대무변한 것에는 허공과 대도를 지나는 것이 없으니, 야보도천 스님은 "허공의 경계는 사량하지 못하며, 대도는 맑고 깊으며 이치가 또한 크다."고 하였고, "온 우주 법계에는 벽이나 울타리가 없고 팔면八面에 문도 없다. 대도는 가장자리가 없고 허공은 그 끝을 헤아리기 어렵다."고 하였다. 도가에서는 "맞아들여도 그 머리를 보지 못하고, 따라가도 그 뒤를 보지 못한다."고 하였고, 유가에서는 "우러러봄에 더욱 높고, 뚫어 봄에 너무 견고하며, 멀리 앞에 있음을 보았는데 홀연히 뒤에도 있다."고 하였다. 모든 성현께서 이와 같이 크고 넓다고 말씀하셨다.

西天梵語也 東土翻爲大 且大者 廣無邊際之謂也 廣大無邊者
莫過虛空大道也 川老云 虛空境界莫思量 大道淸幽理更長 又云 十方
無壁落 八面亦無門 大道無邊際 虛空難度量 道云 迎之不見其首 隨
之不見其後 儒云 仰之彌高 鑽之彌堅 瞻之在前 忽錯[1]在後　諸賢聖
皆如此稱揚廣大也


**▌ 강설 ▐**

　　인도의 말을 산스크리트어 또는 범어梵語라고 하는데, '마
하'는 산스크리트어 그대로 현장(玄奘, 600~664) 법사가 옮겨 놓
은 것입니다. 마하에는 아주 많은 뜻이 포함되어 있습니다. '아
주 크다', '많다', '수승하고 묘하다' 등등.
　　절의 주련柱聯에 보면 간혹 이런 말이 있습니다.


　　마하 대법왕은
　　짧지도 않고 길지도 않다.
　　본래 검은 것도 아니고 흰 것도 아니건만,
　　가는 곳마다 파랑, 노랑을 나타낸다.


　　摩訶大法王 無短亦無長
　　本來非皂白 隨處現靑黃

소리와 빛이 아무리 빠르다 해도 그것은 마하를 따라갈 수 없습니다. 마하는 크기로 볼 때에도 가장 큽니다. 너무 커서 이 세상에서 마하를 상대할 것이 없습니다. 크고 작은 상대를 뛰어넘은 그 밖을 말합니다. 마하는 넓기로 말해도 이 세상에서 이것과 비교할 것이 없습니다. 마하에 비교하면 허공도 구름 한 점에 불과합니다. 마하는 가장 수승殊勝합니다. 마하는 기기묘묘한 묘법을 밖으로 드러냅니다.

여러분이 떨어지는 빗방울의 숫자를 알지 못하고, 떨어지는 모양도 볼 수 없듯이, 이 법계의 모래 숫자도 헤아릴 수 없습니다. 사람이 쓰는 천태만상의 기기묘묘한 마음의 모양과, 밖으로 드러내는 수천 수만의 생각도 헤아릴 수 없습니다. 생각이 딱 한 가지이면 변통이 없는 것 아니겠어요. '이것'은 이루 헤아릴 수 없는 변화가 있는데 '이것'을 잡으려고 하면 눈 깜짝할 사이에 없어집니다. 잡으려고 해도 잡을 수 없지만, 기기묘묘한 무한한 법을 마구 드러냅니다.


**∥ 주해 ∥**

해와 달이 비록 밝다고 하나 그 빛에 비유할 수 없고, 하늘과 땅이 비록 크다고 하나 그 실체를 싸안을 수가 없다. 능히 만유를 만들어 내나[生] 그 모양을 볼 수 없고, 갠지스 강가의 모래 알같이 많은 세계에 두루 있으나 그 자취를 보지 못한다. 비록 이와 같이 광대하고 현묘하나 누가 다시 이보다 더 수승한 한 물건이 있는 줄 알겠는가.

자, 말해 보아라!

무슨 물건인가?

이 물건을 알겠는가? ○

넓기로 말하면 우주법계를 싸안고, 좁기로 말하면 털끝 하나도 세우지 못한다. 나타나면 온 세상에 이르지 못하는 곳이 없고, 숨으면 작은 겨자씨, 그보다 더 작은 티끌에도 들어가지 못하는 곳이 없다.

日月雖明 難比其光 乾坤雖大 難包其體 能生萬有而不見其形 徧周沙界而不覩其跡 雖是如此廣大玄妙 誰知更有一物過於此者 且道 是何物 還識這箇○麼 寬則包藏法界 窄則不立纖毫 顯則八荒九夷無所不至 隱則纖芥微塵無所不入

**▮ 강설 ▮**

일체 만물을 낳기도 하고, 또 모든 먼지 속에 들어 있으며, 극대 극소라, 너무 커서 상대가 없고 너무 작아서 상대가 없는 것을 여러분은 아시겠습니까?

비록 죄가 될지라도 이제 분명하게 사람들의 근원을 누설할 것이다. 선사儼師는 "어찌하여 이 마음이 대도를 여는 것인가? 다만 원래 도에서 왔기 때문."이라고 하였다. 세상 사람들이 근본을 돌이켜 보지 못하는 것은 대개 색신을 잘못 인식하여 자기 자신으로 여기기 때문이다. 육근에 속임을 당하고, 칠정七情에 가려져 스스로 근본자리를 잃어버리고 생사의 바다에 떠돌아다니게 된 것이다.

今者不避罪愆 分明漏泄乃人之本源也 儼師有云 爲甚此心開大道 只因元向道中來 世人不能返本者 蓋因錯認色身爲己 被六根所瞞 七情遮蔽 自失本眞 以致流浪生死也

서산(西山, 1520~1604) 스님이나 방한암(方漢巖, 1876~1951) 스님은 마을에서도 대학자요 일대 문장가이셨습니다. 서산 스님은 어려서부터 영민하고 재주가 있었으며 공부를 결코 게을리하지 않았습니다. 어느 날 친구와 과거를 보러 갔는데 자기보다 실력이 못한 친구는 급제를 하고 스님은 떨어졌습니다. 나중에 알고 보니 높은 벼슬아치에게 뒤로 뇌물을 주어 부탁을 한 것이었습니다. 그러한 사연을 알고는 '공부하여 삼계의 스승이 되는 길로 가야겠다. 그동안 내가 평생 해온 공부는 내 것이 아니다. 내가 경험하여 한 마디 토해낸 소리가 아니고 전부 남이 한 이야기이다. 남이 한 것을 앵무새와 같이 흉내나 내는 것은 내 재산이 아니다. 이제 일생 동안 벙어리가 될지언정 앵무새 노릇은 하지 않겠다!' 하고 마음을 돌이켜 산에 들어가 계속 정진하셨습니다.

방한암 스님도 오대산으로 들어갈 때 차라리 눈먼 봉사처럼 앉아 있을지언정 일생 동안 남을 속이는 사람은 되지 않겠다고 다짐하셨다고 합니다. 그리고 그런 원력으로 정진을 하셨습니다.

보통 세상 사람들은 남의 지식, 남이 한 이야기의 범주를 벗어나지 못합니다. 그리고 그저 지나가면 그만인 순간적인 것들에 기분을 맡깁니다. 현실 생활에서 그대로 담아 놓고 살 뿐, 벗어날 수 있는 공부를 하지 않기 때문에 반야 지혜를 인출하여 쓰지 못합니다. 색신을 잘못 인식하여 모든 것이 전도된 그것을 자기의 재산으로 삼고 살아가고 있는 것입니다. 그렇기 때문에 바로 보려고 하고 잘하려고 하지만 늘 실수를 하거나 어긋나 버립니다. 그래서 자신의 근본을 돌이켜보아야 합니다.

이런 우스개 이야기가 있습니다.

어느 분이 차를 몰고 가다가 기름이 떨어져서 주유소에 들렀는데, 주유소 종업원이 기름을 넣다가 실수하여 고양이 밥그릇에 기름을 흘렸습니다. 그 밥을 먹은 고양이가 빠르게 돌다가 죽었습니다.

차주가 말했습니다.

"고양이가 죽었네요."

그러자 종업원이 대답했습니다.

"죽은 것이 아닙니다. 기름이 떨어져서 그렇습니다."

기름을 파는 사람은 그것밖에 모른다는 것이지요. '기름을 넣으면 가고 기름이 떨어지면 멈춘다.'

모든 것을 볼 때 자기의 생각의 범위 안에서 생각하니까 제대로 판단할 수 있는 안목이 없는 것입니다. 죽비를 들어 보이면서 "이것이 무엇인지 아십니까? 이것은 반야입니다." 하고 말하면 여러분은 죽비가 반야라고 생각하고 다른 사람에게 죽비를 내밀면서 반야라고 할 것입니다. 그러나 그것은 반야의 실체를 바로 보지 못하고 죽비의 모양만 보는 것입니다.

반야의 깊은 실체를 보지 못하고 쓰지도 못한다는 말입니다. 반야의 실체를 알려면 낱낱이 자기 자신의 존재를 확인해 보아야 합니다. 철저히 확인해 보지 않고는 절대로 반야의 지혜가 밖으로 드러나지 않습니다. 그냥 말로 생각하고 본래 반야라고, 본래 부처라고 했다면 그 말들은 그 자체가 병이 될 것입니다.

안眼, 이耳, 비鼻, 설舌, 신身, 의意 육근六根을 육적六賊이라고도 합니다. 안적, 이적, 비적, 설적, 신적, 의적이 그것입니다. 전부가 도적이니 이 육근이 우리를 속인다는 것이지요. 눈이 속이고, 입이 속이고, 자기가 자기 자신에게 속습니다. 코로는 좋은 냄새만 맡으려 하고 눈으로는 좋은 것만 보려고 하고, 귀로는 칭

찬하는 소리만 듣기 좋아합니다.

어느 날 스님 두 분이 길을 가는데 길 위에 코끼리들이 지나간 발자국이 있었습니다. 그것을 보고 한 스님이 말했습니다.

"여러 마리의 코끼리가 지나갔다. 무리 중에 암놈이 있는데 한 눈이 멀었고, 한쪽 다리가 불편하지만 새끼를 가졌구나."

"그것을 어떻게 아는가?"

"알 수 있지."

그 말을 들은 스님이 생각했어요. '스승께서 너무 차별하여 가르치시는구나. 나에게는 그런 것들을 알 수 있도록 가르쳐 주시지 않고 저 친구에게만 가르쳐 주셨구나.' 그러고는 오던 길을 뒤돌아 스승에게 갔습니다.

"스승님, 어째서 친구에게는 모든 것을 보고 알 수 있도록 가르쳐 주시고 저에게는 가르쳐 주지 않았습니까?"

스승이 말했습니다.

"정말 그런 일이 있었느냐?"

"예! 한 번 가보시지요."

다시 되돌아가서 발자국을 따라 가보니 정말 암놈이 한 마리 누워 있는데 한쪽 눈이 없고 한쪽 다리가 불편하고 새끼까지 밴 상태였습니다.

"스승님! 보셨지요. 왜 저에게는 이런 것을 가르쳐 주지 않으셨습니까?"

그러자 스승은 다른 제자에게 어떻게 그러한 것을 알 수 있었느냐고 물었습니다. 제자가 대답했습니다.

"스승님께서 항상 말씀하시기를, '네 자신의 마음을 바로 보아라! 그러면 모든 만물의 이치를 바로 볼 수 있다'고 하셨습니다. 그래서 저는 저의 마음을 철저히 간파해 본 결과, 모든 사물을 대할 때마다 마음을 보기 때문에 모든 모양을 통해서도 한 치의 오차도 없이 바로 볼 수 있는 눈을 갖게 되었습니다. 그것은 어느 누가 해 준 것이 아니고 제가 공부하여 스스로 알게 된 것입니다."

"발자국을 보고 어떻게 그러한 줄 알았느냐?"

"소변 본 자리를 보고 암놈인 줄 알았습니다. 그리고 발자국 모양을 보니 깊게 패여 있고 풀이 한쪽으로 쓰러져 있었습니다."

이와 같이 모든 것을 바로 보고 알 수 있는 그러한 지혜는 본인 스스로의 눈이 열려야 하는 것입니다. '내가 무엇인가' 알아보아야겠다는 마음의 열의를 갖고 깊이 참구하여 스스로 깨달아야만 합니다. 깨치지 못하면 무명이요, 깨치면 열반이어서 지혜 광명을 발합니다. 무명에 덮인 자는 한 법계를 깨닫지 못했기 때문에 대상에 마음을 응해도 상응이 되지 않습니다. 축착합 착築着合着이 되지 않지요. 각각 다른 생각이 일어나 어긋날 수밖에 없습니다. 문답을 하다가도 거리가 서로 멀어져 버립니다. 이치는 소조所照이며, 보리광명은 능조能照이며, 이것이 하나가 되는 것을 명합冥合이라 합니다. 증득한 자리는 이지理智가 명합하고, 고요하고 고요하며, 마음대로 되며, 별과 달처럼 항상 밝아서 말로 할 수 없는 자리입니다.

▌ **후송** ▌

근본 진여자성을 보고자 하는가?
아무리 찾으려고 해도 보이지 않으나
하루종일[十二時中] 몸에 지니고 굴리고 있다.
알았는가?

要見本眞麼 尋不見覓不見 十二時中遶身轉 省得麼

법신의 체는 태허공과 같으며
성품과 도 또한 원래가 하나이다.
다만 사람들이 허망한 것을 따르는 까닭에 진실한 본성이
가려져
육도 가운데 윤회하는 것이다.

法身體若太虛空 性道元來總一同
只因逐妄迷眞性 所以輪廻六道中

# 반야

般若

◉

'반야'는 인도말이며, 중국에서는 '지혜'라 번역한다. 또한 '지혜'란 바로 알고 바로 해석하여 모든 것을 살피는 것을 말한다. 수행하는 사람은 모름지기 지혜의 힘으로 몸과 마음을 항복받아야 하니, 제멋대로 놓아두지 말고 정定을 익혀야 한다. 지혜에 대해 도가에서는 "지혜의 힘으로 모든 마정魔精을 다 항복받는다." 하였고, 『묘법연화경』에서는 "지혜의 해[日]는 모든 어둠을 깨뜨리며, 재앙과 풍화를 굴복시킨다." 하였으며, 유가에서는 "지智는 확실하게 삿됨을 깨서 없애고, 혜慧는 분명하게 어둠을 깨뜨려 없앤다."고 하였다.

西天梵語也 東土翻爲智慧 且智慧者 正知正解審察謂也 修行之
人 須用智慧之力 降伏身心 不令放肆 以習靜定 道云 能以智慧之力

攝伏諸魔精 蓮經云 慧日破諸闇 能伏災風火 儒云 智能破邪 慧能破
暗

## ▌ 강설 ▌

　항복받는다는 것이 무엇입니까? 여러분의 마음은 늘 대상
을 따라갑니다. 누구에게 나쁜 소리를 듣게 되면 화나는 데로 끌
려가고 맙니다. 어쩔 수 없이 끌려가 되돌아오지 못하기 일쑤입
니다. 그렇게 따라가기만 하면 안 됩니다. 따라가면서도 따라가
지 않는 도리가 있어요. 마음대로 거두어들이고 뺏고, 주고받을
수가 있어요. 그것을 자재自在라고 합니다. 바로 그것이 마음을
항복받은 것입니다.

　그것은 사상四相을 없애 치워야 가능해집니다. 이 세상 사
람들은 모두 자기 생각이 있고 자기대로의 눈이 있습니다. 그 척
도 안에서 상대방을 저울질하고 비판합니다. 그것을 자기의 주
견主見이라고 하는데 바로 그것이 큰 병입니다. 그것을 넘어뜨리
려면 열심히 공부하여 자신의 화두를 타파해야 합니다.

　'이뭣고'에서는 일체제一切際가 단斷이라!

　터럭만큼도 통하지 않습니다. 용납이 안 됩니다. 불긍정不肯
定이에요. 만약 '이뭣고'에 성품性品이라든지 진성眞性자리라든지
하는 것이 끼어들면 '이뭣고'는 되지 않습니다. 그러기에 별것을
다 갖다 대어도 다 부정이에요. 오로지 '이뭣고' 하는 의정疑情만

이 필요합니다. 물체를 관한다거나 마음을 관하는 것은 상대적이고 이원론적인 방법 속에 자기가 있고 상대가 있습니다. 그렇기 때문에 거기에서 엄청난 힘이 납니다. 그러나 깨치는 것과는 거리가 멉니다.

의심은 다릅니다. 능과 소, 즉 주관과 객관의 일체가 없어요.

수백 길이나 되는 함정에 빠졌는데 살아날 방법이 없습니다. 시간이 지나가니 배는 고프고 … 함정 안을 살펴보니 뱀이 가만히 고개를 쳐들고 있습니다. '무엇을 하는 것일까?' 보고 있으려니 휘-ㄱ 하고 절벽 밖으로 뛰쳐 나갔어요! '무엇을 보고 저럴까? 도대체 무엇일까?' 하고 깊이 생각하다 보니 자기 자신도 절벽 밖으로 나와 있었다고 합니다. 지식과 학식, 고정관념의 틀에서 벗어날 수 있는 방법은 철저히 돈독한 의심을 지어가는 것입니다.


**▮| 주해 |▮**

지혜[智]가 없는 어리석은 사람은 하는 일마다 세밀하지 못하고 세 가지 사유를 즐기지 않는다. 널리 배우고 많이 듣는 데 힘쓰며 강의하고 토론하는 것을 자랑하는 데만 생각이 가 있을 뿐 자기의 생사를 궁구하지 않는다. 다른 사람의 시비를 좋아하고 진실한 도인을 친견하지 않으며, 허두선객을 좋아하고 가까이 해, 성인의 경전을 쓸데없이 지껄이며, 마음자리를 찾는 데 힘을 기울이지 않는다. 그런 사람은 명리만을 도모하고 이익을 탐하며 아만만 높아 다만 눈 아래 보이는 시광時光만 이야기할 뿐 머리 뒤의 일은 생각하지 않으니, 이러한 사람들이 곧 총명외도이다. 그래서 고덕은 "외도는 총명하나 지혜가 없다."고 하였고, 선사僊師는 "입으로만 말하고 마음으로 행하지 않는 것은 자세하고 정밀한 자가 아니다."라 하였다. 유가에서는 또 "먼저 몸과 마음을 다스린 후에 가정과 나라를 다스리라."고 하였다.

且無智愚人 作事藝惡 不肯三思 惟務廣學多聞 念在誇談講論
不究自家生死 好覓他人是非 不親眞實道人 愛近虛頭禪客 空談聖人
經典 心地全不用功 圖名貪利 我慢貢高 只說眼下時光 不想腦後之事
如此之人乃聰明外道也 古德有云 外道聰明無智慧 僊師云 口說心不
行 非是精細漢 儒云 先治身心 後治家國

## ▌강설▌

3사라는 것은 정신의 작용을 세 가지로 나눈 것인데, 심려사心慮思, 결정사決定思, 동발사動發思를 말합니다. 어떤 일을 행동하기 전에 할 것인가, 말 것인가 신중히 생각하는 것이 심려사입니다. 결정사는 어떤 일을 할 것이라고 생각하여 결정하는 것이며, 동발사는 신중히 생각하고 결정한 바에 의해 몸과 말의 동작을 그대로 행동에 옮기는 것입니다.

유가에서는 세 번 깊이 생각한다고 합니다. 장사공은 어릴 때는 자란 뒤의 일을 생각하고, 늙어서는 죽은 뒤의 일을 생각하여 자손을 가르치고, 넉넉할 때는 가난할 때를 생각하여 남을 도와주어야 한다고 하였습니다.

허두선객이란 실제로 공부는 하지 않고 말로만 배워서 아는 선객으로, 부처님 경전을 헛되이 말하기만 좋아하는 사람을 이르는 말입니다.

지난 번에 어느 교수님이 참선을 하겠다고 와서 이런저런 이야기를 하기에 제가 이렇게 말했습니다.

"당신은 참선을 할 수 없습니다."

"왜 할 수 없습니까?"

"참선은 지식이나 학식으로 되는 것이 아닌데, 지식이나 학식 그리고 서양의 합리주의로 모든 것을 풀어 가려고 하니 안 되지요."

"……"

"참선은 아무것도 모르고 꽉 막힌 상태에서 용맹심으로 스스로 발버둥쳐서 풀어 나가야 됩니다. 그간에 익힌 학식, 지식을 팔아 먹는 장사꾼의 마음으로야 되겠습니까?"

"스님 말씀이 옳습니다. 실제로 모든 걸 다 알고 강의를 하는 건 아닙니다. 유명한 저서나 명언, 연구를 인용하지요."

명언 명구를 알고서 쓰는 것과 모르고 쓰는 것은 다릅니다.

조주(趙州, 778~897) 스님이 어느 날 산내 암자의 암주庵主를 방문하여 "있는가?" 하니, 암주가 주먹을 내밉니다. 그러자 스님은 "물이 얕아서 배를 댈 수 없구나!" 하고는 다음 암자로 올라갑니다. 거기에서도 "있는가?" 하니 그곳의 암주도 역시 똑같이 주먹을 내밀었습니다. 스님은 "늦출 줄도 알고, 죽일 줄도 알고, 살릴 줄도 아는구나!" 했습니다.

이것은 눈이 없는 사람은 알 수 없습니다. 주먹을 내밀었을 때 알고 내밀었는지, 깨닫지 못하고 내밀었는지 하는 것은 선지식이 아니면 간파할 수 없습니다. 그것은 많은 것을 보고 배우는 것만으로 되는 것은 아닙니다. 논리적이고, 합리적인 강론을 즐기는 것만으로는 자기의 생사를 연구하지 못합니다. 다만 시비를 서로 논하고 따라가며 현실에 보이는 명예, 이익을 탐하고 눈앞의 것들만 볼 줄 알지 우리의 생각을 일으킨 배후, 즉 머리 뒤의 일은 생각하지 않습니다.

공담空談은 경전을 말로만 이야기하는 것입니다. 요사이 부처님의 경이나 조사 스님의 어록을 번역해 놓은 것을 읽어 보면 깜짝 놀랄 때가 많습니다. 본문의 뜻과 거리가 먼 것이 많아요. 올바르게 해석하여 부처님의 뜻을 전달해 줄 수 있어야 하는데 얼토당토않은 자기의 소견을 붙여 놓았습니다.

또 포교당도 많이 있지만 부처님 말씀을 바로 잘 전해 주는 사람은 많지 않습니다. 부처님이나 조사들의 참뜻을 알고 이야기하면 좋으련만, 글만 배워서 소개해 준다는 것이지요. 그러면서 신도님들에게 대접받고 존경받다 보면 이름을 내고 싶어 명리를 탐하게 되어 있어요. 오랫동안 포교했다고 하면서 스님들끼리 만나도 그만 사람을 내려다 봅니다. 겸손과는 멀어지고 우월감이 생겨 있어요. 그것이야말로 반야 지혜를 드러내는 데는 큰 장벽이 됩니다.

반야 지혜를 가리는 삼성三性이 있습니다. 변계소집성遍計所執性, 의타기성依他起性, 원성실성圓成實性이 그것입니다. 변계소집성이란 대상을 바르게 보지 못하고, 주관적인 눈으로 항상 잘못 분별하는 것을 말합니다. 등산을 하다가 풀 속에 새끼줄이 있으면 그것을 뱀이라고 착각하여 무심코 깜짝 놀라거든요. 왜 그것을 사자라고 생각하지 않고 하필이면 뱀이라고 생각하고 놀라겠습니까? 우리들의 두뇌 속에 '뱀은 길다!'고 미리 입력된 것이 있기 때문입니다. 이처럼 우리 모든 중생에게는 미리 입력된 것이 있어서 거기에 비춰 모든 바깥 것을 판단합니다.

중생의 착각이지요. 학식, 지식, 상식을 머리에 입력해 두고 그것을 척도로 삼아 사리를 판단하고, 그것 외에는 모릅니다. 입력된 것이 없다면 착각을 하지 않겠지요. 아기들은 천진하여 뜨거운 것에 대해 입력된 것이 없기 때문에 뜨거운 물건도 만지려고 합니다.

의타기성依他起性은 자기만의 원인으로는 생기기 어렵고 반드시 반연攀緣에 의해, 즉 객관과 주관, 외경계의 물건을 접한 그 연緣에 의해서 일어나는 것입니다. 자기 자체의 순수한 마음에는 그런 것이 없지만 세상의 물건이 입력되어서 그렇다는 것입니다.

원성실성圓成實性은 둥근 거울과 같아서 아무것도 없지만, 다만 사물 그대로를 비추어 줄 뿐입니다. 공부를 많이 하면 거짓말을 하지 않습니다. 남이 배꼽을 쥐고 웃는 일이 있다 해도 "내가 했다." 그렇게 인정하면 업이 쌓이지 않아요. 그대로 밖으로 드러내 버리면 업이 없어집니다.

여러분들에게도 어떤 일을 정면으로 딱 지적하여,

"그렇게 하면 되겠습니까?"

"무엇을 말입니까?"

"마음을 바로 써야 하는데 그렇지 않아서 이렇게 되지 않았습니까?"

"스님! 그것이 보입니까?"

"그럼 보이지요."

그러면 그 사람은 다시 안 옵니다. 도리어 다른 사람에게 "거기 가면 큰일 난다." 그렇게 말을 합니다. 바로 지적하여 이야기해 주면 마음을 더 잘 쓰고, 더 많이 배우려고 해야 하는데 실상은 그렇지가 않습니다. 자기만이 알고 자기만이 숨겨놓은 비밀인데 상대방이 찌르면 그것이 그 사람에게는 치명적이고 너무 싫은 것이 됩니다. 실제로는 그 사람의 업을 벗겨주고, 깨우칠 수 있는 길로 인도하는 것이어서 천 번 만 번 절을 하고 감사할 일인데, "아이쿠!" 하고 놀라서 경계를 합니다.

**▮ 주해 ▮**

또 지혜 있는 사람은 일을 행함에 편안하고 침착하며, 거동이 조용하고, 급한 것을 좋아하지 않는다. 인과를 알고 죄와 복을 돌아볼 줄 알며, 선지식을 가까이 하고 지인(높은 경지에 이른 사람)을 참배하여 묻고, 성명性命의 근원을 알고자 한다. 생사 대사를 연구하고, 심신을 제어하여 굴복시켜 정신을 거둬들이니 생각 생각마다 도가 있고 호흡 호흡이 진리에 돌아간다.

어느 날 공이 이루어지고 행이 원만해지면 한 번에 바로 삼계를 투출透出하여 허공과 섞여 일체가 된다. 만일 이런 경지에 이르면 조화로도 그를 옮기지 못하며, 음양으로도 만들 수가 없다. 사시(四時: 春夏秋冬)도 변화시킬 수 없고, 오행도 마음대로 부리지 못한다. 귀신도 얽어맬 수 없고, 겁화劫火도 쉽사리 무너뜨리지 못한다. 이렇게 되면 소요 자재하여 물질의 얽매임을 벗어난 한가로운 사람이 될 것이다.

且有智慧之人 作事安詳 不肯造次 識因果 顧罪福 親近知識 參

問至人 窮性命之根元 究生死之大事 制伏身心 收斂<sup>2)</sup>神氣 念念在道 息息歸眞 一日功成行滿 団地一聲 透出三界 此虛空混爲一體 若到此 地 造化不能移易 陰陽不能陶鑄 四時不能遷 五行不能役 鬼神不能拘 劫火不能壞 作箇逍遙自在物外閑人

■ **강설** ■

화지일성団地一聲은 '와!' 하고 소리를 지른다는 의미로 선문에서 대오할 때 무의식중에 내는 큰 소리를 말합니다. 도주陶鑄란 도공이 질그릇을 빚거나, 대장장이가 쇳물을 부어서 물건을 만드는 것을 말합니다. 달마 스님의 『혈맥론』에 보면, "마음, 마음, 마음, 마음 찾기 힘들다!"라는 말이 있습니다. 마음이라고 한 번만 하면 되지 왜 그렇게 여러 번 해 놓았을까요?

영국의 어느 신사가 차를 타고 가다가 기차 건널목에서 차를 세웠습니다. 그러자 한 거지가 문을 두드리면서 말했습니다.

"배가 고프니 2루피만 빌려주세요."

"돈은 꾸지도 말고 빌려 주지도 말라!'고 셰익스피어의 책에 쓰여 있어!"

"치사한 놈!"

그 거지가 쫓아가며 주머니 속에서 몹시 헤어진 낡은 책을 꺼내더니 외쳤습니다.

"D. H. 로렌스는 말했어! '마음을 경계하라! 마음은 아무것도 모르면서 계속 쓰며 이 세상의 모든 것을 아는 체한다. 마음은 사기꾼이다! 그런 현상을 직시해 통찰한 것이 이것이다' 너는 이것을 아는가?"

그 사람이 말한 뜻이 어디에 있을까요? 비록 책자에서 인용했고, 그 역시 자기의 마음에 대한 움직임과 작용을 확실하게는 몰랐지만 그 신사보다는 한 걸음 더 나아갔고 더 확실한 말을 한 것입니다. 그러자 신사가 말했습니다.

"오늘 좋은 것을 배웠습니다."

이 사회, 이 세계의 모든 현상은 상대적인 원리를 떠나 생각할 수가 없습니다. 바깥 경계[無情]에는 다섯 가지 대對가 있어요. 하늘과 땅, 해와 달, 밝은 것과 어두운 것, 음과 양 그리고 물과 불이 그것입니다. 그리고 법法과 상相의 대對에는 열두 가지가 있습니다. 유위有爲와 무위無爲, 유색有色과 무색無色, 유상有相과 무상無相, 유루有漏와 무루無漏, 색色과 공空, 움직임과 고요함, 맑음과 흐림, 범부와 성인, 승僧과 속俗, 늙음과 젊음, 큰 것과 작은 것, 긴 것과 짧은 것, 그리고 높음과 낮음이 그것입니다. 또한 자성을 일으켜 마음을 쓰는 데에도 열아홉 가지 대가 있습니다. 삿된 것과 바른 것, 어리석음과 지혜, 어지러움과 안정, 계율과 파계, 직直과 곡曲, 실實과 허虛, 험난한 것과 평탄한 것, 번뇌와 보리, 자비와 해침, 기쁨과 성냄, 보시와 인색, 나아감[進]과 물러남[退], 남[生]과 없어짐[滅], 항상恒常함과 덧없음[無常], 법신法身과 색신色身, 화신化身과 보신報身, 본체[體]와 작용[用] 그리고 성품[性]과 모양[相]이 그것입니다.

이 36법을 바로 알고 쓰면 경전의 가르침을 바로 꿰어서 쓰는 것과 같으며, 출입出入에 두 가지 변을 여의고 자성자리를 바로 쓴다면 격외格外 사람이라 볼 수 있지만, 만약 모든 모양에 집착한다면 삿된 견해를 일으키는 것입니다.

"어떤 것이 보리입니까?"
"바로 네가 보리이다."
"무엇이 보리입니까?"
"번뇌가 보리이다."
"어느 것이 부처입니까?"
"하수도에 흘러가는 물이다."
"……?"
"기왓장이 우수수 부서졌다."

부처님은 밝고 깨끗하고 지혜가 있고 엄청나게 커서 무한합니다. 따라서 '기왓장이 부서졌다' '시궁창의 흐르는 물이다' 하고 말하는 이러한 것은 법을 바로 가르쳐 주기 위한 소리입니다. 이러한 한마디에 바로 깨달아야 합니다. 중생을 알면 바로 부처를 안다고 했는데, 그래서 보리는 깨달음이요 대승의 진리인 것입니다.

제 아무리 악한 사람이라 해도 어머니의 품은 그리워합니다. 그리고 항상 고향을 그리워합니다. 내가 태어난 고향, 우리 마음의 여러 가지 잡다한 번뇌 망상이 없어져서 참으로 깨끗한 마음의 자성자리, 그곳은 편안하고 따뜻한 어머니의 품안과 같으며, 봄과 같습니다.

부처님은 상대를 자비로 녹입니다. 부처님을 만나서 제도되지 않는 것이 없으니 독사조차도 부처님을 만나면 독이 없어져 순한 동물이 됩니다. 부처님 자신이 독이 없기 때문입니다. 그러나 여러분이 산에 가면 짐승이 먼저 도망을 갑니다. 여러분에게는 잡으려고 하는 살기가 있기 때문에 짐승이 먼저 알고 도망을 갑니다. 하지만 뱀, 귀신, 또는 어떤 우주세계의 악한 귀신이라 할지라도 부처님은 멀리 하지 않고 다 절을 합니다. 이렇듯 시간과 공간을 뛰어넘고, 물질을 뛰어넘은 사람은 영원한 봄이며 열반입니다.


한 조련사가 있었는데 사나운 짐승들을 잘 길들였습니다. 다른 사람들에게는 물려고 으르렁거리던 짐승들도 이 조련사만 가면 꼬리를 흔들면서 좋아합니다. 어느 날 왕이 불러서 물었습니다.

"어떻게 그렇게 사나운 짐승을 잘 길들이는가?"

"폐하께서는 나라를 다스리면서 그것을 모르십니까?"

"무슨 말인가?"

"저는 짐승들의 비위를 거스르지 않습니다. 제때 먹이를 잘

주고 그들을 존중해 주니 저에게 무릎을 꿇지요."

지혜 있는 성자는 모든 중생의 비위를 거스르지 않으면서 중생의 마음을 녹여 없애줍니다. 부처님이 그렇습니다. 부처님이 중생을 제도하는 것은 일체중생의 비위를 거스르지 않으면서 그 사람을 진실한 자비의 문에 들어가게 하는 것입니다.

여러분 자신 속에 들어 있는 이런 마음을 쓸 수 있는 것을 계발해 나가야 합니다. 그러면 사업도 잘하고 장사도 잘하고 가정생활도 잘할 수 있습니다. 바로 그러한 것이 말 없는 가운데 말을 하는 것이고, 줄 없는 거문고를 타며, 구멍 없는 피리를 부는 것이고, 겁 밖의 사람이 되는 것입니다.

사람들은 늘 바쁘고 쫓기듯이 살고 있으며 불안해 합니다. 그리고 공포를 느낍니다. '오늘 직장을 무사히 잘 다녀올 수 있을까?' '우리 애들은 학교를 잘 갔다 왔을까?' '우리 남편은 직장에서 문제가 없을까?' '혹시나 외도는 하지 않을까?' '금년 신수는 어떨까?' 심지어 '오늘밤 자다가 죽지는 않을까?' 하는 등등.

여러분의 일상생활을 잘 살펴보세요. 일생의 대부분은 불안하고 초조하며, 걱정 없이 좋은 때는 극히 적습니다. 그리고 생각해 보면 가족이 나의 안전을 보장해 줄 수는 없습니다. 남편이 아내의, 그리고 부모가 자식의, 자식이 나의 안전을 보장해 줄 수 있을 것 같지만 그렇지 않습니다. 삼엄하게 경계하고 안전장치를 많이 할수록 오히려 더욱 불안해지기만 합니다. 그렇게 하면 할수록 불안한 것이 더 터져 나오거든요. 그렇다면 불안해하지 않고 멋지게 잘 살 수 있는 길이 과연 없는가? 있습니다. 그것은 겁 밖의 봄, 내 마음의 고향, 마하반야에 이르는 것입니다. 이것만이 여러분의 안전을 지켜줄 수 있습니다. 바로 이것이 물질의 얽매임을 벗어난 한가로운 사람[物外閑人]입니다.

## ▌ 후송 ▌

물질의 얽매임을 벗어난 한가로운 사람을 보고자 하는가?
육근의 머리에 항상 출입한다. 아주 가까이 있긴 하지만 서로 친하지는 않다. 착안해 보되 실패하지 말지어다.
알겠는가?

要見物外閑人麼 六座門頭常出入 雖然相近不相親 開著眼休得蹉過
省得麼

지혜와 총명은 두 갈래 다른 길이니
총명은 지엽이고 지혜는 뿌리와 싹이다.
만약 어리석음을 고쳐서 지혜가 나면
오래된 고목에 저절로 꽃이 피리라.

智慧聰明路兩差 聰明枝葉慧根芽

若改愚癡生智慧 多年枯木自開華

◉

# 바라
波羅

◉

■▌주해 ▌■

'바라'는 인도말이며, 중국에서는 '피안'이라 번역한다. 차
안此岸은 생사의 고통이 있는 곳이며, 피안은 생사를 벗어난 곳
이다. 우치하여 어리석은 것은 이 언덕[此岸]이며, 깨달은 것은
저 언덕[彼岸]이다.

세상 사람들이 본성을 미혹하면 우치하고 전도되어 사대·
육근을 자기라고 착각한다. 명리를 다투고 천년의 살림살이를
계획하며, 만겁의 원수를 쌓아 깨달음을 등지고 껍데기들만 모
여 진실한 자성자리를 가리며 허망한 것들만 쫓아다닌다. 바쁘
고 바빠 휴식할 줄 모르고, 생각하고 생각하여 마음의 경계를 제
거하지 못한다. 그러다가 어느 날 아침 갑자기 죽음[大限]이 닥쳐
온다. 어떻게 막아 보려고 해도 촉급하여 손을 쓸 여가가 없다.
여기에서 젖은 베옷을 벗어 버리고, 저기에서 이가 설설 기어 다

니는 가죽옷을 입는다. 가고올 때마다 머리가 바뀌고 얼굴이 바뀌는 것이 마치 개미가 쳇바퀴 돌듯 윤회하니 어느 날에 이 생사를 마치며 어느 때에 이 고해를 건너겠는가. 이와 같은 것들이 모두 이 언덕(차안)에 있는 것이다.

西天梵語也 東土翻爲彼岸 此岸者 生死之際也 彼岸者 出生死之岸也 迷者此岸 悟者彼岸 世人 若迷本性卽愚癡顚倒 認四大六根爲己 爭名競利 謀千年之活計 積萬劫之冤愆 背覺合塵 迷眞逐妄 忙忙而不知休息 念念而心境不除 忽朝大限到來 臨行手無所措 這裡脫下濕布衫 那裡穿上虱虱襖 去去來來 改頭換面 似蟻循環 何日是了生死苦海 幾時得渡 如是之者 只在此岸

## ▌강설▌

전도顚倒라는 것은 아무리 잘하려고 해도 자꾸 실수를 하는 것을 말합니다. 어리석은 생각이 그 사람 속에 들어 있어 그를 지배해 자꾸 엇길로 나아가게 합니다.

본성을 잃으면, 우치하고 전도되어 지수화풍의 사대, 그리고 안, 이, 비, 설, 신, 의 육근을 자기 재산이라고 착각합니다. 그러나 몸뚱이는 인연에 의해 합쳐져 존재할 뿐, 실체가 없습니다. 살은 땅으로 돌아가고, 피는 물로 돌아가고, 움직이는 기운은 바람으로 돌아가고, 뜨거운 기운은 불로 돌아가고, 다 돌아가고 나면 무슨 실체가 있습니까? 다 흩어져 버린 후에 마음이 어디 있습니까? 마음이 있다고 생각하면 안 됩니다. 이 몸뚱이 말고 마음이 별도로 있다고 하면 이변二邊 중 단견斷見에 떨어지게 됩니다. 몸 다르고 마음 다르다고 생각하면 안 됩니다. 이 몸을 놓아 두고 별도로 마음이 있다고 해도 안 되고, 또 마음을 내던지고 별도로 몸이 존재한다고 해도 안 됩니다. 왜 그런가 하면, 자성은 본래 청정하여 두 변이 없기 때문입니다. 그러나 중생들은 두 변에 떨어져 있습니다.

중생들은 몸에 집착하여 이익과 명예를 다툽니다. 무엇이 급한 것인지도 모르고 매일 바쁘다고 합니다. 눈앞에 보이는 것만 바쁜 줄 알아요. 서울의 어느 거사님이 아주 건강했는데, 어느 날 아침 일어나지 않기에 부인이 "여보! 여보!" 하고 불렀는데 대답이 없더랍니다. 흔들어 보니 죽어 있었다는 거예요. 죽음에 있어서는 건강하고 아픈 것의 차이가 별로 없습니다. 죽기 전날 사업 확장을 위한 계획서를 보며 하는 말이 "아이고! 앞으로 얼마나 살지 모르겠어!" 했다는 겁니다. 자기는 그렇게 갈 줄 몰랐겠지만, 속에서는 영명靈明해서 그런 소리가 튀어나온 겁니다.

그와 같이 숨 한 번 쉬는 찰나에 생과 사의 길이 달라집니다. 양변이 있고 중간[中]이 있다고 생각하지만 절대적인 중간은 없습니다. 예를 들어 우리는 '정오 12시'를 이야기하지만 12시는 찰나에 넘어가고 말지요. 우리들은 찰나에 존재하면서 그 찰나 다음에 어떻게 될지도 모릅니다. 그러니까 백년대계를 세워놓고 죽기도 합니다.

그리고 밖으로의 생활에 끌려 바쁘게 살아갑니다. 그것이 전도된 생각입니다. 따라서 세상 사람들의 삶의 모습이 마치 뒤집혀진 변계소집遍計所執과 같다는 것입니다. 새끼줄을 보고 뱀으로 착각하는 것이지요. 사업하는 사람들도 나아가야 할 때 나아가고, 물러설 때 물러설 줄 알아야지 그렇지 않으면 우치한 것이 됩니다. 착각하는 마음으로 사업을 하면 그 사람의 사업이 잘 되겠습니까! 오늘 오천만 원을 투자하면 당장 일 억이 들어올 것 같지요? 그러나 오천만 원조차도 잃어버리고 맙니다. 어리석게 살기 때문이지요.

실로 바쁘게 해야 할 것은 순간순간 안으로 마음 찾는 공부를 하는 일입니다. 우리의 생사를 깊이 생각하면서 나의 존재를 생각해보고, 밖으로 사업과 생활을 해 나가는 사람은 그런 어리석은 일을 하지 않습니다. 마음과 몸을 잘 가꾸는 것, 잘 다루는 것을 게을리하지 말아야 합니다. '나는 무엇인가?' 한 번 깊이 생각해 보아야 합니다.

바라밀[彼岸]에는 세간世間의 바라밀이 있고 출세간出世間의 바라밀이 있습니다. 예를 들어, 중학생이 열심히 공부하여 대학교까지 마치면 세간에서 저 언덕에 가는 것이 됩니다. 대통령이 되기 전까지는 이 언덕이고 대통령이 되면 저 언덕에 도달한 것이라고 할 수 있습니다. 취직시험을 치르기 전에는 이쪽 언덕이고 취직이 되면 저쪽 언덕이지요. 또 청춘의 남녀가 새로운 가정을 꾸리게 되면 그 또한 저 언덕에 간 것입니다. 이렇게 세간의 삶 속에서도 순간순간 모든 것이 바라밀이 될 수 있습니다.

어느 날 카네기Carnegie가 뉴욕의 록펠러센터에 친구를 만나러 갔습니다. 빌딩이 너무 커서 어디로 가야 할지 몰라 안내원에게 물어 보니 친절하고 자세하게 안내를 해 주었습니다. 그런데 안내에 의해 엘리베이터를 타고 3층쯤 올라가던 카네기가 갑자기 다시 내려와 안내원에게 갑니다.

"아가씨! 아가씨는 미모도 뛰어날 뿐 아니라 마음씨도 참 아름답습니다. 오늘 친절하게 안내해 주셔서 감사했습니다. 아가씨에게 앞으로 행복의 길이 열릴 것입니다."

그러자 그 아가씨는 기분이 좋아서 어쩔 줄 몰라 했어요. 옆에 있던 친구가 묻습니다.

"아니, 그 말을 하려고 다시 내려왔단 말인가?"

"그렇다네! 우리들의 삶 속에 행복이 따로 있는 것은 아니라네. 행복은 찾으면 있는 것이야. 내가 감사의 말을 해 주는 순간, 저 아가씨는 무척 행복했을 거야. 아가씨의 즐거운 마음은 또 다른 사람에게 전해질 것이고……. 나는 오늘 인류에게 행복을 준 것이 아니겠나? 내가 오늘 한 일은 보람 있는 일이야!"

"그렇군!"

이와 같이 순간순간 마음이 즐거우면 저쪽 언덕[彼岸]에 도달한 것입니다.

하지만 이러한 세간의 바라밀은 그저 육도六道에 머무르며 오욕락五欲樂의 세계에서 욕망을 이룬 것일 뿐, 자기의 본성을 깨달아서 나고 죽는 생사를 해결한 출세간의 바라밀과는 다릅니다. 나고 죽는 고통이 없는, 우리 마음의 본성을 깨달은 자리가 진정한 바라밀이고 저쪽 언덕이지요. 중생이 깨닫지 못한 채, 육도六道에 윤회하는 것은 이 언덕[彼岸]에 있는 것입니다. 이쪽 언덕에는 여섯 가지 악폐(惡蔽 : 慳貪, 毁犯, 瞋恚, 懈怠, 散亂, 愚癡)가 있고 저쪽 언덕[彼岸]에는 여섯 가지 바라밀이 있습니다.


**▌ 주해 ▌**

만일 어떤 사람이 이전에 했던 일들이 다 헛된 것임을 확연히 깨닫고, 헛된 것을 버리고 진여로 돌아가 근원을 궁구하고 근본을 규명하며, 지인至人을 가까이하고 항상 선지식을 친견하며, 저 언덕으로 건네주는 배를 구해서 방편의 삿대를 찾아 애욕과 고통의 바다를 건너 저 열반의 언덕에 오른다면 생사의 큰 파도를 벗어나 다시는 죽고 사는 진흙탕에 빠지지 않을 것이다. 이렇게 하면 다리도 마르고 손도 건조한, 청정하고 자유롭고 한가로운 사람이 될 것이다.

若有人 猛然自悟從前所爲所作盡是虛假 棄假循眞 窮根究本 常近至人 常親知識 求過岸之舟 覓方便之篙 渡過愛河苦海而登彼岸 得

脫生死洪波 更不拖泥帶水 作箇脚乾手燥淸淨自在閑人也

**▌ 후송 ▌**

자, 말해 보아라! 어떻게 해야 피안에 도달할 수 있는가?

에잇!

다른 사람이 힘을 쓰기는 어려우니 스스로 자기 몸을 건네 주어야 한다.

알겠는가?

且道 如何得達彼岸 咦 他人難用力 自渡自家身 會麼

지혜는 배가 되고 정진은 삿대가 되어

신령스런 집에서 힘을 쓰니 파도를 벗어났도다.

몸을 날려 바로 보리의 언덕에 오르며

손을 털고 돌아오니 달이 밝고 높구나.

智慧爲船精進篙 靈臺用力出波濤

翻身直上菩提岸 撒手歸來明月高

'이咦'는 '에잇!' 하고 혀를 차는 겁니다. 어느 때는 '돌咄!' 하기도 하는데 이것은 매우 중요한 것입니다. 한참 설명을 하고 왜 혀를 차겠습니까? 여러분들은 지금 모두 『반야심경』을 듣고 있습니다. 들으면 전부는 아니더라도 어느 정도의 이야기는 여러분에게 담기겠지요. 그러면 담아 놓은 그것이 반야입니까? 아니면 바라波羅입니까? 그것은 단지 상식, 지식, 학식에 불과한 것입니다.

여러분이 반야를 꺼내어 쓰지 못하는 것은 학식, 지식, 상식 그리고 나라는 생각[我相]과 지견知見 때문입니다. 지금 여러분은 그러한 자신의 살림살이를 모두 청산하여 자기 본연의 티끌 없는 마음, 그 세계를 깨닫기 위해 『반야심경』을 공부하고 있습니다. 이 『반야심경』을 들으면서 그러한 것들을 자꾸 청산해 나가야 합니다. 그런데 이것을 듣고 자꾸 담아 놓기만 한다면 그것은 반야라고 할 수 없는 것이지요. 어떠한 일에 닥치면 그 순간 전광석화와 같은 지혜가 나와야 되는데, 담겨져 있는 『반야심경』을 말해 주면 일이 해결되겠습니까? 그것은 반야가 아닙니다.

그렇기 때문에 말을 한 자신이 자신을 꾸짖습니다. "네가 무슨 반야를 이야기했는가? 억!" 하고 자신을 꾸짖는 것입니다. 왜냐하면 그것은 말에 불과할 뿐 진정한 반야가 아니기 때문입니다. 진정한 반야는 언어 이전에 있는 것입니다.

# 밀다
## 蜜多

‘밀다’는 인도말이며, 중국에서는 무극無極이라 번역한다. ‘밀蜜’은 섞여 있다[和]는 의미이며 ‘다多’는 많이 모여 있는 것을 말한다. 무극이란 지극히 크고 지극히 높아 끝나는 곳을 알기 어려운 것을 말한다. 불가에서는 ‘무극’이라 하고, 도가에서는 ‘태극太極’이라 하며, 유가에서는 ‘황극皇極’이라고 한다. 이것은 모두 ○을 말하는 것으로, 이제 분명하게 열어 설명하겠다. 밀蜜이라는 한 글자는 대도 또는 허공에 비유할 수 있고 다多는 많은 무리를 의미한다. 이 도道가 만 가지 무리를 포함하여 유정 무정이 다 대도 가운데 있음을 비유한 것이다.

사람의 참 성품도 동일하여 만법을 포함하고 있으며, 만법은 모두 한 성품 가운데 있다. 태허 가운데에는 팔만 사천 가지의 다른 종성이 있어 말로 다 표현할 수 없지만 모두 사람의 한 성품 안에 있다. 한 성품은 '밀蜜'에 비유할 수 있고, 여러 가지 종성은 '다정多情'에 비유할 수 있다. 이치로 행하는 사람은 한 성품으로 균등하게 종성에 화합하며, 합해져 하나가 되므로 이를 밀다蜜多라고 한다. 도가에서는 "하나를 알면 만 가지 일事을 끝낸다."라 하였고, 불가에서는 "만법은 하나로 돌아간다."라 하였으며, 유가에서는 "나의 도는 하나로 꿴다."고 하였다.

　　西天梵語也 東土翻爲無極 又蜜者和也 多者衆聚也 且無極者至高至大 難極之謂也 釋云 無極 道云 太極 儒曰 皇極 皆謂〇此也 今分明說開蜜之一字 亦比於大道虛空 多者 謂萬彙也 譬道能包含萬類 有情無情盡 在大道之中 人之眞性一同 亦能包藏萬法 萬法盡在一性之中 太虛之內 有八萬四千異類種性 說不可盡 皆在人之一性之內 一性譬如蜜 種性喻於多情 行人以一性 均和種性 合而爲一故曰蜜多 道云 識得一萬事畢　釋云 萬法歸一　儒云 吾道一以貫之

### ▋ 강설 ▋

'만법은 하나로 돌아가는데 하나는 어디로 돌아가는가[萬法歸――歸何處]?' 하고 물었을 때 어떤 사람은 "허공으로 돌아가겠지." 또 어떤 사람은 "만법으로 돌아가겠지." 하고 대답하겠지만 그것은 아닙니다.

자, 말해 보아라! 하나란 무엇인가? 저 하나 ○를 알겠는가?

돌!

오행이 이르지 못하는 곳, 부모에게서 태어나기 전이다. 비록 말로 설명해 주어도 실천하지 않으면 도달하기 어려우니 바로 버려야 한다. 티끌을 다 없애면 그제야 비로소 볼 수 있을 것이다.

알겠는가?

且道 如何是一 還識這個○麼 咄 五行不到處 父母未生前 雖然 說破不行 難到直須去 盡塵垢方見 省麼

한 성품이 밀蜜이 되고 많은 것이 다정多情이 되니,
먼저 성품을 깨닫고 널리 균등하게 종성에 화합하라.
앉아서 진여의 성품과 하나가 되면,
한 성품이 원만하게 밝아서 대라大羅<sup>3)</sup>에 나아가리라.

一性爲蜜衆爲多 先將覺性普均和
坐成一片眞如性 一性圓明赴大羅

어느 날 쇼펜하우어Schopenhauer가 길을 걷다 마주 오는 사람과 정면으로 부딪쳤습니다. 상대는 그가 미안하다고 사과할 줄 알고 기다렸지만 쇼펜하우어는 아무런 말이 없었습니다.

"당신, 뭐요?"

쇼펜하우어가 대답했습니다.

"나에게 무엇이냐고 물었습니까? 그것을 내가 알면 얼마나 좋겠습니까? 진정 무언가 알면 좋겠지만 나도 알지 못하고 그 누구도 이걸 모르니, 그것을 알기 위해 그저 끝없이 여행하고 있을 뿐입니다. 그러나 나는 내가 누구인지 모른다는 사실을 압니다. 이것이 여행의 시작이 될 뿐입니다."

옛날 한 나라에 신통력을 가진 요정이 살았습니다. 왕은 어떻게 하면 요정을 없애고 나라를 마음대로 다스릴 수 있을까 생각했습니다. 왕은 요정이 말[馬]을 무척 좋아한다는 것을 알고 매우 좋은 말을 준비한 후에 요정에게 말했습니다.

"그대가 열 길 땅 속에 들어가 1년 동안 죽지 않고 살아 나오면 내가 아끼는 이 최고의 말을 주겠소."

요정은 조건을 받아들여 땅에 묻혔습니다. 묻힌 지 일 년도 안돼 나라가 망하고 왕도 죽었습니다. 10년 후에 한 재상이 갑자기 옛날 일이 생각나서 땅을 파 보니, 요정의 숨은 멎었는데 맥이 살아 있었습니다.

놀란 재상이, "이제 일어나야지!" 하니까, 깨어난 요정은 바로, "내 말 내놔!" 합니다.

요정은 오직 말만 일념으로 생각했던 것입니다. 그렇게 생각하는 힘이, 숨이 멈추어져도 살아 있게 한 것입니다. 10년을 땅속에 묻혀 있다 나와도 아무것도 변한 것이 없어요. 오직 말 달라는 이야기뿐입니다. 이것은 무엇을 말하는 것입니까? 요정이 해탈하여 몸을 바꾸려면 진정한 공부를 했어야 하는데 엉뚱한 데에 마음이 가 있었으므로 변화할 수도 없었고, 반야 지혜도 나오지 않았던 것입니다. 숨이 멈춰 가사假死 상태로 있을 정도의 힘은 있었지만 그 이상은 아무것도 없었던 것이에요.

과거에 인도에서도 큰 유리병 같은 것을 깨니까 그 속에 사람이 있었다고 하지 않습니까? 아주 오랜 옛날 비바시불 때의 사람이었다는데, 사선정四禪定을 익히고 공空을 관하면서 고요함 속에 들어가 자신이 허공처럼 되어서 그렇게 오래 갈 수 있었다고 합니다. 그러한 것을 공무변처선정空無邊處禪定이라고 하는데, 자성을 깨치지는 못합니다. 그러한 공부를 우리 불자들이 하면 안 됩니다. 신선도를 익혀 오랫동안 이 몸뚱이를 가지고 있는 것도 결국은 다 허망한 것이지요.

부처님 당시에도 명상瞑想관법, 사념처관四念處觀 등이 유행했습니다. 몸의 감각작용을 살피고, 무상함을 살피거나 몸이 더럽다는 것을 관하고, 마음의 작용을 관찰하는 것 등입니다. 부처님께서도 다 섭렵하셨는데 힘은 엄청나지만 깨치는 것과는 거리가 멀었던 것입니다. 그래서 다 내던지고 보리수 아래에 앉으시면서 '깨치기 전에는 일어나지 않으리라.' 하고 일주일간을 지내셨습니다. 그 일주일 동안 부처님께서는 무엇을 하셨을까요? 거기에 대한 말씀이 경전에는 쓰여 있지 않습니다. 관법도 내던지고 명상도 내던지고 다 내던지고 무엇을 하였는가? 그것은 여러분 스스로 생각해 보아야 합니다.

이 공부는 그렇습니다. 관찰하고, 살피고, 말 없는 가운데 묵묵히 마음 안에서 일어나는 모든 것을 비추어 보고…, 이렇게 해나가는 것을 조사祖師 문중에서는 허용하지 않습니다. 바로 "이뭣고?" 하면 여기에는 언어도단言語道斷이요 심행처멸心行處滅입니다. 생각과 말이 끊어지고 바로 본지풍광을 찔러 이야기해 주기 때문에 생각과 사량으로 알려고 하면 해답을 얻을 수가 없고 십만 팔천 리나 어긋나게 됩니다. 전후좌우가 모두 끊어져[前後左右際斷] 나아가려고 해도 나아갈 수 없고 물러서려야 물러설 수 없는, 법신자리를 직접 들이댄 거기에서 오직 '무엇일까?' 하는 의심 하나만 일으켜 애를 써서 공부를 해 나아가야 합니다.

그러는 동안 사상四相, 육폐, 오온(五蘊 : 色, 受, 想, 行, 識), 번뇌 등이 없어지면 바로 볼 수 있다고 했습니다. 보았으나 말로 설명해 줄 수 없으니, 깨친 사람만이 홀로 알 수 있을 뿐인 것입니다.

# 심
心

■ 강설 ■

부처님께서는 내심內心의 깨달음인 정법안장正法眼藏을 세 곳에서 마하가섭에게 전하셨습니다. 그러나 이 정법안장은 표현을 초월한 것이어서 물건을 전하듯, 문서를 건네주듯이 준 것이 아닙니다. 언어 문자 밖의 이심전심으로 서로 계합하여 인정해 주신 것입니다.

팔만 대중이 영취산에 모인 가운데 하늘의 제석천이 부처님께 연꽃을 올리자 부처님께서 그 꽃을 받아서 대중에게 들어 보이셨습니다. 아무도 그 뜻을 알지 못했는데 다만 마하가섭만이 그 뜻을 알고 빙그레 미소를 지었습니다. 그러자 부처님께서는 "여래에게 정법안장 열반묘심涅槃妙心이 있으니 이를 마하가섭에게 부촉하노라." 하고 말씀하셨습니다. 눈을 마주쳐서 탁 알아 버리면 구구한 말과 설명이 필요 없이 찰나 사이에 전광석화

같이 알아듣는 것입니다.

다자탑多子塔 앞에서 부처님이 법을 설하실 때의 일입니다. 가섭이 오자 말없이 자리의 반을 내주시니 가섭도 아무 말 없이 그 자리에 앉았습니다. 혹 여러분은 타심통他心通으로 마음을 읽어서 아는 것이 아닌가하고 생각할 수도 있습니다. 그러나 미리 환히 내다보고 아는 것이 아니고, 맞아들이는 그 순간 찰나에 해결이 되는 것입니다.

알려면 바로 알아야지, '저것이 뭐 하는 것일까?' 하고 생각하면 그 순간 이미 십만 팔천 리나 멀어져 버립니다. 싸움을 할 때 서로 웃통을 벗어 놓고 단번에 한 대 갈겨야지, 말을 건네며 싸우는 것과는 거리가 먼 것과 같습니다. 이렇게 바로 그 자리에서 곧바로 해치워 아는 것을 취모리검吹毛利劍이라고 합니다. 솜털을 날카로운 칼날에 대고 입으로 불면 솜털이 끊어집니다. 일체 모든 경계에 닥쳐서 즉시즉시 척척 해결이 된다는 것이에요. 타심통으로 미리 훤히 아는 것은 외도입니다.

### ▮ 주해 ▮

마음은 사람의 본원, 생명의 원천이다. 일체 만법이 다 한 마음 안에 있고, 팔만 사천 가지 모든 법이 다 마음에 있다. 움직이면 무궁무진하며, 고정시키면 변함도 없고 이동하지도 않는다. 불가에서는 "마음이 나면 갖가지 법이 나고 마음이 없어지면 갖가지 법이 없어진다."고 하였고, 도가에서는 "마음이 죽으면 성품의 달이 밝고, 마음이 나면 욕망의 티끌이 앞을 가로막는다."고 하였으며, 유가에서는 "한마음을 다스리면 모든 것이 그치고, 많은 일을 도모하면 모든 것이 어지러워진다."고 하였다. 그런 까닭에 옛 성인은 배우는 사람들로 하여금 그 마음을 잘 거두어 섭수함으로써 한 곳에 돌아가게 하였다. 이것이 '만법은 하나로 돌아간다.'는 것이며, 또 이것을 '일자법문'이라고 한다.

心者 人之本源也 一切萬法盡在一心之內 有八萬四千等 動則無窮無盡 定則不變不移 釋云 心生種種法生 心滅種種法滅 道云 心死則性月朗明 心生則慾塵遮蔽 儒云 制之一心則止 謀於多事則亂 是以古聖教學人 收攝其心 歸於一處 喚作萬法歸一 又名一字法門

### ▌강설▐

마음이 유정도 나투고 무정도 나툽니다. 마음이 없어진즉 모든 것이 없어집니다. 없어진 곳에 일진광명이 천지를 덮습니다.

도교와 유교에서 한 말과 부처님께서 하신 말씀이 균등하게 소개되어 있지만 그러나 근본적으로는 엄청난 차이가 있다는 것을 알아야 합니다. 도교나 유교에서는 한 번 내놓으면 그대로 못을 박듯이 박아 놓습니다. 그러나 부처님께서는 "나는 49년 동안 설법했지만 한 자字도 말한 바가 없다."고 하셨고, "반야바라밀을 반야바라밀이라 하면 곧 반야바라밀이 아니니 그 이름이 반야바라밀"이라고 하셨습니다. 도교와 유가에서는 그런 말이 없어요. 이런 면에서 현격히 다르다고 할 수 있습니다.

■ 주해 ■

이 마음이 부처요 이 마음이 부처를 만드는 것임을 사람들이 믿지 않기 때문에 여러 가지 방편으로 세상 사람들에게 가리켜 보여 자기의 본성을 바로 보게 했건만 어찌하여 보지 못하는가? 옛 사람이 "마음 심心 자 세 점은 별 모양과 같고 옆으로 뺀 은 갈고리는 달이 기울어진 것과 같다."고 하였으니 "털을 덮어 쓰고 윤회하는 것도 여기에서 시작되며, 부처가 되는 것 또한 마음을 의지해서"라고 한 것이 바로 이것이다. 하늘에 오르거나 땅에 들어감은 다 자기의 마음의 소행이지, 다른 곳에서 얻어진 것이 아니다. 경에서는 "고요한 곳에 있으면서 그 마음을 섭수하라."고 하였고, 또 "한 곳(마음)을 제어하면 판단하지 못할 일이 없다."라고 하였다.

因人不信是心是佛是心作佛 所以多種方便 指示世人 見自本性 豈不見 古云 三點如星象 橫鉤似月斜 披毛從此得 作佛也由他是也 上天入地 皆在自心所爲 非他處所得　經云 在於閑處 收攝其心 又云 制之一處事無不辨

　　『반야심경』 법문을 들으면서 어떤 것은 알아들을 것이고 또 어떤 것은 알아듣지 못할 것입니다. 그러나 여러분이 여기 오는 가장 중요한 목적은 '알지 못하는 이놈이 무엇인가!' 하는 것을 깨치기 위해서입니다. 아무리 팔만 사천 법문을 다 외우고 지식과 학식을 갖춘다 해도 그것은 우리 반야 지혜를 가리는 태산 같은 티끌이 될 뿐입니다. 5분, 10분이라도 스스로 고요히 앉아 '관세음보살을 염하는 자가 누구인가?' 하고 살필 때 반야 지혜를 쓸 수 있는 곳에 가깝게 가는 사람이 될 수 있습니다. 공부는 하지 않고 이야기와 말, 글자로만 익히려 하면 결국에는 그것이 점점 가로막아 반야 지혜와는 거리가 멀어집니다. '그러면 이제 『반야심경』 법문을 그만 들어야겠다. 들을 필요도 없는데 스님은 왜 자꾸 말씀하시나?' 하는 분도 있을 것입니다. 그런 생각도 옳지 않습니다. "듣되 들은 바 없이 듣고, 말하지만 말한 바 없이 말하라[聞而不聞 說而不說]" 하였으니 열심히 들으시고 듣고 나서는 들은 바 없이 티끌을 남기지 마세요. 그래야 그 순간 반야의 지혜를 쓰는 것이고, 그 순간 올바르게 정진하는 것이 됩니다. 천지가 뒤집히고 폭탄이 터지는 폭발소리가 나도, 정녕 그 속에서 들은 바가 없어야 합니다. 그 마음을 바로 알아야 합니다.

사람들이 하나로 돌아가지 못하는 것은 마음을 아는 자가 적고 성품이 어지러운 자가 많아 진실한 도를 잃어 버렸기 때문이다. 무엇 때문에 마음을 알지 못하는가? 미혹됨이 많아 성품이 그것을 다 반연하기 때문에 맑은 정신을 잃어버리고 혼미하여 경계를 따라 마음을 미혹하게 한다. 육근에 눈이 멀어 물질에 집착하고 그로 인해 성품이 어지러워져 지혜가 생기지 않으니 어리석을 수밖에 없다.

그와 같은 마음을 기꺼이 닦아 성명性命을 궁구하고 생사를 연구하며 사리에 밝은 스승을 가까이해 법약法藥을 참구한다면 마음의 병을 치료할 수 있을 것이다. 이것을 생각하고 여기에서부터 걸음 걸을 때나 앉거나 누울 때 잊지 않고, 어묵동정에 이 마음을 여의지 않는다면, 저 ○이 눈썹을 똑바로 세운 눈동자 위로 홀연히 드러나 문득 본래면목을 보게 될 것이다.


不能歸一者 因識心者少 亂性者多故失眞道矣 爲何不識其心 因其多惑其性 皆緣失神昏昧 逐境迷心 六根內盲 著物亂性 不生智慧 愚暗之故也 若肯修心 窮性命 究生死 親近明師 參求法藥 療治心病 念玆在玆 步步行行 坐臥不忘 語默動靜 不離這箇○ 忽然眉毛竪起 眼睛露出 便見 本來面目

앞을 보니 색이 없고 뒤를 보니 뿌리가 없다.

돌사람은 말이 없고 나무 여자는 바라볼 뿐.

근본을 돌이켜 볼 줄 모르고 달밤 창밖에 버드나무 꽃이

어지러이 날리는 것을 세상 사람들은 모여서 다투고 있다.

前睹無色 後見無根

石人無言 木女唯看

不能返本 聚頭爭葉

쏟아지는 버드나무 꽃잎을 보고 세상 사람은 다툽니다. 급하게 흐르는 물처럼, 마음속을 계속 흐르는 그것을 왜 쫓아갑니까? 흔히들 말합니다. '이 순간이 영원히 멈추었으면 좋겠다!' 그러나 그게 멈추어질 수 있나요? 찰나가 용납하지 않습니다. 그런데도 어리석은 중생은 눈앞의 것에 집착하여 영원히 붙잡으려 합니다. 그래서 영원을 잃어버렸습니다. 영원의 참맛을 모릅니다. 그러나 영원永遠은 한 생각 돌이키면 바로 그 자리가 영원이 됩니다. 뒤를 봐도 끝이 없고 앞을 봐도 형색이 없어요. 머리한 번 돌이키면 항장恒長의 세계가 있어 영원한 것을 맛봅니다. 하지만 중생은 경계만을 따라갑니다. 경계가 무엇이냐? 한 생각이 일어나 바깥으로 찰나찰나 변하는 것인데, 중생들은 그것을 붙잡으려고 합니다.

1963년도에 오대산에서 해제를 하고 서울에 갔습니다. 길거리를 보니 아가씨들이 옷을 입긴 하였는데 팬티가 보일락말락 했습니다. 미니스커트라는 것이었는데 생전 처음 그것을 보고 놀라서 멍청히 서 있다가 50대쯤 된 남자와 부딪쳤습니다.

　　"아이고, 죽겠네! 스님은 앞은 보지 않고 뭐하는 거요!"

　　"미안합니다. 서울에 처음 와서 그러는데, 지금 저 사람이 옷을 왜 저렇게 입고 다닙니까?"

　　"뭐요? 서울에 처음 와 봐요?"

　　"예, 옷이 없어서 저럽니까? 왜 옷을 저리 입었습니까?"

　　50대 남자가 내 얼굴을 빤히 쳐다보면서 죽겠다고 웃다 그냥 가버렸습니다.

　　골똘히 안으로 생각하다 부딪친 것과 색의 경계에 빠져 부딪친 것은 다릅니다. 상대방이 뭐라고 해도 전연 감정의 대립 없이 끝납니다. 그러나 사바세계 중생은 전부 색 경계에 빠져서 그것으로 살고 있지 않습니까?


　　한 살 때의 얼굴과 20대 때의 얼굴과 40대 때의 얼굴이 다 변하는데 그중에 어느 것이 참 얼굴이겠습니까? 10대 때의 얼굴? 50대 때의 얼굴? 60대 때의 늙은 얼굴? 그 가운데 여러분의 본래 얼굴이 있습니다. 그것을 보지 못한다면 살아서도 고통이 심하고, 이 목숨이 떨어진 후에도 자기 자신이 어떻게 될지 장담을 할 수 없습니다. 그러나 여러분이 열심히 참구한다면 여러분의 본래면목을 볼 수 있습니다.

자, 말해 보아라! 본래면목은 어떤 형상인가?

야보도천 스님은 "불이 이것을 태우지 못하며, 물도 이것을 잠기게 하지 못하고, 바람도 이것을 흔들지 못하며, 칼도 이것을 베지 못한다. 부드럽기가 도라[4]와 같고 견고하기가 철벽과 같다. 천상이나 인간이 옛날이나 지금이나 알지 못한다."고 하였다.

돌!

알겠는가?

종일토록 항상 대면하고 있지만 누구인지 알지 못한다.


且道 本來面目 如何形狀 川老有云 火不能燒 水不能溺 風不能飄 刀不能劈 軟似兜羅 硬如鐵壁 天上人間 古今不識 咄 知道麼 終朝常對面 不識是何人


이 둥근 마음의 거울은 본래 티끌이 없으니,

다만 티끌로 인해 비추기 어려울 뿐 본래 참이다.

티끌이 다하면 거울은 밝아져 한 물건도 없어

자연히 법왕(붓다)의 몸을 나툰다.

這輪心鏡本無塵 因塵難照本來眞
塵盡鏡明無一物 自然現出法王身

**▎강설 ▎**

'그대의 모든 처소에서 한 걸음도 떨어지지 않았으니 어떤
것이 부처란 말인가? 다만 네가 듣고 말하는 그것이다.' 이 도리
를 깨달으면 열반묘심, 정법안장, 마음자리를 바로 아는 사람이
되는 것입니다.

# 경
### 經

● 

나에게 한 권의 경전이 있으니
종이와 먹으로 이루어진 것이 아니다.
펼쳐 열어 보니 한 글자도 없는데
항상 대광명을 놓는다.


我有一卷經 不因紙墨成
展開無一字 常放大光明


이 경은 언어 문자 이전의 소식입니다. 600부 『반야경』의
요지만 축소하여 중요한 골자만 간추려 놓은 것이 『반야심경』입
니다. 이것만 들으면 600부 반야를 다 들은 것과 마찬가지이고
팔만대장경을 다 들은 것이 됩니다. 가장 수승한 깨달음의 인연

을 지어 직하에 바로 깨달을 수 있고, 바로 깨닫지 못한다 해도 대승의 깨달음의 씨앗이 되어서 멀지 않은 장래에 크게 깨달을 수 있습니다. 개미나 미물, 곤충들까지도 『반야심경』 독경하는 소리를 들으면 무수겁을 두고도 벗어나지 못한 몸을 바꾸어 최상승의 깨달음을 얻을 수 있는 대장부로 태어날 수 있다고 합니다. 이보다 더 빠른 성취가 어디 있겠습니까? 하물며 이 자리에 있는 우리 인간은 만물 중에서도 윗자리에 있으니 더 이상 말할 나위가 없지 않겠습니까?

■‖ 주해 ‖■

경經은 곧 바른 길이다. 세상 사람들이 수행하는 지름길이다.

배우는 사람이 이것(경)을 얻으면 의심하거나 헤아리려 하지 말고, 그릇된 공부 방법을 구하려 하지 말라. 곧바로 실천하면 자기 집에 도달하는 시절이 있을 것이다. 다만 수행과정에서 참이 아닌 것을 잘못 행하고 잘못 인식할까 그것이 두렵도다.

經者 徑也 是世人修行之路徑也 學人得此不疑擬 休要悞了工程 驀直便行 須有到家時節 只怕路頭不眞差行錯認

■ **강설** ■

마음을 깨달아 성불의 길로 가고자 할 때 바르게 인도해 줄 스승과 선지식이 꼭 필요합니다. 선지식은 길을 몰라 헤매며 제 자리만 뱅뱅 돌고 있는 여러분에게 곧바로 갈 수 있는 지름길을 일러줄 것입니다. 그와 같이 『반야심경』은 일체중생에게 깨달음의 저 언덕에 이를 수 있는 지름길로 안내합니다. 인공위성이나 제트기와 같이 빠르게 이끌어 줍니다.

운암담성(雲巖曇晟, 782~841) 스님은 백장회해(百丈懷海, 749~814) 스님 회상에서 20년을 지냈습니다. 그렇지만 도무지 계합되는 것이 없었습니다. 일찍이 약산유엄(藥山惟儼, 745~828) 같은 스님은 '백장 스님 밑에서 언하에 득도하여 일찍이 계합되어 산사에 들어가 일상생활 가운데 수용자재하면서 납자들을 제접하고 있었습니다. 운암은 백장 스님이 천하의 도인이라 만나는 사람마다 척척 깨닫게 해 줄 수 있을 터인데 나는 어째서 20년이나 있어도 마음의 계합契合이 없을까?' 하고 생각하다가 백장 스님을 떠나 약산 스님에게 갔습니다.

약산 스님이 물었습니다.

"백장 스님은 일상생활에서 납자들이나 일반 신도들에게 무슨 문구로 가르치던가?"

"늘 말씀하시기를 '나에게 한 글귀가 있으니 백 가지 맛을 갖추었다[我有一句者 具足百味].'고 하셨습니다."

"그런가! 짠즉 짠맛이요, 싱거운즉 싱거운 맛이다. 짜지도 않고 싱겁지도 않으면 항상 그 맛인데, 무엇을 가지고 백 가지 맛을 갖추었다고 하는가?"

담성 스님이 대꾸를 하지 못했습니다.

어느 날 약산 스님이 또 물었습니다.

"눈앞에 생사를 어떻게 생각하는가?"

"눈앞에는 생사가 없습니다."

"백장 스님 회상에서 몇 년이나 지냈는가?"

"20년을 지냈습니다."

"백장 스님 회상에서 20년이나 지냈다는 사람이 아직 속기 俗氣도 벗지 못했구나."

그래도 운암은 아무 말 없이 약산 스님을 시봉했습니다. 어느 날 다시 약산 스님이 묻습니다.

"백장 스님에게 무슨 다른 법이 있던가?"

"어떤 때에는 '세 글귀 밖을 살펴 가거라' 하고, 또 어떤 때에는 '여섯 글귀 안에서 알아 취하라.'고 하셨습니다."

"삼천 리 밖에 또한 백 가지 교섭한 것이 없어졌구나."

운암 스님은 아무런 말도 못했지요. 약산 스님이 다시 물었습니다.

"다시 가르쳐 주던 것이 없던가? 다시 무슨 법을 말하던가?"

"어떤 때는 법문을 들으려고 모여 입정을 하고 있으면 갑자기 주장자를 휘둘러 대중을 흩어 버립니다. 대중이 놀라 흩어지면 '대중아!' 하고 부릅니다. 대중이 돌아보면 '이것이 무엇인고?' 하고 묻습니다."

"백장 큰스님이 그렇게 하셨구나! 일찍이 너에게 일러주었거늘 너는 어째서 백장 스님을 보지 못했는가?"

그 말에 크게 깨달았습니다. 문득 예배를 하고 송頌을 바쳐 인가를 받았습니다.


공부할 때에는 어느 곳이든 생명을 던지고 해야 합니다. 세월이 흘러 고목나무와 같이 삭아 쉬어졌을 때라야 선지식을 만나면 홀연히 깨달을 수 있습니다. 그런 시절 인연이 닿지 않은 것은 본인 자신이 정진을 게을리한 탓입니다. 글귀로 알려 하고 사량분별로 알려고 하면 점점 어긋나 버립니다. 따라서 선지식을 만나면 반드시 모든 마음을 바쳐서 항상 정진하고 철저히 밀고 나가면서 경책을 받아야 합니다.

월내 관음사에 향곡(香谷, 1912~1978) 스님이 조실로 계실 때, 저는 그곳에서 대중으로 있었는데, 지금 해운정사의 진제 스님을 토굴에 앉혀 놓고 직접 철저하게 가르치시는 것을 보았습니다. 밤중에 피곤하여 조금 누우면 살며시 올라와서 여지없이 주장자로 갈기고 멱살을 잡아 끌고가 물에 빠뜨렸습니다. 그러다 중간에 걸망을 지고 떠나려고 나서면 미리 알고 어귀에 나와서 지키고 서 있다가 달래서 다시 토굴로 데리고 돌아와 공부를 시키셨습니다.

옛날이나 지금이나 선지식에게 직접 단련을 받으면 됩니다. 저도 과거에 말할 수 없는 구박(?)을 받으면서 단련을 받았습니다. 만일 요즘 그렇게 하면 누가 배겨 나겠습니까? 요즘 선방에서 공부하는 스님이나 재가신도들에게 좋지 않은 소리를 해 보지요. 대번에 안 한다고 걸망을 꾸립니다. 앞뒤 돌아보지 않고 싹 밟으며 이것은 틀린 것이라고 여지없이 뭉개 버리더라도, 거기에서 '아! 몇 겁을 두고도 해결되지 않는 이상을 밟아 주는구나!' 할 수 있어야 합니다. 그것을 밟아 줄 때 되는 것이에요. 요즈음은 무슨 말을 하면 맞서고 토를 달고 그래요. 그러니 '안 되겠구나!' 하고 적당히 대하고 맙니다. 참으로 공부할 뜻이 있는 사람에게 바로 가르쳐주지 못할 것이 어디 있겠습니까?

이 공부는 선지식이 반드시 필요합니다. 마음을 닦아 행하는 길은 높고 험한 길이기에 더욱 그렇습니다. 공부를 하다 잘못되었을 때는 '아! 잘못되었구나.' 하고 자신을 확인하고 생각을 거두어 쉬어야 합니다. 선방에서 공부하는 분들 중에도 화두를 사량 분별, 또는 이해로 알고자 하는 분들이 없지 않습니다. 도적을 주인으로 잘못 알고 있는 것입니다.

『반야심경』을 들을 때에도 중간쯤 듣다가 '『반야심경』은 이런 것이구나. 안 들어도 되겠다.' 하는 사람은 길가에서 그릇 아는 사람입니다. 끝까지 들어야 합니다. 자기 자신이 부처라고 하니까 자기가 부처구나 하고 사량 분별로 생각하지 말라는 것입니다.

**■ 주해 ■**

자, 말해 보아라! 어느 곳을 향해 가는가?

내가 지금 분명하게 말할 것이다. 풀 한 포기도 나지 않는 곳, 미세한 티끌도 세우지 못하는 곳, 진흙탕도 없고, 함정도 없으며, 모두 벗어서 알몸처럼 드러나 있는, 물을 뿌린 듯 깨끗하고, 평온한 곳을 향해 용맹스럽게 가면 한 알의 구슬○을 만날 것이다. 이 구슬은 둥글고 아름다우며 빛나고 빛나 옛날부터 지금에 이르기까지 무너지지 않는다. 이 여의광명의 보배 구슬을 손수 손으로 잡으면 큰 이익과 공능이 있으며 어려움이나 괴로움을 받지 않는다. 불가에서는 이것을 '마니보주'라 하였고, 도가에서는 "기장쌀 같은 현묘한 구슬"이라 했으며, 유가에서는 "아홉 구비 밝은 구슬"이라 하였다.

且道 向甚處去 是予今明說 向寸草不生處 纖塵不立處 無泥水 無坑坎 淨躶躶赤洒洒⁵⁾ 平穩穩處去 猛然逢著一顆○ 圓陀陀光爍爍 亘古不壞 如意光明寶珠 親手拈來 得大利用 不受困苦 釋云 摩尼寶珠 道云 黍米玄珠 儒云 九曲明珠

**■ 강설 ■**

'세간에서 생각하는 것으로는 깨치지 못하니 세상을 향해 구하는 것을 쉬어라.' 세상 사람들이 살아가면서 이것을 얻은 이가 있습니까? 이것을 얻었다면 무엇 때문에 국회에서는 청문회를 하고, 가정에서는 불화가 생기고, 또 온갖 시비가 생겨나겠습니까? 속세에 살면서는 이것을 찾기가 어렵다는 것입니다. 그러나 생활 속에서도 철저히 심여의주心如意珠를 찾으면 뜻과 같이 모든 것을 만족하게 살아감을 성취할 것입니다.


║ **후송** ║

이 구슬을 보고자 하는가?
한 마음을 형상 밖에서 찾되 세간을 향해 구하지 말지어다.

要見此珠麼  一心象外覓 休向世間求

이 한 권의 진경眞經은 본래 마음에 있으니
자기 집에 감추어진 보배를 찾으려고 애쓰지 말라.
용맹한 마음으로 '생겨남이 없는 경론'을 점검하면
예나 지금이나 변함없이 밝게 빛나는 구슬이 솟아나오리니.

這卷眞經本在心 自家藏寶不須尋
猛然檢著無生品 迸出明珠耀古今

# 관자재보살

## 觀自在菩薩

∥ 주해 ∥

(관)자재觀自在보살은 사람마다 다 있으나 다만 육근으로 인해 모든 경계가 막혀 있어 정욕을 깊이 꿰뚫어 보지 못하고, 만 가지 인연에 이끌려 자재하지 못한 것이다.

만일 지혜가 있는 사람이라면 (모든 사람에게 다 있음을) 믿어(만 가지 인연을) 놓아 버리고 그윽하고 고요한 곳에서 몸과 마음[身心]을 추스르고, 앉으매 고요함의 한계에 이르게 해, 고요한 가운데 다시 고요하여 털끝만큼이라도 다른 생각이 없으면 한 마음이 청정해져 지극히 고요한 자리에 이를 것이다.

自在菩薩 人人皆有 只因六根 諸境遮障 不能觀看情欲 萬緣所牽 不得自在 若有智慧之人 信得及放得下 但於幽靜閑處 打倂身心 坐令極靜 靜中更靜 無纖毫異念 一心淸淨 守至靜極

용감하게 한 번 움직임에 한 진인이 자기의 신령스러운 궁전에 있어 가고 옴에 종횡으로 걸림이 없다. 이 속에서 비로소 자기 보살이 모든 곳에 유유히 노닐고 자재하여 한 찰나 사이에 무한한 우주세계에 가득 참을 보게 될 것이다. 가는 곳마다 법신을 나타내지만 이르는 곳마다 자취를 남기지 않으며, 광명을 널리 비추나 보려고 하면 볼 수가 없다. 사람들이 만일 이 보살을 보고자 한다면 눈으로 보려 하지 말고, 귀로 들으려 하지 말아야 한다. 귀와 눈을 쓰지 않는다면 비로소 관자재보살을 알게 될 것이다.

猛然一動 有一眞人 在自己靈宮 往往來來 縱橫無礙 這裡方見 自己菩薩 優滿⁶⁾自在 一刹那間 徧周沙界 隨處現法身 到處不留跡 光明普照 觀之不見 諸人若要見此菩薩 觀之不用其目 聽之不用其耳 去耳目之用 纔識自在菩薩

도가에서는 "보고자 하되 나를 보지 못하고, 듣고자 하되 들을 수 없으며, 여러 가지 견해를 여의었으므로 묘도라 이름 한다."고 하였고, 『금강경』에서는 '만약에 모양 있는 것[色]으로 나를 보려하거나, 음성으로 나를 구하려고 하면 이 사람은 잘못된 도를 행하는 것이니, 여래를 보지 못하리라."고 하였고, 유가에서는 "보되 눈을 사용하지 않으며 듣되 귀를 사용하지 않는다. 귀와 눈의 작용을 떠나 있으면 자연히 성품을 얻는다."고 하였

다. 이와 같은 자라야 비로소 모든 곳에 이 진선보살이 없는 곳
이 없으며, 같이 앉고 같이 행동하며 같이 기뻐하고 같이 웃으
며, 촌보도 서로 떨어진 적이 없었으나, 다만 자기가 우매했었음
을 알게 될 것이다.

道云 視不見我 聽不得聞 離種種邊 名爲妙道 金剛經云 若以色
見我 以音聲求我 是人行邪道 不能見如來 儒云 視不用目 聽不用耳
離耳目之用 自然得性 如是之者 方知一切處 此眞仙菩薩 未嘗不在
同坐同行同歡同笑 寸步不曾相離 只是自家昧了

**‖ 강설 ‖**

　여러분이 관세음보살을 부르며 염불할 때, '관세음보살은
어떠어떠한 모양으로 생겼을 것이다'라고 생각하면 그것이 병
폐가 됩니다. 생각하면 생각하는 모양을 따라 나타납니다. 어떠
한 모습을 나타내어 무엇인가 계시해 주는 것을 자꾸 관세음이
라고 믿으면 나중에는 마군도 그와 같은 모양으로 나타나서 지
시해 줍니다. 20년, 30년을 관세음보살 염불하다가도 점쟁이로
들어서는 사람이 많이 있습니다. 그들은 환히 알아지는 것을 견
성한 것으로 착각하지만, 허상에 속은 것일 뿐입니다. 그래서
『금강경』에서 "모양이나 형색으로 부처를 찾으려고 하지 말라!"
고 하는 것입니다. 무엇을 보았다고 하면 양변에 떨어진 사람입

니다. 자성청정 관세음은 눈이나 귀로는 볼 수 없습니다. 자성이 자성을 보지 못하기 때문에 그렇습니다.

새가 아침에 나갔다가 저녁에 자기 집으로 돌아가고자 하나 안개가 자욱하게 끼어 자기 집을 찾지 못하고 헤매는 것처럼, 육근, 육진으로 인한 번잡한 번뇌 망상이 가로막아 중생은 자기 집을 잃어버리고 자신에게 있는 자재보살을 보지 못하는 것입니다.

### ▌후송▐

이 보살을 보고자 하는가?
에잇!
나가고 들어오지만 흔적이 없다.
반짝이며 빛나는 밝은 광명을 보았는가!

要見此菩薩麼 咦 雖然出入無踪跡 爍爍光明見也麼

보살은 본래부터 몸을 떠난 적이 없으나
스스로 우매하여 서로 친하지 못하도다.
만약 고요히 앉아 빛을 돌이켜 반조해 보면
문득 생전의 옛 주인을 만나게 되리라.

菩薩從來不離身 自家昧了不相親

若能靜坐回光照 便見生前舊主人

　　이제 여러분은 여러분의 관세음보살을 보았습니까? 여러분의 옛 주인은 어디에 있습니까? 이 세상 최상의 공부는 최고의 정상을 밟아 보는 것입니다. 바로 여러분 스스로 상상봉을 밟고, 다시 내려와서 바다 밑을 엎어서 자신의 인생을 뿌리까지 확 파헤쳐 보아야 합니다. 그렇게 밟아 보고 올라가고 내려오고 안과 밖을 답사한 후에야 비로소 "아하!" 하고 알아지는 것입니다! 그럼 무엇을 알았다는 것일까요? 여러분은 여러분 앞에 확연히 펼쳐져 있는 현실이 꿈이며, 인생살이 또한 모두 허상이라고 하면 실감이 나지 않을 것입니다. 제가 어느 분에게 "다 꿈같은 인생살이입니다." 하니까 "스님! 그게 왜 꿈입니까? 생시인데!"라고 해요. 그분은 안과 밖을 두루 섭렵하여 밟아 보지 않았기 때문에 그런 말을 하는 것입니다. 자신의 인생을 안과 밖으로 비추어서 부질없는 세월 동안 자신이 속았음을 알아 깨달으면 자신이 곧 문수요, 보현이요, 관세음입니다.

◉

행
行

◉

'행行'은 수행을 말하니, 길이 험준하여 닦지 않으면 행하기 어렵다. 또한 '닦는다[修]는 것'은 마음을 닦아 도道로 향하는 것이며, '행行하는 것'은 선을 행하여 진여眞如에 돌아가는 것을 말한다. 이것은 어떤 사람이 길을 닦아 평평하게 하고 길을 막는 가시덩굴을 치우고 길에 박혀 있는 단단한 돌을 제거하고 높은 것은 깎아서 낮게 하고 낮은 곳은 메워서 돋우고 치우고 쓸며 깨끗이 하면 문득 평탄하고 편안한 길이 되는 것과 같다.

行者 修行也 路徑崎嶇 不修難行 且修是修心向道 行是行善歸眞 如人修路相似 去礙路荊棘 除當道頑石 高者斷之 低者填之 打掃潔淨 便坦然平穩

사람의 마음자리도 또한 이와 같이 공력을 들여야 한다. 모든 사람에게 손해를 끼치고 자기를 이롭게 하는 마음을 버리는 것은 길을 가로막고 있는 가시덩굴을 치우는 것과 같고, 길을 걷는 데 장애가 되는 것을 치워 편안하게 걸을 수 있도록 하는 것과 다르지 않다. 모든 잡념과 도에 장애가 되는 인연을 제거하는 것은 길에 박혀 있는 단단한 돌을 제거하여 함께 나아갈 수 있는 것과 같고, 몸이 바르고 곧아서 큰 허물을 덜어 냄은 미치지 못하는 곳을 메워 평평하게 하는 것과 다르지 않다. 때 묻어 더러운 마음을 막고 번거로움을 끊어 버리는 것은 가지런히 정리하여 청정하게 하는 것과 같으니 이것이 처음 수행에 입문하는 데 있어서 요점이 된다.

人之心地 亦要如此下功 去一切損人利己之心 如去碍路莉棘相似碍 登途穩步 除一切雜念 障道因緣 如除當道頑石一同 得進身平正 損大過 補不及令得均平 屛垢心絶染污 打倂淸淨 此乃修行初入門之要也

(수행은) 입으로 말하는 데 있는 것도 아니고, 발로 행하는 데 있는 것도 아니니 오로지 마음에 의지하여 공력을 써야 한다. 선진仙眞은 "마음자리에 공력을 쏟을 뿐 세상일은 모두 버려라."라고 하였고, 불가에서는 "심지법문은 혀로 말하는 데 있지 않다."고 하였으며, 유가에서는 "말하는 것은 행하는 것만 같지 못하

고, 행하는 것은 여기에 이르는 것만 같지 못하다."고 하였다.

또한 이 한 걸음이 어디에서 일어났는지를 보고자 하는가? 만약 일어난 곳을 알면 바로 생사의 근원을 알게 될 것이다.

非在口說 亦非足行 全憑心地下功 仙眞云 心地下功 全抛世事 釋云 心地法門非在舌辨 儒云 說不如行 行不如到此也 又要看這一步 從何而起 若知起處 便知生死根源

**▌강설▐**

일체의 욕심과 번뇌 망상을 퇴치해 버리려면 화두일념 삼매에서 크게 깨달아야 합니다. 그렇게 되면 본래 진여 자성이 공적하고 영명하여 일체에 걸림이 없는 한가로운 도인이 될 것입니다.

**▌주해▐**

옛날에 유해월이 백운 사부를 찾아뵙고 절한 뒤에 여쭈었다.

"제자가 염려하건대 항복하여 머무르지 않으려면 어찌해야 합니까?"

"누가 염려하는 것이냐?"

"제자입니다."

"누가 항복하는 것이냐?"

해월은 안 듯하였으나 알지 못하고 신음하면서 미소를 지었다. 이에 스승이 다시 말씀하셨다.

"오고 감에 모두 너로 인해 시끄러워 주재하는 이를 없애 버렸다. 만약 저를 만나면 지나치지 말고 곧바로 놓아 버려라, 놓아 버리는 저것이 누구인지 또 알고자 하는가? 만약 스스로 주재한 것인 줄을 알면 다른 이에게 속지는 않으리라."

해월이 드디어 깨닫고 감사의 예를 올렸다.

또 석상 스님이 석두 스님에게 물었다.

"생각이 일어나 멈추지 않을 때 어떻게 합니까?"

석두 스님이 꾸짖으셨다.

"누가 생각을 일으키는가?"

석상 스님이 여기에서 크게 깨달았다.


昔日劉海月參白雲師父 拜而問曰 弟子念慮降伏不住如何 師問
云是誰念慮 答弟子 師云 是誰降伏 海月似省不省 沈吟微笑 師云 來
去都由你鬧 好沒主宰 若是敵他不過 卽便放下 更要知他放下的是誰
若識得自有主宰 便不被他瞞過 海月遂省 禮謝而已 又石霜和尙問石
頭和尙 擧念不停時如何 石頭咄云 是誰擧念 石霜於此大悟

이와 같이 정곡을 찌르면 바로 깨달아야 합니다. 조사는 구부리고[曲] 달래는 말을 하지 않고, 바로 찔러 줍니다. 더 쉽고 빠른 길을 일러주는 것인데 모르기 때문에 더 어렵게 생각되는 것입니다.

다만 이와 같이 궁구하여, 생각 생각에 당처를 여의지 말고, 모든 뜻과 생각과 언어와 지각함이 어디로부터 나왔는지를 세밀히 살펴보아야 한다. 옛사람이 말하기를 "부처님 가신 곳을 알고자 하는가? 다만 이렇게 말하는 이것이다."라고 하였으며, 도가에서는 "본성의 뿌리를 알려고 하면, 언어와 동정을 떠나지 않아야 한다."고 하였고, 금릉보지金陵寶誌 화상은 "요달하지 못한 사람은 이 한마디를 들어 보라. 다만 지금 누가 입을 움직이고 있는가?"라고 하였다.

但只如此體究 念念不離於當處 擧意思慮語言知覺 細細審觀 從何而出 古云 欲知佛去處 只這語言是 道云 要知本性根由 不離言語動靜 寶公云 未了之人 聽一言 秖這如今誰動口

일하는 것만 보아도 얼마나 세밀하고 철저하게 공부하는지를 알 수 있습니다. 방 소제를 잘했는지 왜 손바닥으로 닦아 보겠습니까? 마음을 어떻게 쓰고 있는지를 보는 것입니다.

운암담성 스님에게 학인이 물었습니다.

"스님, 100년 뒤에 스님은 어디에 계십니까?"

운암 스님이 양구良久한 후에 "다만 이것이니라[只這是]" 하였습니다.

그때 옆에서 동산양개(洞山良价, 807~869) 스님이, "스님, 뭘 알고 지저시[只這是]라고 했는지 몰라."라고 말합니다. 그러자 운암 스님이, "만약 알지 못했다면 그렇게 일렀겠는가? 그런데 만약 알았다면 그와 같이 이르지 않았을 것이다." 하였습니다.

이것이 어떤 도리입니까? 여러분이 직접 공부하여 알아야 한다고 한 이유가 바로 이것입니다.

이와 같이 입을 열어 말하지만, 향상에 다시 묘처가 있어 닦지 않고 행하지 않으면 스스로 도달하지 못한다. 만일 고향에 도착하게 되면 다시는 길을 묻지 않을 것이다.

자, 말해 보아라!

고향은 멀고도 가까우니 미혹한즉 천산만수가 가로막혀 있고, 깨달은즉 머리를 돌이키는 그 자리가 바로 자기 집이다.
　　알았는가?


　　然雖如是說開 向上更有妙處 不修不行 不能自到 若果到家鄉則
罷問程矣 且道 家鄉遠近 迷則千山萬水隔 悟則回頭便是家 理會得麼


　　처음 행을 일으킨 곳에서 가르침의 진의를 알지니
　　만약 다시 발을 헛디딘다면 몸을 잃게 되리라.
　　고향 땅을 밟아 평온해지면
　　소요자재한 사람이 될 것이다.


　　起初行處認教眞 若還失脚喪其身
　　踏得故鄉田地穩 做箇逍遙自在人


　　▌강설 ▌

　　행한다는 것은 자신의 마음자리를 회광반조廻光返照하여 화
두를 가지고 직접 뚫어 자신의 본래면목을 보아야 한다는 말입
니다. 잘 모르는 사람은 회광반조는 묵조선이나 위빠사나에서
하는 공부로 구분하여 생각하는 분도 있습니다. 그러나 화두선
이란 본지풍광本地風光을 바로 질러 가리키는 것이며, 여기에서
는 이론異論이 있을 수 없습니다. 바로 보아 확철대오 하면 더 이

상 논할 것이 없으나, 일반사람들은 그렇지 못한 이가 대다수입니다. 간화선을 직접 실참실구하려면 의심관을 지어 가야 합니다. 의심관을 할 때 회광반조하는 의미가 복합적·부분적으로 포함되어 있는 것입니다. '이뭣고[是甚麼]' 하고 의심관을 하다가 망상이 일어나고, 또 혼침이나 무기심에 빠졌을 때는 의심하는 일념이 끊어집니다. 이때 망상인 줄 아는 이놈을 다시 돌이켜 낚아채서 의심관을 지속해 갈 때 이것을 회광반조의 의심 화두관이라 합니다.

# 심

深

'심深'은 아주 그윽하고 현묘하여 골수까지 사무친다는 것이다. 이 경지에 이르고자 한다면 마음을 하나로 고르게 하고 경쾌하게 해야 비로소 가능하다. 도가에서는 "버리고 또 버려서 무위에 이른다."고 하였고, 불가에서는 "놓아 버리고 또 놓아 버리면 자연히 신심이 경쾌해질 것이다."라고 하였으며, 유가에서는 "진실로 날마다 새로운 날이다. 날마다 새롭고 다시 새롭다."고 하였다.

이와 같이 되고자 하면 모름지기 놓아버리고 고요히 앉아 밤낮으로 깨끗하게 쓸고 닦을지니, 이렇게 하면 곧바로 쓸어도 쓸 것이 없는 곳에 도달할 것이며, 실오라기 하나도 걸리지 않아 마치 부모에게서 태어나기 전과 같이 모두 없어져 버릴 것이다. 옛사람은 "몸에 달라붙은 땀 젖은 적삼을 모두 벗어 버리고, 돌

이켜 자기에게서 구하면 확연히 없어져서 자연히 집에 도달한
다.”고 하였다.

深者 幽微玄妙 徹骨徹髓處也 若要到此田地 須是打併輕快方
可 道云 損之又損之 以至於無爲 釋云 放下又放下 自然身心輕快 儒
云 苟日新 日日新 又日新 要如此者 須去靜坐 日夜打掃 直至掃無可
掃 寸絲不掛 如父母未生前 燒了一般 古云 貼體汗衫都脫却 反求諸
己 廓然無 自然到家


■ 후송 ■

자, 말해 보아라!
어찌하여 집에 돌아가지 못하는가?
아~!
해는 저물고 갈 길은 멀기만 한데
몸은 고단하고 등에 업힌 아이는 자꾸 내려간다.
알았는가?

且道 不得還家者何也 呀 日晚程途遠 身困擔兒沈 省也麼


대도의 고향은 본래 숨겨져 있지 않은데
세상 사람들은 무거운 것을 지고 스스로 찾기 어렵다 하네.

그대로 잘 놓아 버리면 혼연히 물건이 없어서

　문득 영산회상의 부처님과 조사 스님들의 마음을 보게 되
리라.


　　大道家鄕本不深 世人擔重自難尋
　　若能放下渾無物 便見靈山佛祖心


　**‖ 강설 ‖**

　누구든지 무상이 신속한 줄 알아 발심하여 자기 머리에 붙
은 불을 끄는 것과 같이 급한 마음을 내어 부모에게서 태어나기
전 본래면목을 돌이켜보아 깨달으면 자기 고향에 도달한 사람
이라 할 수 있습니다.

# 반야

般若

'반야'란 인도말이며 중국에서는 지혜라 번역한다. 사람이라면 모름지기 지혜가 있어야 한다. 지혜가 없으면 참으로 어리석은 사람으로 헛되이 일생을 보내다가 죽음의 문에 이르러 꼼짝없이 항복하게 될 것이다.

지혜가 없는 사람이 총명함을 지혜라 하는 것은 매우 잘못된 것이다. 총명한 사람은 정밀하고 세밀한 것을 업신여겨, 심신을 이용하여 말을 할 때는 마치 날아다니는 용과 같고 뛰어난 새매와 같지만 실제 행동으로 옮기는 데는 다리 부러진 금계와 같고 병든 거북이와 같으며, 명리를 도모하고 탐하여 거친 것을 세밀하다고 하고, 세상의 재물 보기를 골수와 같이 여겨 성명性命 버리기를 똥 버리듯, 흙 버리듯 한다. 단지 내일, 모레, 올해, 내년만 알 뿐, 늙어 죽음에 이르려 하고 임종에 가까운 줄은 알

지 못하니 안타까운 일이다. 헛되이 세월을 보내고 부질없이 일
생을 수고롭게 하는 등등 이렇게 행동하는데 생사윤회를 어떻
게 벗어나겠는가.


般若者 西天梵語也 東土翻爲智慧 大凡爲人 須要自生智慧 若
無智慧 眞是愚人 空過一生 甘伏死門 有一等無智之人 以聰明謂之智
慧大錯矣 且聰明之人 賣弄精細 役使心神 出言如飛龍俊鷁 行持如跛
鱉病龜 貪利圖名 以麤作細 看世財如骨如髓 棄性命若糞若土 只知明
日後日今年後年 不知老之將至死限臨頭 可惜 空過時光 虛勞一世 似
此所爲 生死輪廻 如何脫得


**▌강설▌**

　지혜가 없는 사람은 일생을 알차게 살았다고 할 수 없습니
다. 일생 동안 바쁘게 생존경쟁 속에서 다투며 살아온 것들을 점
검해 보면, 결국 윤회의 씨앗들만 장만했을 뿐, 반야 지혜의 눈
을 떠 견성성불할 수 있는 공부는 하지 않았습니다.

　생과 사의 갈림길에서, 두려움 없이 마음대로 자유자재하
셨던 분이 우리나라에도 많이 계셨습니다. 원효 스님도 여섯 군
데 사찰에서 돌아가셨는데, 가보니 흔적이 없었다고 합니다. 이
한 몸 벗고 안 벗고 하는 것을 옷 갈아입듯이 하신 것입니다.

지혜 있는 사람은 밖에서 보면 어리석은 듯하나 안으로는 묵묵하고 침착하여 생사가 있음을 안다. 얻을 바도 잃을 바도 없음을 깨달아 항상 태어날 때는 어디에서 왔으며 죽을 때는 어디로 가는지를 스스로 세밀히 관찰한다. 이 한 생각을 일으켜 선지식을 가까이 할 뿐 아니라 지인至人을 찾아뵙고 질문하며 세간에서 벗어나는 법을 구해 생사의 길을 피한다. 세상의 모든 허물과 악을 송곳과 칼날 피하듯이 하고, 성명 돌아보기를 자기 보배를 돌아보듯이 한다. 움직일 때는 다른 사람을 편안하게 하고, 중생을 이롭게 하며, 또한 어떤 경우에도 속지 않는다. 고요할 때는 정定에 들어 공을 관하여 다시는 어리석고 흐리멍텅한 데 빠지지 않는다. 이와 같은 사람은 일단 완전히 손을 털고 자기 집에 돌아와 대자재를 얻은 사람이다.

有智之人 外如愚魯 內默安詳 識有生有死 悟無得而無失 常自
諦觀 生從何來 死從何往 發此一念 親近知識 參問至人 求出世之法
逃生死之路 避過惡如避錐刀 顧性命如顧寶貝 動則安人利物 亦不被
境瞞 靜則入定觀空 更不滯莽蕩[7] 如是之者 一旦果完 擺手還家得大
自在

자기 몸, 자기 인생에 대해서 면밀히 살펴보십시오. 이 몸 뚱이는 지수화풍地水火風 사대로 이루어져 있고, 이 몸에는 팔만 사천 모공이 있고, 360골절이 있고, 오장육부 등이 있습니다.

나무둥치를 베어 보면 그 속에는 꽃도 없고 열매도 없습니다. 그러나 봄이 되면 꽃이 피고 또 열매를 맺습니다. 사람도 마찬가지로 이 몸 흩어지면 한 점 티끌조차 남지 않지만 그 자리는 분명히 아무것도 없이 딱 끊어진 것이 아닙니다. 무한한 것이 나오는 그 자리. 그것은 내 자신이 어떤 것인가 확실하게 살펴본[諦觀] 사람만이 알 수 있습니다.

부설 거사의 아들과 딸 두 남매는 월명암에서 살았는데, 딸 월명이 머슴과 연애를 했습니다. 오빠 등운은 동생의 공부에 장애가 될 것을 염려하여 머슴이 불을 때고 있을 때 뒤에서 발로 차서 불에 떨어뜨려 죽였습니다. 오빠 등운이 동생에게 말했습니다.

"우리는 이제 이 일로 염라대왕에게 잡혀가 꼼짝없이 지옥에 가게 되었으니, 어찌하면 되겠는가? 이것을 면하는 길은 공부밖에 없다."

눈앞에 생사가 놓여 있자 동생도 발심하여 용맹정진을 했습니다. 저승사자들이 잡아 가려고 찾아왔으나 아무리 살펴봐도 없었습니다. 세 번이나 헛걸음을 하고 돌아가는 저승사자에게 오빠가 말했습니다.

"모래로 새끼를 꼬아 허공을 잡아맬 수 있다면 그대들이 우리를 잡아갈 수 있으리라."

이렇게 간절히 말을 해도 여러분들은 지금 생사의 무서움을 잘 모를 것입니다.

**∥ 주해 ∥**

선사先師는 "어느 날 고향에 돌아온 사람은 바람에 흔들리는 쑥대와 같은 사람이 되지 않는다."고 하였고, 불가에서는 "손을 툭툭 털고 자기 집에 돌아왔건만 다른 사람들이 몰라본다. 새롭게 존당에 드릴 물건이 하나도 없네."라고 하였다. 야보도천 스님은 "외로이 표류하던 배가 부둣가에 도착하고, 멀리 갔던 객이 고향에 돌아왔다."고 하였다.

先師云 一日得還鄉 不作飄蓬客 釋云 撒手到家人不識 更無一物獻尊堂 川老云 孤舟到岸 遠客還鄉

**∥ 강설 ∥**

선사의 말은 육조 스님 당시에 깃발이 움직이는가, 바람이 움직이는가 시비한 것을 비유로 들어 한 말입니다. 이 부분에는

'만고에 밝은 달은 창 앞에 걸렸네[萬古明月掛窓前]' 라는 구절을 넣어야 합니다. 이미 고향에 돌아온 사람은 봉래산 신선과 같은 것은 헌신짝같이 봅니다. 다시 말해서 천상천하에 홀로 높은 분이 되었는데 공양물을 올릴 곳이 어디 있겠습니까?

**▌후송▐**

자, 말해 보아라! 어떤 것이 고향인가?

돌!

멀기로 말하면 십만 팔천 리이고 가깝기로 말하면 지금 이 자리를 조금도 떠나지 않았다.

알았는가?

且道 如何是鄕 咄 遠後十萬八千 近後不離當處 會得麽


지혜와 총명은 모두 이 마음이니

지혜 있는 사람은 안으로 닦아 가장 가까운 데서 찾으라.

만약 지혜가 있는 사람이라면 삼계를 뛰어날 것이며

지혜가 없는 어리석은 사람이라면 생사에 다다를 것이다.


智慧聰明總是心 智人修內蠢傍尋

若人有智超三界 無智愚夫生死臨

　마음이라는 것을 『보살계경』에서는 심지心地라 하였고, 『반
야경』에서는 보리열반菩提涅槃, 『화엄경』에서는 법계法界, 『금강
경』에서는 여래如來라 했으며, 『금강능단경』에서는 여여如如, 『정
명경』에서는 법신法身, 『대승기신론』에서는 진여眞如, 『열반경』에
서는 불성佛性, 『원각경』에서는 환지幻知라고 표현하였고, 『승만
경』에서는 여래장如來藏, 『요의경』에서는 원각圓覺이라 하고 있습
니다.

# 바라
波羅

'바라'는 인도말이며, 중국에서는 도피안到彼岸이라 번역한다. 본성이 미혹한 범부는 태어나고 죽는 윤회에 떨어져 이 언덕에 있는 것이며, 깨달은 자는 생사를 초월하여 윤회를 벗어나므로 저 언덕에 이른 것이다.

만약 저 언덕에 이르고자 한다면 반드시 스스로 지혜를 내어 깨달아야 이 생사고해를 건너갈 수 있다. 마치 사람이 물을 건널 때 물이 깊어서 지나가기 어려우면 배나 다리를 이용하거나 또는 나무나 대나무를 엮어 만든 뗏목을 사용하는 것처럼, 여러 가지 방편으로 배를 타고 고해를 건너 저 언덕에 도달하게 한다. 그러나 이미 저 언덕에 도달하고 나면 이전의 배와 다리, 나무 뗏목 등의 물건은 더 이상 필요가 없다.

波羅者 西天梵語也 東土翻爲到彼岸 且迷者 有生死墮輪廻 只
在此岸也 悟者 超生死脫輪廻 到彼岸也 若要到彼岸 須是自生智慧過
此生死苦海 如人過水 水深難過 須用船橋 或用木牌竹筏 多種方便盛
載 過此苦海而到彼岸 旣達彼岸 前者船橋木牌等物 盡皆無用

■ 강설 ■

자신이 직접 배를 만들어야 합니다. 남이 만들어 준 배로
건너가는 것은 완전한 것이 아니며 자신의 공부가 될 수 없습니
다. 팔만대장경은 부처님께서 여러분을 저 언덕으로 건너가게
하기 위해 방편으로 하신 말씀입니다.

해인사 조실을 지내셨던 금봉 스님이 상주 갑장사에 계실
때 일입니다. 금봉 스님은 혼자 지내시면서 창호지가 없자 『금
강경』을 찢어서 문을 발라 놓았습니다. 다른 스님이 이것을 보
고, 어찌 부처님 경전을 뜯어 문을 발랐느냐고 하자, 이렇게 얘
기하셨습니다.

"글쎄! 나에게는 필요가 없어서……"
"스님은 필요가 없겠지만 후래 학자들은 어떻게 합니까?'
"다시 만들어서 쓰면 되지 않는가? 그것이 나에게는 다 있
기 때문에 필요가 없네."

깨달아서 지혜가 있는 사람은 자기의 『금강경』을 밖으로 드러내서 씁니다. 백두산의 천지가 마르지 않고 흐르듯이, 맑고 깨끗하여 생기가 넘치는 반야 지혜의 물은 끊임없이 솟아납니다. 금봉 스님은 해인사 조실로 계시다가 돌아가실 때, "나는 서울 어느 보살집에 태어날 것이다." 하시고는 개울에 가서 목욕하고 옷 갈아입고 바위에 앉아서 가셨습니다. 바로 이것이 반야 지혜요, 생사 해탈입니다. 여러분도 모두 가능한 이야기입니다. 안 된다고 생각하니까 안 되는 것이지 열심히 하면 모두 됩니다.

남양혜충(南陽慧忠, ?~775) 국사에게는 예로부터 내려오는 97개의 원상圓相이 있었습니다. 탐원응진耽源應眞 스님이 이것을 앙산혜적(仰山慧寂, 803~887) 스님에게 전해 주며 당부했습니다.

"이 원상은 역대 조사 스님으로부터 전해 내려오는 귀중한 것이니 잘 보존하라!"

그런데 앙산 스님이 전부 불태워 버렸습니다. 아침에 법상에 오른 탐원 스님이 야단을 칩니다.

"97개의 원상은 귀중한 것으로 말세 중생을 위해 잘 보관하여 전해 주라고 했는데 네가 무슨 연유로 불살라 치웠는가? 지금 당장 그대로 그려서 가져오너라!" 그러자 앙산 스님이 들어가서 여인들이 하는 절[女人拜]을 합니다. 이에 탐원 스님은 아무런 말없이 방장실로 들어갔습니다.

바르게 공부하여 깨우친 사람에게는 무한한 『금강경』이 철철 넘치게 있는데 끊어질 것이 어디 있겠습니까?

　그렇기는 하나 후래 학자는 『금강경』을 잘 받들어 공부해야 하며 『금강경』을 훼손하면 안 됩니다.


**▌ 주해 ▌**

　성품을 보아 깨닫는 것도 또한 이와 같다. 대전 조사는 "눈먼 사람이 의원을 찾아감과 같다. 먼 길을 혼자 가지 못하니, 다른 사람이 인도해 주거나 손에 지팡이가 있어야 가능하며, 이 두 가지가 없으면 찾아가지 못한다. 의원의 집에 도착하여 의사가 그의 눈먼 것을 고쳐 광명을 보게 하면, 지팡이와 인도하는 사람은 더 이상 필요하지 않다. 열반의 바른길을 깨닫는 것도 또한 이와 같다."고 하였다.


　見性悟道者 亦復如是 大顚云 如盲人求醫 遠路不能自行 須假人牽 兼手中有杖方可 無此二物 不能得到 旣到醫家 醫師與他點眼 大見光明 其杖與牽人 都無用處 頓悟涅槃正道 亦復如是


**▌ 강설 ▌**

　믿음을 가지고 철저히 좌선 수행을 하고 공부를 하며, 또 공부를 할 때에는 아주 힘을 들여 해야 합니다. 죽을 고비를 넘기듯이, 여자가 아기 낳을 때 힘을 들이듯이 해야 합니다. 화두가 타성일편打成一片되어 깨달으면 바로 안심입명安心立命을 이루고 무한한 지혜를 굴려 쓰게 됩니다.

**▌ 주해 ▌**

자, 말해 보아라! 인도하는 사람과 지팡이는 무엇인가?

내가 지금 말할 때 믿는 자는 바로 행동할 것이며, 부득이 밖으로는 실행하기 어렵고 안으로는 공을 이루기가 어렵거든 널리 복을 지으라. 복이 지극하면 마음이 영명해져 자연히 방법이 생긴다. 이것이 바로 인도하는 사람이다.

그런 다음에 좌선을 하고 도를 닦아 안으로 공을 가리고 취해 견성하는 법을 구하면 생사 대사를 마치게 된다. 어느 날 공이 원만해지면 본래면목을 보게 되리니 이것이 지팡이다.

且道 甚是牽人柱杖 予今說破 信者便行 不得外行 難成內功 須用廣作福田 福至心靈 自然有箇道徑 只此便是牽人也 然後可以坐禪修道 辨取內功 求見性之法 了生死大事 一日功圓 得見本來面目 便是柱杖也

다시 눈 밝은 스승, 대덕 고승을 참방하여 인증을 얻어야 하니, 인증하는 스승은 바로 의사이다. 어느 날 몰록 깨달으면 이전의 갖가지 방편이 다 필요 없지만 지팡이만은 버릴 수 없다. 도가에서는 "고기를 잡으면 통발을 잊어버리고, 토끼를 잡으면 올무를 잊는다."고 하였으며, 불가에서는 "강을 건널 때 뗏목을 사용하나 언덕에 이르면 뗏목은 필요 없다."고 하였고, 유가에서는 "뜻을 얻으면 말을 잊고, 쌀을 얻으면 밭을 잊으라."고 하였다.

更要參訪明眼師眞大德高僧 求其印證 印證師眞便是醫人也 一日頓悟 從前多種方便盡皆無用 惟柱杖不可棄 道云 得魚忘筌 得兔忘蹄 釋云 過河須用筏 到岸不須船 儒云 得意忘言 得米忘田

**▮ 후송 ▮**

자, 말해 보아라! 모두 잊어버리라고 하면서 무슨 까닭으로 지팡이는 버리지 말라고 하는가?

물이 다하고 산이 다한 곳에 도달하지 못했으면 우선 도반을 삼아 수행으로 세월을 보내야 한다.

알았는가?

且道 都教忘却 因甚只不教棄了柱杖 未到水窮山盡處 且存作伴過時光 理會也未

이 근본 지팡이는 본래 상이 없으며

원래 허공과 같아 두 가지 모양이 없다.
만약 어떤 사람이 잡아 일으켜 삼십삼천을 뚫으면
온 세계의 삿된 마군이 감히 넘보지 못하리라.


這根柱杖本無相 元與虛空無兩樣

若人提起透三天 遍界邪魔不敢望

●

# 밀다
## 蜜多

●

**▌ 주해 ▌**

'밀다'는 인도말이며, 중국에서는 무극無極이라고 번역한다. 무극은 무극이면서 곧 태극이니, 이는 허공의 묘도이다. 옛사람은 "무극이 태극이니, 태극은 두 가지 의儀로 나뉘며, 두 가지 의는 삼재三才로 나뉘고, 삼재는 사상四象을 낳고, 사상은 오행五行을 낳으며, 오행이 있음으로 인해 점점 불어나 만유를 낳는다."고 하였으니 만유는 묘도 가운데 다 포함되어 있는 것이다.

蜜多者 西天梵語也 東土翻爲無極 且無極者無極而太極者 〇乃
虛空妙道也 古云 無極而太極 太極分二儀 二儀分三才 三才生四象
四象生五行 因有五行 漸漸滋生萬類 萬類盡在妙道之中包含也

　　무극無極은 일체의 모든 맛, 냄새, 소리도 없고, 시작도 끝도 없는 것이어서 극을 세우지 않은 체의 본래 자리를 말합니다. 마음의 체성 자체가 그러하여, 무한대한 허공처럼 비어 있는 이것을 도라고 합니다. 태극은 질에 대한 형단이 갖추어져 있는 것입니다. 이것이 점점 변하여 다섯 가지 기운을 이룹니다. 무극에서 태극이 나오고 태극에서 두 개의 의儀, 즉 천지天地 그리고 음양陰陽이 나뉩니다. 삼재는 천지인天地人을 말합니다. 삼재에서 노양, 소양, 노음, 소음의 사상四象이 나오며, 사상四象에서 금목수화토金木水火土의 오행五行이 나옵니다. 오행은 우주와 우리 몸에 갖추어져 있습니다. 그래서 금과 목은 상극이면서 서로 붙잡으려고 의지하고, 물과 불, 흙과 나무 또한 서로 상극이면서 서로 붙들고 의지합니다. 흔히 부부간에 상극이 만나면 좋지 못한 일이 생기고 불화가 생긴다고 하여, 궁합을 볼 때는 상충이나 상극을 피하지요. 그러나 알고 보면 상충, 상극이 나쁜 것만은 아닙니다. 서로 상충되어 있는 속에서 모든 것이 창조되고 만들어집니다. 상충상극이 합일되어 모든 것이 만들어지는 것입니다. 따라서 오행, 삼재, 사상, 음양, 이전에 무극의 차원에서 일상생활을 풀어 나가고 모든 곳에서 무극을 쓰면 상극되는 것이 없습니다. 우리의 몸인 사대도 음양오행으로 맞아 들어갑니다.

　　그러면 그 속에 음양오행만 갖추고 있는가? 우주 안에 있는 모든 존재 가운데 해와 달이 가장 중요하며, 해와 달이 있으므로 그것들이 존재합니다. 마찬가지로 우리의 마음속에도 일원一圓이 있습니다. 우주의 해와 비교되는 반야 지혜가 있습니다. 또한 우리 체성 속에는 달과 같은 둥근 자성자리가 있습니다. 바로 이 우주만물 세계 속의 티끌마다 지혜와 자성자리가 다 있어서 일체 모든 세계를 창조하고 판가름하여 비춥니다. 사상이니 오행에 걸릴 것이 없는 것입니다.

### ▌주해▐

'밀蜜'이란 한 글자는 허공의 묘도에 비유하고, '다多'는 모든 품류에 비유한 것이니, 유정 무정이 모두 묘도에 포함된다. 이는 벌이 백 가지 꽃의 꿀을 따서 섞어 꿀을 만드는 것과 같다. 숙성되기 전에는 짜고 시고 달고 쓴 여러 가지의 맛이 있고 청, 황, 적, 백의 여러 색을 지니고 있어서 맛도 고르지 않고 색도 한 가지가 아니다. 그러나 어느 날 공로가 이루어져 꿀이 완성되면 여러 가지 맛이 뒤섞여 한 가지 맛이 되고, 갖가지 색이 섞여 한 가지 색이 되며, 향기와 아름다운 맛이 한결같아 차별이 없다. 이런 상태가 되어야 벌도 양생함을 얻고 사람도 수용함을 얻는다.

是以蜜之一字 喻於虛空妙道 多者比於諸品衆類 有情無情皆屬
道之含攝 且如蜂採百華 醞造成蜜未成之時 有鹹酸甘苦辛之衆味 青

黃赤白之衆色 其味不等 其色不一 一日功成蜜就 種種之味 釀成一味
般般之色 混同一色 馨香美味一無差別 到此則蜂得養生 人得受用

## ▌강설▐

자성자리는 본래 순수하고 깨끗하며 무한하니 그 무한한
마음을 무한대로 쓰기만 하면 즉시 여래불입니다. 그러면 애써
참선할 것도 없고 애써 염불할 필요도 없을 것입니다. 모든 세상
사람들이 자기 마음을 소반 위에 옥을 굴리듯 마음대로만 굴린
다면 이 세상에 걱정할 일이 뭐가 있겠습니까? 부처님, 예수님,
공자님이 필요 없고 감옥도 필요 없겠지요. 그러나 막상 현실에
부딪쳐 그 마음을 쓰려 하면 잘 되지 않습니다. 이 몸뚱이에 조
그만 해로움이 닥쳐도 거기에 부딪쳐 엄청난 파장이 일어나고,
주위로부터 억울한 누명을 쓰면 엄청난 원한의 마음이 일어나
고, 자손들이 나에게 잘못하면 섭섭한 마음이 일어나고, 술이 먹
고 싶으면 술 한 잔 먹어야 하고, 술 한 잔만 마시고 일어나야지
하는데 또 한 잔 먹고 싶어지고……. 그 마음을 탁 털어 버리면
되는데 그것이 잘 안 되지요. 왜 그럴까요? 현실 생활에 너무나
집착하여 살아오는 동안 쌓인 두터운 업의 그림자 때문입니다.

이러한 오만 가지 번뇌 망상과, 바깥 경계에 부딪쳐 일어
나는 수천 가지 것들을 하나로 뭉쳐서 꿀을 만들어 내는 작업이
필요합니다. 화두를 일념으로 참구하는 자체가, 벌이 꽃의 꿀을

따서 꿀을 만드는 것과 같은 것입니다. 순수한 반야 지혜와 자성 자리를 밖으로 드러낼 수 있는 사람이 되기 위한 작업이지요. 염불기도와 참회하는 마음 수행 또한 죽 끓듯 하는 오만 가지 번뇌와 괴롭고 슬퍼하는 잡된 것들을 정제하여 순수한 꿀을 만드는 작업입니다.

■▌ 주해 ▌■

수행하는 사람도 이와 같다. 마치 수행하는 사람이 몸과 마음을 조복시키려고 아침에 연마하고 저녁에 단련하나 공행이 아직 완성되지 않았을 때는 간탐심, 명예심, 질투심, 계교심, 승부심, 교만심, 아만심, 살해심, 낭독심, 삼독심, 파포심, 사심, 망심, 무명흑암심 등 갖가지 착하지 못한 마음이 있으며, 또 포악한 성품, 거칠고 조급한 성품, 바람처럼 종잡을 수 없는 성품, 삿된 것을 따라가는 성품, 어리석고 탁한 성품, 모든 것을 따라가는 성품, 모든 곳에서 어긋나는 성품, 속이는 성품, 누구든지 좋아하는 성품, 강한 성품, 미치고 전도된 성품, 들뜨고 겉으로만 환히 빛나는 성품, 남을 왜곡하고 의심하는 성품 등이 있다. 무량겁 이전부터 모든 습성이 팔만 사천여 가지여서 말로 이루 다 표현할 수가 없다.

修行之人 亦復如是 且如修行之人 調伏身心 朝磨暮煉 功行未

成之際 有慳貪心 利名心 嫉妬心 計較心 勝負心 貢高心 我慢心 殺害
心 狼毒心 三毒心 怕怖心 邪心 妄心 無明黑暗心 種種不善之心 又有
暴惡性 麤躁性 風吹性 隨邪性 愚濁性 見趣性 乖劣性 虛詐性 好鬪性
撅强性 顚狂性 浮華性 諂曲性 自無始劫來一切習性 八萬四千有餘
說不可盡

　수행을 잘한 사람은 어느 곳에서나 걸림 없이 마음을 쓸 수
있습니다.

　남해 보리암에서 기도할 때의 일입니다. 밀양에서 왔다는
한 보살이 아주 열심히 기도를 하는데, 하루는 저에게 다가와 물
어요.

　"스님! 언제 기도를 마치십니까?"

　"일주일만 하면 마칩니다. 그런데 보살님은 무슨 소원이 있
어서 그렇게 열심히 기도를 합니까?"

　"가슴속에 한이 있어서 그걸 풀려고 기도합니다."

　"무슨 한이 그렇게 많습니까?"

　"우리 아들하고 며느리가 헤어져야 우리 가정이 편안할 것
같아서, 며느리하고 아들하고 헤어지라고 기도합니다."

　"며느리와 아들이 왜 헤어져야 합니까?"

　"외아들을 잘 키워서 장가를 보냈는데, 며느리가 들어온 후

나는 뒷전이고 둘이서만 오순도순 잘 지내니 괘씸합니다. 맛있는 것도 저희끼리만 먹는 것 같고, 둘이서만 즐거워하며, 나는 찬물에 기름 돌듯 하니, 가슴이 터질 것 같고 눈에 불이 납니다. 며느리를 불러 뭐라 해도 말도 안 듣고, 당장 나가라고 해도 가지 않고, 그래서 할 수 없이 부처님께 기도를 하러 왔습니다."

"……."

그런 곳에 자기 마음을 빼앗기면 안 됩니다. 집착하지 않고 흔들리지 않고 자기 마음을 운전할 줄 알아야 합니다. 사상四相이 떨어져야 해요. 30년 걸망지고 수행하러 다닌 구참久參들도 사상이 떨어진 사람이 그다지 많지 않습니다. 평소에는 의젓하고 보기 좋은데, 같이 살아보면 얼토당토않은 소리를 하면서 대들고 터럭만큼도 양보를 안 하는 경우를 가끔 봅니다. 하물며 일반 사람은 말할 것도 없겠지요. 그래서 궁과 지팡이가 서로 부딪쳐 궁을 풀어 거꾸로 세워야 한다[杖宮相撲 解宮顚立]고 한 것입니다. 다시 말해서 신심身心을 조복시켜 자기의 주견이 무너져야 합니다.

계교하는 마음은 오늘 장사를 하면 얼마를 벌겠지? 저 사람하고 이야기하면 이익이 있겠지? 하고 이해를 따지는 마음입니다. 승부심은 재벌이나 정치가나 일반인, 또 아이들까지도 모두 가지고 있는 것으로 이기고자 하는 마음을 말합니다. 공고심은 내가 이 세상에서 제일이라는 교만한 생각입니다. 아만심은 거만한 마음입니다. 살해심은 몸에 좋다고 하면 별의별 것을 다 죽여서 먹고, 다른 사람을 해치려고 하는 마음입니다. 낭독심은 이리와 같고 독사와 같은 사악한 마음을 말합니다. 삼독심은 탐진치 삼독을 말합니다. 파포심은 두려워하는 마음입니다. 죽기 싫어하고 남에게 도둑맞기 싫고, 밤길에 무서워하는 것이 파포심입니다. 사심은 삿된 마음, 망심은 망령된 마음을 말하며, 무명흑암심은 지혜가 없는 캄캄한 마음을 말합니다. 포악심은 포악한 마음, 추조성은 거칠고 조급한 성격을 말하며, 풍취성은 바람처럼 종잡을 수 없고 믿을 수 없는 성품을 말하며, 수사성은 삿된 것을 따라가는 성품을 말합니다. 우탁성은 어리석고 탁한 성품, 견취성은 모든 것을 보면 따라가는 성품으로, 사람들은 예쁜 것을 보면 따라갑니다. 괴열성은 모든 것을 어긋나게 하는 성품으로 건전하고 올바른 것을 따르지 않고 반대로 가며, 여러 사람의 화합을 깨고 용렬하고 괴각스러운 것을 말합니다. 허사성은 좋은 말로 꾸며 남을 속이는 성품, 호항성은 누구든지 보면 싸우기를 좋아하는 성품, 궐강성은 말뚝처럼 강한 성품으로 자기주장이 강한 성품을 말합니다. 전광성은 미친 사람처럼 넘어지고 펄펄 뛰는 성품으로, 하는 일마다 어긋나게 합니다. 부화성은 겉으로 보면 환히 빛나는 성품, 도곡성은 남을 왜곡시키고 의심하는 성품을 말합니다.

　　의사가 환자의 병을 알아야 치료하듯, 우리도 자신을 연마하기 위해 인간 존재의 성품을 파헤쳐 보는 것입니다.

어느 날 공功이 원만해지면 완고한 마음이 저절로 다해 청정하고 최상이고 걸림이 없는 진심을 단련해 이루게 되며, 갖가지가 스스로 화합해서 하나를 이루어, 만겁에 무너지지 않는 원만하고 밝은 법성이 된다. 여기에 이르면 차별하는 마음이 없으며, 또한 다른 종류의 성품이 없고, 많은 악이 저절로 소멸된다. 모든 악이 저절로 없어지니 하나의 진심이 홀로 드러나 대자유자재를 얻는다. 고덕은 "하늘에 많은 별들이 각자 빛을 발하지만 둥근 달 한 개의 밝음만 못하다."고 하였고, 도가에서는 "백천 개 냇물이 끊임없이 흐르지만 한 바다는 이를 다 받아들이면서도 넘치지 않는다."고 하였다. 선사仙師는 "천 가지, 만 가지의 생각이 마침내 망상을 이룬다. 오직 하나의 참된 것을 지켜야 도가 스스로 친하리라."고 하였다.

一日功圓 頑心自盡 煆成一味清淨最上無碍眞心 種種自和 煉就
一片萬劫不壞圓明法性 到此並無差別之心 亦無異類之性 衆惡自消
衆惡自滅 一眞獨露 得大自在 古德云 衆星朗朗 不如孤月獨明 道云
百川流不盡 一海納無窮 仙師云 千思萬慮終成妄 獨守一眞道自親

진심이 홀로 드러난 자리는 상대가 끊어진 자리입니다.

**‖ 후송 ‖**

자, 말해 보아라! 어떻게 해야만 하나의 참된 것을 볼 수 있
는가?

돌!

눈을 뜬 채 다른 이에게 속았다. 모든 사람이 잡으려 해도
잡지 못한다.

알았는가?


且道 如何得見一眞 咄 開眼被他瞞 諸人拿不著 省也未


갖가지가 같지 않을까 두려움이 없지 않으나
차별하여 동서로 달아나지 마라.
안으로 거둬들여 붉게 타는 화로 속에 놓으면
달궈진 금까마귀가 한 모양으로 붉다.


若干種種恐難同 休敎差別走西東
收來安放丹爐內 煉得金烏一樣紅



**‖ 강설 ‖**

슈퍼마켓이나 백화점에 가 보면 각기 다른 물건들을 가지
가지로 진열해 놓았습니다. 한 손님이 "이 물건들에 대하여 여러

말하지 말고 한 마디로 납득이 가게끔 설명해 주십시오."라고 한다면 여러분은 그 사람이 이해할 수 있도록 정확하게 한 마디로 설명해줄 수 있겠습니까?

순간순간 아들 생각도 했다가 돈 생각도 했다가 신랑 생각도 했다가 슈퍼에 가는 생각도 했다가…… 수천, 수만 가지의 생각이 일어나는 것이 그대로 백화점 아니겠습니까? 그렇다면 그 가운데 어느 것이 주인입니까? 그것을 한마디로 나에게 이야기해 달라고 하면 여러분은 이야기할 수 있겠습니까? 여기에 이르러 눈을 뜨고 확실하게 이야기할 수 있겠어요?

눈을 뜨고 한번 확실히 살펴보세요. 확실히 보아서 안 사람만이 무슨 말을 해도 걸리지 않고 척척 해결해 줄 수 있을 것입니다. 그렇지 못하면 일생을 살아도 썩은 고목이나 지푸라기와 같이 아무 소용이 없는 인생을 사는 것일 겁니다. 수천, 수만 가지 일어나는 것이 쉬어지면 몰록 끊어집니다. 그렇게 몰록 끊어져 쉬어졌을 때 바람이 그치고 파도가 잠잠해지는 것처럼 실오라기만 한, 무엇도 없게 됩니다.

이런 말을 듣고 언하에 한번 깨달으면 더할 나위 없이 좋겠지만 그렇지 못하면 가슴에 뼈저린 아픔을 느껴 정말 공부를 해야겠다는 마음을 일으켜야 합니다. 붕새가 한 번 날면 햇빛을 가리고 달빛을 가립니다. 짐새가 한 번 날면 일체의 초목이나 사람이 다 죽는다고 합니다. 그 독이 그렇게 무섭습니다. 그래서 잔칫날 집에 차양을 치는 것입니다. 이것은 무엇을 말하는 것입니까? 여기서 알아차려야 합니다.

활활 타는 용광로에서는 일체가 다 녹는다.

◉

시
時

◉

**▌ 주해 ▐**

시時란 바르게 볼 때를 말한다. 본다고 말했지만 또한 볼 것이 없으며, 때[時]라고 말했지만 정해진 때가 아니다. 선사仙師는 "한 개의 양陽이 조금 움직일 때 다함이 없는 무궁한 소식이 있다."고 하였고, 고덕은 "맑은 바람이 불어 우리 마음속을 뚫는다. 이때의 쾌락함을 다른 사람은 알기 어렵다."라고 하였다.

時者 正見之時也 言見亦無可見 言時未可定時 仙師云 一陽纔動之時 自有無窮消息 古德云 清風颯颯透心懷 此時快樂人難識

**▌ 강설 ▐**

여기에서 말하는 시時는 단순히 찰나 찰나 가고 있는 시간이 아니라 바르게 보는 때입니다.

시간 시간 하면서 무엇이 그리 바쁜지, 바쁘다고 하지만 시간을 내 앞에 드러내 보여 달라고 하면 여러분은 보여 줄 수 있겠습니까?

한 양이 움직인다는 것은 무엇을 말합니까? 주역의 팔괘 가운데 건乾은 작대기 세 개의 양으로 구성되고, 곤坤은 떨어져 있는 세 개의 음으로 구성되어 있습니다. 한 양은 건의 작대기 하나를 말합니다. 쉬운 것 같지만 상당히 깊이가 있는 어려운 말입니다. 음양을 가상으로 내세워 무엇을 나타내려고 하는가 하면, 무념무심의 삼매 속에서 척 하니 한 생각 일어나는 찰나에 양이 하나 떨어져 나온다는 것입니다. 반야 지혜 속에서 하나의 양이 나오는 것입니다.

이것은 제가 공부하여 터득한 것입니다. 주역의 오행법을 이렇게 말하는 경우는 드물지요. 이것은 제가 명백하게 실지실견하여 경험한 이야기입니다. 양陽이 허공이나 나무 등의 다른 곳에서 떨어져 나온 것은 아닙니다.


▌▌ 주해 ▌▌

현묘하고 또 현묘하여 동서남북이 없고, 네 간방間方도 없고, 상하도 없으며, 과거·현재·미래도 없다. 허공의 평등함과 대도의 혼연함은 두 곳이 없어 일시에 함께 돌아간다. 야보도천 스님은

"때때로 맑은 바람과 밝은 달이 서로 쫓고 따르며, 복숭아꽃은 붉고 오얏꽃은 희며 장미꽃은 붉다. 동군[8]에게 물어 봤지만 모두 알지 못하네."라고 하였다.

玄之又玄 無東西南北 無四維上下 無過去未來見[9]在 虛空平等
與大道混然 無有二處 共歸一時 川老云 時時淸風明月鎭相隨 桃紅李
白薔薇紫 問著東君總不知

■ 강설 ■

제비나 독수리가 아주 높이 날면 있는 듯 없는 듯하여 무엇인지 분간할 수 없고 측량할 수도 없습니다. 물이 너무 깊으면 검푸르게 비치는데 이것을 현현하다고 말합니다.

■ 후송 ■

자, 말해 보아라! 봄바람은 어디에 있는가? 봄바람의 몸을 보고자 하는가?

그대가 몽둥이로 쳐도 떠나가지 않으며, 칼로 끊는다 해도 죽지 않는다. 복숭아꽃은 붉고 오얏꽃은 희며, 장미꽃은 붉고 노란 데 있도다.

하하하!

찾았는가?

且道 東君在何處 安身〇見麼 打不離 割不死 在桃紅李白 在薔
薇黃紫 呵呵 模[10]得著也未


만일 명백하게 어느 때냐고 묻는다면
맑은 바람과 밝은 달은 스스로 알며
동군이 지난밤에 소식을 전하니
매화의 첫 가지가 붉게 터져 나왔다 하리라.


若問端的是何時 清風明月自家知
東君昨夜傳消息 綻出紅梅第一枝


**▍강설 ▍**

　무용을 잘하는 폴란드 아가씨가 있었습니다. 매니저가 무
용하는 것을 직접 보아야 계약을 할 수 있으니 한 번 해보라 했
습니다. 매니저 앞에서 시범을 보이는데 빨간 사과를 앞에 놓고
멋지게 춤을 추고, 허공에서 일자로 뻗어서 사과 있는 데로 곧바
로 떨어지더니 그것을 음부 속에 넣고 그대로 일어납니다. 매니
저가 그것을 보고는 동경, 뉴욕, 런던, 파리의 일류 극장과 계약
해 공연을 주선하겠다고 하니 이 아가씨가 파리는 안 가겠다고

합니다.

"왜 파리는 안 가려고 하지?"

"파리에서는 우리 어머니가 수박을 가지고 놀기 때문에 안 돼요."

가 봐야 안 된다는 소리입니다.

이 자리에서 강의를 듣는 대중이 말없이 있더니 곧 입을 조금 벌리고 웃는데, 입을 벌리고 웃는 것과 조금 전 웃지 않고 말없이 있는 것 그리고 그런 꽃을 피우는 것, 지금 그대가 누구이기에 인식한단 말입니까? 이 세상에서 자식 낳고, 사업 하고, 과학을 발전시키고, 예술을 하고, 모든 천태만상이 꽃을 피우고 있는데, 그대여! 과연 그대는 무엇을 피웁니까?

잘 생각해 보세요.

세존이 꽃을 드니 가섭이 웃는 소식이로다.

# 조견오온개공
## 照見五蘊皆空

오온은 색·수·상·행·식이다. 이 다섯 가지를 오랫동안 익혔기 때문에 흩어지지 않으며, 허망한 이 색신을 나라고 오인하여 오랜 겁에 걸쳐 윤회를 한 것이다. 만약 어떤 사람이 허깨비와 같은 몸을 임시로 빌린 것임을 명확히 알고 수행하여, 스스로 항상 돌이켜 비추어 보면 오온이 깨끗이 다 없어져 청정한 본래 모습 그대로일 것이다.

자, 말해 보아라! 수·상·행·식이란 무엇이며, 어떻게 해야 오온이 모두 공해질 수 있는가?

내가 지금 바로 분명하게 말하겠다. 만약 알아들은 사람이 있거든 믿고 받아 지녀 받들어 행하라. 반드시 도에 계합하는 때가 있을 것이다.

五蘊者 色受想行識也 此五等 因積習而不散 妄認色身是我 故
長劫輪廻 若人猛省 借此幻身 須教修行 常自返照 照見五蘊淨盡 清
淨本然 且道 如何是色受想行識 怎生得此五蘊皆空 予今直說分明 若
有解悟之者 休生疑惑 信受奉行 必有契道之日

■ **강설** ■

　　과거 전생으로부터 익혀온 습성에 의해 오온이 이루어져 있
습니다. 적정한 세계의 반야 지혜에서 밝은 빛이 떨어져 나왔을
때, 거기에서부터 천태만상을 창조하고 본래의 고향에 돌아갈 줄
모르고 떨어져 나간 제2의 그것을 근본으로 알고 자꾸 익힙니다.
거기에는 대립이 있으므로, 대립과 더불어 행동으로 옮깁니다. 자
꾸 더 진하게 제2, 제3, 제4의 행동으로 옮깁니다. 그럴수록 점차
짙어지는 그림자 그것이 업입니다. 금생에 진하게 애정을 가졌다,
아주 진하게 돈에 애착을 가졌다, 아주 진하게 집착을 했다 등등
이렇게 강하게 행동하는 것이 없어지지 않고 쌓여서 씨가 됩니
다. 여러분은 씨를 장만하고 있는 것입니다. 깨달음의 씨앗을 장
만하지 않고 현실에 보이는 것만 자꾸 반복하고 있습니다. 일평
생 부모가 했던 일을 자식이 받아 그대로 하고 있습니다. 청소년
들에게 나쁜 짓 하라고 가르치는 부모는 없습니다. 그런데 그런
것은 안 가르쳐도 잘 알아요. 깡패 나오는 대학도 없고, 못된 것
가르치는 학교도 없는데, 익힌 습성이 쌓여서, 그것이 씨가 되어

다시 태어나도, 깨달음의 세계로는 가지 않고 항상 돌고 도는 것입니다.

'색色'이라는 것은 '꽉 막혀 방해가 됨'의 의미이다. 만일 경계를 보고 사물을 만났을 때 집착하지 않고 물들지 않으면 이것은 '막혀 방해가 됨'이 없는 것이니, 색온이 저절로 공해진 것이다. '수受'라는 것은 모든 것을 '받아들인다'는 의미이다. 만일 일체의 색이나 음성의 경계를 만났을 때 마음에 조금도 받아들임이 없으면 수온이 공해진 것이다. '상想이란 항상하고 헤아린다'는 의미이다. 만일 과거도 생각하지 않고, 미래도 생각함이 없고, 현재에도 자연히 여여하면 상온이 공해진 것이다. '행行'이란 '마음이 머무르지 않고 옮겨 다닌다'는 의미이다. 만약 24시간 가운데 마음이 밖으로 내달리지 않고, 생각이 번거롭지 않으며, 사물[物]에 휘말려 흔들리지 않고, 경계에 머무르지 않으며, 한 생각으로 당처를 여의지 않으면 상을 행함[行想]이 공해진 것이다. '식識이란 달리 친하고 멀다는 뜻이 없음이라. 또한 물의 이치에 착着해서 일체 모든 경계의 물건을 보아 한 개도 분별하고 판단하고 아는 것이 없음이라. 한 개의 평등한 것이니 알되 알지 않는 것과 같고 친함도 없고 먼 것도 없다. 오면 맞이하고, 가면 생각하지 않으니 이것은 식온이 공해진 것이다.

且色者 窒碍之義 若見境逢物不著不染 是無窒碍 色蘊自空也
受者 領納之義 若遇一切聲色境界 心不領納 得受蘊空也 想者 妄想
思慮之義 若過去不思 未來無想 現在自如 得想蘊空也 行者 心念不
停 遷流之義 若十二時中 心不外遊 念不煩亂 不被物轉 不被境留 一
念不離當處 得行想空也 識者 別無親疎之義 亦乃著物之理 若見一切
境物 一無分別辨認 一槩平等 見如不見 識如不識 無親無疎 來則應
之 去則不思 得識蘊空也


**▌ 강설 ▌**

화두를 열심히 하면 마음이 쉬어져 일체 경계에 부딪쳐도
담길 것이 없습니다. 쓸어 담으면 흔적이 남아요. 한 달이 가도,
1년이 가도 앉아 있으면 떠오르지요. 그게 항상 나타나고 일어
난다는 겁니다. 그렇다면 일어난 생각이 모두 없어지고 허공처
럼 밋밋한 것이 옳은 것인가? 그렇지는 않습니다. 오랫동안 공
부한 사람들은 '망상이 수천 가지로 일어나되 조금도 동요가 없
어서 이끌려 가지 않는다' '그 가운데 자기를 잃지 않고 어둡지
않다' '만 가지 생각을 끊으려고 하지 말라'는 등 이렇게 말합니
다. '일체 생각이 아주 없어져서 허공처럼 고요하더라' 이것은
말이 안 되는 소리입니다. 일만 파도가 일어난 속에 어찌 허공이
비치고 어찌 산천초목이 비치겠습니까? 나는 '일만 파도마다 달
이 다 나타나더라' 이렇게 말할 수 있겠습니다. 이 한 마디를 들

고 여러분은 계합이 되어야 합니다.

행行의 부분에서 살펴보면, 달이 허공에서 일천의 강물에 비치지만 허공의 달은 움직인 바가 없습니다. 강물의 달도, 허공의 달도 당처를 떠난 일이 없는 것입니다.

식識의 설명 부분은 대원경지大圓鏡智를 말합니다. 거울은 사물이 오는 대로 비출 뿐, 친하다고 비추고 친하지 않다고 비추지 않는 것이 아닙니다. 평등하게 비출 뿐입니다. 마음의 자성자리가 그렇습니다. 무심의 경지입니다.

▌▌주해 ▌▌

이미 그러한 경지에 이르렀다면, 자연히 오온이 다 공함을 비추어 보아 육창[11]이 밝고 깨끗하며, 옷을 모두 벗은 것처럼 드러나 물을 뿌린 듯 깨끗하여 잡을 수가 없다. 다시 무슨 사대·오온이라는 것이 있겠는가. (사대·오온이란) 이름조차도 얻을 수 없으니, 도가에서는 "오로지 공을 본다."고 하였고, 불가에서는 "허공이 홀로 드러났다."고 하였다.

旣得到此田地 自然照見五蘊皆空 六窓明淨 淨躶躶赤洒洒 沒可把又有甚四大五蘊 名字亦不可得 道云 惟見於空 釋云 虛空獨露

눈·귀·코·입·몸·생각, 육문에 때가 끼어 보는 것마다 차별이 있고, 적이 있고, 여러 가지 시비가 생깁니다. 모든 것을 보아도 정확한 판단이 안 나옵니다. 그러나 오온이 공한 경계에서 보면, 육문이 공하고, 이 육문이 향적여래香積如來입니다. 허공이 홀로 드러났다 하는 것은 몸과 자성자리가 무변 허공처럼 드러난 것을 말합니다.

『반야심경』의 높은 차원의 진리와 무한한 공의 세계는 중생의 상상으로는 헤아릴 수 없습니다. 중생이 이것을 '내 소견으로는 이렇다' 하고 딱 꼬집어서 판단할 수 없습니다. 우리는 무한한 공, 진리의 세계를 바로 보고 판단할 수 있는 눈이 조금도 열리지 않은 상태에서, 중생심을 그대로 가지고 『반야심경』을 듣고 있습니다. 그래가지고는 공의 세계를 이해도 할 수 없을 뿐 아니라 소화시킬 수도 없습니다. 그래도 여기 와서 『반야심경』을 들을 때는 자신에 대해서 조금이나마 생각을 하게 될 것입니다. '나는 왜 무한대한 공의 세계에, 확실한 깨달음의 세계에 들어가지 못하는가……' 그럴 때 여러분은 '아! 빨리 공부를 해야겠다. 나의 실체가 무엇인가? 내 스스로 공의 세계를 보아야겠다. 내 마음이 정말 공했는지를 확실히 보아 실체를 알아야겠다' 하고 돌이켜 보아야 합니다.

부처님 당시 최고의 신선이 부처님께 와서 물었습니다.

"저는 있는 것도 묻지 않고 없는 것도 묻지 않겠습니다. 있는 것도 대답하지 말고 없는 것도 대답하지 말고, 여기에서 한마디만 말씀해 주십시오."

말하면 있는 것이 되고 말 하지 않으면 없는 것이 되어 양단에 다 걸리겠지요. 그때 부처님이 양구良久를 하셨어요. 그러자 신선이 절을 하면서, "무상세존께서 저의 미혹함을 열어 주셨습니다." 하고 떠났습니다. 옆에서 아난 존자가 부처님께 물었습니다.

"부처님께서는 한마디도 하시지 않았는데 저 분은 무엇을 깨달은 것입니까?"

"영리한 말은 채찍 그림자만 보아도 천리를 달아난다."

여러분이 『반야심경』을 듣고 언하에 깨달으면 걱정이 없지요. 안 되니까 자꾸 듣는 것입니다. 그렇다고 하여 '우리는 공을 못 보았으니 캄캄한 중생이다'라는 견해를 가지려면 듣지 마세요. 그런 생각이 가로 막으면 『반야심경』을 들을 수 없습니다. 모든 생각을 버리고 진지한 일념 속에서, 공의 세계에 들어가 듣는다고 여기고 진지하게 들으세요. 그리고, 이론적으로 공의 세계를 알아들은 여러분과, 확실하게 공을 증득한 사람의 행적을 비교해 보세요.

옛날에 가리왕이 사냥하러 갔다가 한 선인을 만나 질문을 했는데 선인이 아무런 대답도 하지 않았다. 그래서 왼쪽 어깨를 자르고 다음에는 오른쪽 어깨를 베고 사지를 마디마디 잘랐다. 그런데 선인의 얼굴은 성을 내거나 두려운 기색도 없었으며, 평상시와 똑같이 얼굴색 하나 달라지지 않았다.

昔歌利王遊獵 遇一仙人 問語不答 先却左膊 次卸右膊 節節支解 仙人面無懼怒之色 與恒常一同 竝不改顔

가리왕은 폭군인데 사냥하러 갔다가 몸이 피곤하여 잠시 나무 밑에서 한숨 잤습니다. 일어나 보니 데리고 온 200명의 궁녀도 없고 신하도 아무도 없었습니다. 화가 나서 살펴보니 멀리 어느 선인 주변에 궁녀들과 신하들이 모여 있었어요. 가리왕이 선인에게 가서 "그대는 누군가?" 하고 묻습니다. 그래도 묵묵히 앉아 있을 뿐입니다. 거듭 세 번을 물으니, 그때서야 이렇게 대답합니다.

"나는 참는 공부를 하는 사람입니다."

"그래! 그대가 잘 참는다면 칼로 팔을 잘라도 참을 수 있겠는가?"

칼로 팔을 잘랐지만 미동도 하지 않았습니다. 반대편 팔을 잘라도 가만히 있었어요. "다리를 잘라도 괜찮은가?" 하면서 한쪽 다리를 잘랐습니다. 또 반대편 다리를 잘랐지만 미동도 하지 않았을 뿐 아니라 얼굴에 미소를 머금은 채 편안한 모습이었다고 합니다. 가리왕 당시의 이 선인은 석가모니 부처님의 전생입니다.

범부의 마음을 그대로 지닌 채 생각으로 공하다고 아는 것은 공을 증득한 것이 아닙니다. 이론으로 아는 차원과 실제로 공부하여 마음이 공함을 들여다보고 깨달아 증득한 차원은 밖으로 드러나는 행동에서 차이가 생깁니다. 선인이나 사자 존자는 칼로 목을 친다 해도 결코 불안해하거나 두려워하지 않습니다. 도리어 편안한 마음으로 여여하여 조금도 동요가 없었습니다. 여러분도 바로 자신의 마음과 몸이 공한 줄을 바로 깨달아 증득해야 합니다. 공을 깨달아 본래의 마음자리에서 편안하여 조금도 동요됨이 없는 자리, 그 자리가 곧 열반입니다.

**▌ 주해 ▌**

계빈국 왕이 당시의 제24대 사자 존자에게 물었다.
"무슨 공부를 하였습니까?"
존자가 대답했다.

"오온이 공함을 공부했습니다."

왕이 물었다.

"오온이 공함을 얻었습니까?"

존자가 대답했다.

"이미 오온이 공한 법을 얻었습니다."

왕이 물었다.

"그대의 목을 쳐도 되겠는가?"

존자가 대답했다.

"이 몸이 내가 아닌데 더군다나 머리이겠습니까?"

罽賓國王問獅子尊者曰 在此做什麼 尊者答曰 在此蘊空 王問
得蘊空否 尊者答曰 已得蘊空法 王曰 求師頭得否 尊者答曰 身非我
有 何況頭乎

## ▮ 강설 ▮

사자(?~259) 존자는 인도 선종 28조祖 중 제24대이신데 존
자의 스승이신 학륵나鶴勒那 존자는 붉은 서기가 올라오는 것을
보고 사자 존자에게 20년 후에 법난이 닥칠 터이니 그때 산중으
로 들어가 피신을 하라고 했습니다.

한편 당시에 마목다 그리고 도락차라는 두 외도가 있었는
데, 아무리 해도 사자 존자를 넘어뜨릴 수가 없었습니다. 그래

서 두 사람은 어떻게 해야 불교를 망치게 할 수 있을까 궁리를 했습니다. 정면으로 도전해도, 신통이나 언변, 논리로도 당해 낼 수가 없자 제자 두 명을 머리를 깎아 스님을 만들었습니다.

"이 길로 불교에 귀의해서 스님 행세를 하면서 나의 연락을 기다려라."

제자 두 사람이 그 즉시 절에 가서 귀의하고 수행자 노릇을 했습니다. 그러고는 어느 날 두 외도의 밀령을 받고 왕궁을 넘어가서 왕비를 겁탈하려다 잡힙니다. 계획적으로 잡힌 것이지요. 당시 계빈국 왕은 불교를 하늘같이 받들었는데 그렇게 받든 불교의 스님이 왕비를 겁탈하려고 들어 왔으니 기가 막힌 일이 아니겠습니까? 문초를 합니다.

"너의 스승이 누구냐?"

"사자 존자입니다."

"나는 불사를 많이 하고 불교를 하늘같이 받들었는데 어떻게 수행자로서 만행을 저지를 수 있느냐?"

"저는 안 하려고 했는데 우리 스승이 안 하면 죽인다고 하여 어쩔 수 없이 일을 저질렀습니다."

두 외도는 대신들을 미리 포섭하여 그런 일이 벌어졌을 때 왕에게 불교를 말살하도록 간하게 했습니다. 왕은 신심 있는 불자였지만 마침내 스님들을 모조리 죽이라는 명을 내립니다. 그때 당시 15,000명의 스님이 죽었다고 합니다. 스승만 오면 다른 스님들은 살려 준다고 스승이 있는 곳을 대라고 하였지만, 스님들은 끝내 사자 존자가 어디 있는지 말하지 않았습니다. 그때 닥쳐올 법난을 피해 미리 산에 들어가 있던 사자 존자가 스스로 산에서 내려옵니다. 그때 계빈국 왕과 사자 존자가 문답한 내용입니다. 계빈국 왕이 사자 존자의 목을 치자 갑자기 천지가 캄캄해지며 허공이 흔들거리고 벼락이 치면서 목이 끊어진 자리에서 흰 젖이 수십 척 솟아올랐습니다. 그리고 계빈국 왕의 팔이 떨어졌습니다. 계빈국 왕이 실신했다 일어나서 불교에 허물이 없다는 것을 깨닫고 두 외도를 처벌했습니다.

사대·오온이 정말 공한 것을 깨달아서 증득한 사자 존자와 과거의 석가모니 부처님께서 보여주신 공空의 행적을 음미해 보아야 합니다.


■ 주해 ■

또한 승조(僧肇, 384~413) 법사는 "사대는 본래 나라고 할 것이 없고 오온도 모두 공하다. 머리를 칼날에 대니 마치 봄바람을 베는 것과 같다."고 하였다.

또 사리불이 천녀를 보고 물었다. "그대는 어찌하여 여자의 몸을 바꾸지 않는가?" 천녀가 대답했다. "나는 12년 동안 여자의 몸을 찾았지만 찾지 못했습니다. 나에게 무엇을 바꾸라고 하는 것입니까?"

위의 조사들은 모두 오온이 공한 법을 얻었다.

또 경청도부(鏡淸道怤, 864~937) 화상은 절에 머문 지 3년이 되었는데 본원의 토지신이 스님 얼굴을 보려고 했지만 보지 못했다.

又肇法師云 四大元無我 五蘊悉皆空 將頭臨白刃 猶如斬春風
又舍利弗見天女問 云何不變却女身去 天女答曰 我十二年覓女身了
不可得 敎我變個什麼 從上祖師皆得蘊空法 又鏡淸和尙 住院三年 本
院土地要 見師顏不能得

■ 강설 ■

공의 차원에서는 모양이 없습니다. 공의 차원에서는 남자, 여자라는 두 가지 분별도 없습니다.

■ 주해 ■

태고학 진인이 조주의 다리 밑에서 도를 닦고 있었는데, 어느 날 밤 문득 귀신들이 물가에 모여서 이야기하는 것을 들었다. "내일 머리에 철모를 쓴 사람이 나를 대신할 것이다." 말을 마치자 소리가 아득히 멀어졌다. 다음날 날이 저물 때 큰 비가 왔는데 갑자기 머리에 큰 무쇠 솥을 쓴 사람이 나타났다. (그는) 비를 피해 다리 아래로 와서 발을 씻은 뒤 다리를 지나가려고 했다.

태고학 진인이 이것을 보고 "발을 씻어서는 안 된다!"고 소리를 지르니, 그 사람은 진인의 말을 듣고서 난간을 잡고 다리 위로 올라가더니 그냥 지나가 버렸다.

밤이 되자 다시 귀신들이 나타났는데 그 가운데 한 귀신이 말했다.

"내가 3년 동안 나를 대신해 줄 머리 한 개를 기다렸는데 저 선생 때문에 허사가 되어버렸다."

귀신들이 진인을 해치려고 찾아왔으나 진인이 어느 곳에 있는지 몰라 탄식하면서 갔다. 그때 진인은 다리 아래 있었는데 귀신들은 보지 못했던 것이다.

又太古郝眞人在趙州橋下辦道 忽一夜聞衆鬼於河畔共語云 明日有一戴鐵帽人替我 言訖杳無音耗 至次日將暮 大雨忽作 見一人頭頂一鐵鍋遮雨至橋下 欲洗脚過橋 太古一見喝云 不可洗 其人聽眞人之言 扶欄上橋而去 至夜衆鬼皆至 一鬼言 我三年等得一箇替頭 被這先生將我底來破了 衆鬼欲害眞人 來往尋覓不得 不知眞人在於何處 嗟嘆而去 其時眞人只在橋下 鬼不能見

■ 강설 ■

공이라는 세계를 잘 드러냈으니 잘 들으셔야 합니다. 깊은 선정의 대삼매 속에 들어가 있으니 귀신이 어떻게 보겠습니까?

파계사 성전암의 스님들이 방선하고 있으면 성전암의 신들이, "스님들 있다! 스님들 있다!" 하면서 같이 놀자고 하는데 선정에 들면 "아이고, 스님! 어디 가세요! 어디 가세요." 하다가 "아이고, 없네! 없네." 한다고 합니다. 묘한 것 아닙니까? 선정에 들면 귀신들이 보지를 못해요. 귀신들이 "스님, 제발 숨지 마세요. 숨지 마세요." 한다고 그래요.


■ 주해 ■

또 홍각(?~902) 화상이 암자에 머물러 있을 때 하늘의 주방에서 음식을 보내 주었다. 다시 동산양개(洞山良价, 807~869) 화상을 참배한 후 암자에 돌아갔다. 천신이 음식을 드리기 위해 사흘간 암자에 왔었지만 천신은 암주를 보지 못했다. 암주는 암자 안에 있었는데 어찌하여 보지 못했는가?

두루 미치는 원돈의 법을 얻은 것이 은신의 비결이니, 그래서 신이나 귀신이 보지 못한 것이다.


又弘覺和尚住菴 天厨送食 及再參洞山和尚後返菴 天神三日送食到菴 不見菴主 菴主只在菴中 爲何不見 皆得圓頓之法 隱身之訣 所以神鬼 俱不得見

자, 말해 보아라! 사대는 실다운 것이 아니며, 색신은 있는 것이 아니다. 오온은 모두 공하니 무엇이 본래면목인가?

돌!

이 한 글귀가 어디에서 나왔는가? 오온이 공함을 비추어 보는 이것이 누구인가?

눈먼 사람이 마주치게 되면 넘어지리라.

에잇!

한 마음이 다만 실타래 돌아가는 위에 있어서 갈대꽃이 붉은 여뀌꽃에 대면해 있음을 보지 못한다. ○을 보고자 하는가?

且道 四大不實 色身非有 五蘊盡空 甚是本來面目 咄 這一句從那裏出來 照見五蘊空底是阿誰 瞎漢當面蹉過 咦 一心只在絲綸上 不見蘆華對蓼紅 ○見麼


머리를 돌이켜 곧바로 공력을 들일 줄 알면

분명히 모든 것을 벗어나 마음이 시원해져 공함을 깨달으리라.

저 사대에서 모두 떨어져 나가니

그 가운데 신통 하나가 따로 있더라.


識破回頭便下功 了然脫洒悟心空

從他四大都零落 其中別有一神通

# 도일체고액

度一切苦厄

**∥ 강설 ∥**

　주장자를 쳤을 때 바로 계합하면 『반야심경』을 다 듣고 마친 것이 됩니다. 물론 여러분이 눈동자를 굴리고, 고개를 들고, 위를 보고 아래를 보는 가운데에도 1초의 틈도 없이 계속 『반야심경』은 설해지고 있습니다. 거기에서 『반야심경』을 바로 보고 살펴 알아야 되지, 『반야심경』에 대한 부처님 말씀, 언어 문자만이 『반야심경』이라고 고집을 하면 안 됩니다. 그렇다고 부처님께서 설하신 『반야심경』을 멀리하고 그것을 도외시하라는 말은 아닙니다.

　모든 부처님의 말씀을 말로 이해시켜서 다 알게 해줄 수는 없습니다. 그러나 우리가 이 세상에서 부귀와 권리를 누리고, 명예를 드날리는 것보다 더 수승한 것이 바로 부처님께서 말씀하신 이 법문을 듣는 것입니다. 이것이 으뜸가는 일이며, 최고의 진리를 바로 알 수 있는 큰 인연을 짓는 일입니다. 부처님께서도 『반야심경』을 암송하면 나무는 나무대로 개미는 개미대로 모든 중생이 알아듣는다고 하셨습니다. 고성염불을 하면 우리는 알아들을 수 없어도, 서양말로 외우건 한국말로 외우건 모든 생명 있는 것들은 다 알아들을 수 있습니다. 무주고혼도 듣고 다 천도가 되고, 개미도 이 경전소리를 들으면 개미 몸을 벗고…… . 모든 중생이 알아듣고 해탈합니다.

인도에서는 아미타불, 중국에서는 무량수여래불이지만 모든 중생이 마음속에 부처님의 경전을 담아서 외우면 깨달아 해탈하게 됩니다. 그래서 부처님 말씀을 원음圓音이라 합니다.

제가 『반야심경』을 왜 강의하겠습니까? 학문적으로 배우라고 하는 것이 아닙니다. 이 소리를 듣고 깨달아야 해요. 미물 곤충도 한 글귀 일러주고 법문해 주면 해탈하는데, 참선하는 여러분에게 『반야심경』 한 글귀 일러주고 법문해 주었으니 당연히 바로 깨달아야지요.


저는 젊었을 때 염불 잘하는 스님을 만나 염불을 배웠고, 경전을 잘 아는 스님에게 부처님의 경전을 배웠고, 나물 무치고 떡 만들고 김치 담고 약과 만드는 등 살림살이 하는 것도 짬지게 잘하는 스님에게 다 배웠습니다. 그 당시 아침에 종송鐘頌을 하고 나왔는데 어느 큰스님이 물었습니다.

"종송을 했느냐?"

"예."

"네가 『화엄경』을 다 이수하고, 명색이 중강이라고 애들을 가르치고 있으니 하나 물어 보자."

"예! 하문하십시오."

"청산은 첩첩하여 아미타 부처님의 굴이고, 푸른 바다는 망망하여 적멸궁이다. 모든 물건을 다 잡아서 걸림이 없는데 소나무 정자의 학의 머리가 붉은 것을 몇 번이나 봤던고[青山疊疊彌陀窟 滄海茫茫寂滅宮 物物拈來無罣碍 幾看松亭鶴頭紅]? 했는데 너는 학의 머리가 붉은 것을 보았느냐?"

"저는 학의 머리가 붉다는 것은 들었는데 학을 직접 보지는 못했습니다."

"이 세상에 사람으로 태어나기 어렵고, 사람으로 태어나도 대장부 몸 받기가 힘들고, 대장부 몸 받아도 불법 만나기 힘들고, 불법 만나도 바로 정법을 깨닫기 힘들고 선지식 만나기가 힘들다. 그런데 너는 장부로 태어나서 부처님 경전을 다 보았으니 이 세상에서 최고로 복이 있는 사람이구나."

하늘같이 치켜세우시기에 어깨가 으쓱했지요. 아래에 가르치는 사람도 있는 처지이니 제일인 줄 알았어요.

"그러나 네가 이것을 알지 못하면 밥을 먹을 자격이 없을 뿐 아니라 저 쓰레기 같은 인간보다 못하다. 시주의 은혜가 얼마나 큰데, 네가 이 문중에서 밥을 먹을 자격이 있느냐? 진정 시주를 받을 수 있는 자격은 이것을 아는 사람, 이 공부를 하는 사람에게 있다. 그런데 너는 거기에서 캄캄하니, 지금까지 헛살았고 헛밥 먹었다."

이렇게 사정없이 싹 밟아 버리셨습니다. 아무 말도 하지 못하고 방에 돌아와 가만히 생각해 보니 잠이 안 와요. 그 이튿날 강의를 마친 후 다시 불러서 물으셨어요.

"왜 전백장은 불락인과不落因果라고 하여 여우의 몸을 받았고, 후백장은 불매인과不昧因果라고 하여 여우의 몸을 벗었느냐? 너는 경을 다 배웠지. 『사집』에 있는 말 아니냐?"

제가 알 수 있어야지요. 가만히 앉아 있자, "가라! 가! 너는 오늘 점심공양 하지 마라, 밥 먹지 마!" 하셨지요.

저녁에 가만히 앉아 있는데 그 생각만 가득합니다. 책을 펴 놓고 있었는데 어느새 새벽이 되어 도량석 목탁소리가 '또르르' 울렸습니다. 저녁에 들어가서 또 앉아 있는데 그것도 잠깐 사이에요. 그 찰나에, 뭐가 무는 것처럼 손이 따끔해요. 우리가 공부할 때는 요즘같이 좋은 초를 못 켰습니다. 그래서 초동가리를 모아 녹여서 양재기에 넣고 심지를 박아 사용했습니다. 양재기가 엎어질 리 없는데 그 촛물이 손에 엎어졌습니다. 그것이 어째서 넘어졌는지 모르겠어요. 그때 천지가 뒤집어지는 이상한 경지가 있었습니다. 그래서 올라가 제가 한마디 대답을 했습니다. 스님은 이렇다 저렇다 결론적인 이야기가 없이 가만히 계시다가, "너는 선방에 가서 참선을 하는 것이 좋겠다." 하셨어요. 그래서 모든 것을 내던지고 선방으로 갔습니다.

상상일구의 법문을 해줄 때 여러분이 척 깨달으면 이 세상에 무슨 걱정이 있겠습니까? 부처님께서 처음에 최상일구의 말씀을 중생에게 하셨지만 중생이 믿지 않고 다 달아났습니다. 그래서 할 수 없이 인간 속으로 돌아와 인간의 존재를 이야기하셨습니다. 저도 처음에는, 누구나 오직 선을 해야 한다고 생각했는데 인도에 가보니 노래를 부르고 춤을 추면서 합디다. 염불로 가르칠 수 있는 사람은 염불로 가르치고, 특수한 근기, 상상근기上上根機는 참선으로 가르쳐야 합니다. 참선하는 사람은 상상근기이기 때문에 자잘한 것으로 다투지 않습니다. 요즈음 선방에서 수좌들이 다투는데 그 사람들은 자격이 없습니다. 아무것도 아닌 것 가지고 시비를 따지고 싸움하는 사람은 상근기는커녕 중근기도 안 됩니다. 상근기는 시비가 없습니다. 오직 자기 화두 하나가 급할 뿐입니다.

『반야심경』은 부처님이 49년 동안 설법한 것 가운데, 모든 중생의 전도된 사고방식을 무너뜨리고 뒤집어 우리의 본성을 바로 드러내 주는 법문입니다. 이 『반야심경』을 잘 듣고 이것을 듣는 가운데 뭔가 깨닫는 바가 있어야 합니다. 이렇게 안 하고도, 주장자를 내리치면서 "아시겠습니까?" 했을 때 여기에서 알면 구구히 장광설을 이야기할 필요가 없습니다. 눈 한 번 마주쳤을 때 알아 버렸다면 거기에 다른 말이 왜 필요하겠습니까? 10년, 20년 앉아 있어도 그와 같은 출중한 근기를 갖춘 사람을 못 보았습니다. 그래서 부득이 이 『반야심경』 법문의 골수를 우리는 들어야 합니다. 공부를 열심히 하는 사람이 심기일전하여 척 하니 마음이 계합되면 더 이상 바랄 것이 없겠습니다. 이 중에 한 사람이라도 깨달을 수 있기를 바라며 하는 것이지요.

우리가 사는 사바세계는 고해입니다. 이 고통의 바다를 어떻게 건너야 할까요?

성리학에서는 인간의 본성에 대해 성선설과 성악설의 두 가지로 나눠 이야기했습니다. 또한 기질적인 성품과 순수 이성적인 성품으로 나누었습니다. 순수 이성적인 성품은 도의 마음이고, 기질적인 성품은 감성적인 것입니다. 감성적인 것에는 남녀의 애욕, 애정, 색욕심, 재물에 대한 욕심, 자기 이익에 대한 욕심 등 여러 가지가 포함되어 있습니다. 감성적인 면으로만 치닫다 보면, 여관이나 술집에 사람들이 북적거리게 되고 세상은 악한 방향으로 나갑니다.

따라서 감성적인 생각을 제지하여 그런 마음이 일어나지 않게 해야 합니다. 그러면 어떻게 해야 순수 이성적인 마음을 드러내 쓸 수 있는가? 그 점에 대해서 유가에서는 뾰족한 길을 제시하지 못했습니다. '겸양하라', '공경하라', '깊이 사색해 보아라' 이 말밖에 없어요.

그와 달리 부처님께서는 아주 세밀하고도 방대하게 말씀하셨습니다. 이 사바세계는 고해이다. 왜 고해인가? 그것은 여덟 가지 고통이 있기 때문이다. 사랑하는 사람과 헤어지는 고통, 구하는 대로 되지 않기 때문에 생기는 고통, 원수와 같이 있는 고통, 추우면 옷을 입어야 하고, 배가 고프면 밥을 먹어야 하고, 자연법칙에 순응하지 않으면 생존할 수 없고, 좋은 것 보면 사고 싶고 좋은 냄새를 맡고 싶지만 그것이 안 되기 때문에 오는 고통, 그리고 생로병사의 여덟 가지 고통이 있습니다. 그러면 이 8고는 어디에서 나왔는가? 이것을 추적해 보면 바로 무명심 때문에 그렇습니다. 무지하여 올바르게 아는 것이 없기 때문에 태어나는 것이 생기고, 태어남으로 인해 고통을 받아야 합니다. 그리고 이러한 고통들이 끊임없이 이어집니다.

무명심은 본래의 마음을 미혹하여 잃어버린 것입니다. (주장자를 들면서) 이것은 주장자입니다. 그러나 이것이 주장자라고 고정되어 있으면 그만인데, 이것은 또 주장자가 아닙니다. 왜 그런가 하면 이것은 주장자가 아닌데 형태를 다듬어서 주장자라고 이름을 붙였기 때문에 주장자인 것입니다. 더욱이 이것은 고정되어 있는 것이 아니고 결국엔 변형되어 썩어 없어집니다. 없어지는 성질을 가지고 있습니다. 여러분의 몸뚱이도 그렇습니다. 중요한 것은 악한 성품이나 착한 성품이 서로 붙어 있는 것인가, 아니면 본래 하나인가 하는 문제입니다. 악이나 선이 본래 하나라면 악이 되고 선이 될 것이 없어야 할 것 아닙니까? 무명심과 밝은 진여자성 두 개가 있는데 이 주장자가 무명심입니까? 아니면 밝은 진여자성입니까? 어디에서 무명심이 나오고 밝은 진여자성이 나옵니까? 자성이 따로 있고 무명심이 따로 있습니까? 이것이 큰 난제입니다. 이 문제를 바로 밝혀서 알면 되는 것입니다.

또한 무명심은 나의 어디에서 나왔는가? 본성이 밝다면 밝은 마음만 있어야 하는데 어찌 그렇게 되지 않는가? 이 문제를 해결하려면 어떻게 해야 하는가? 바로 거기에서 선禪이 나옵니다. 묵조, 간화라고 하면 될 것을 묵조선, 간화선 이렇게 선자를 붙이지 않습니까? 묵조선, 간화선이라는 말은 중간에 중국에서 굉지정각(宏智正覺, 1091~1157), 대혜종고(大慧宗杲, 1089~1163) 두 선사들이 발단이 되어 나온 것입니다. 그 이전에는 그런 말이 없었어요. 부처님 당시에는 근기가 수승하니까 관법만 해도 깨달았어요. 대혜 스님 때에는 평생 관법을 해도 깨달을 근기가 안 되었거든요. 그래서 대혜 스님이 간화선을 주창했습니다. 화두라는 것이 누가 만들어서 이것은 무자無字화두라고 한 것이 아니라 납자가 묻고, 신도가 물었을 때 그때 즉시 직관적으로 말한 것뿐입니다. 그때 척척 알아서 계합이 되면 되는데 그렇지 못하니까 대혜 스님 대에 내려와서 그것을 의심해 보라는 것을 붙였습니다.

가령 남편이 바람을 피웠는데 부인이 소문을 들었어요. 그래서 집에 온 남편에게, "누구하고 바람 피웠어?" 하고 물으니, 남편은 "나는 그런 일이 없어." 하고 대답합니다. 그렇게 되면 '이상하다……. 분명히 들었는데 왜 없다 할까?' 더욱 알고 싶어 의심하는 생각이 깊어집니다. 또 사업을 하는데 누군가 뒤에서 그 사업체를 무너뜨리려고 음해하고 술수를 부린다고 할 때, 그러한 소문은 들었지만 과연 누구인지 정체불명일 때, 그것을 알아내려고 일구월심으로 애를 씁니다. 그와 같이 공부도 애를 써서 의심을 지어가야 합니다.

밀을 빻아서 가루로 된 것을 하나로 뭉쳐 반죽을 만들듯이, 일체 우주법계를 돌돌돌 뭉쳐서 이것이 무엇이냐? 각 개체로 보면 해, 달, 다리, 나무…… 라고 할 수 있지만 하나로 뭉치면 무엇이라고 하겠는가? 그러고는 모든 것을 다시 아니다, 아니다 부정하며 일체를 끊고 줄여서 마지막에 가서 어떠한 것도 붙일 수 없는 장벽 앞에 다다랐을 때, 단지 살아날 수 있는 방법은 일념으로 의심하여 그것을 투과하는 방법뿐입니다. 이것은 특수한 방법입니다. 그것만이 인생을 빨리 해결하여 해탈하는 지름길이요 단적으로 바로 들어가는 길입니다. 깨닫게 되면 묘하다는 것을 알게 됩니다. 그 문제를 말로 설명해 줄 수는 있지만 설명해도 여러분에게 이득이 없습니다. 본인이 투과하여 스스로 얻어야 합니다. 본인 스스로 물을 마셔 봐야 맛이 있고 없고, 차고 더운 것을 알듯이, 그 맛을 남에게 설명해 주면 그르칠 뿐입니다.

십이인연법이 복잡하게 이루어졌고, 십이인연의 무명에서부터 오온·십팔계가 벌어졌습니다. 고통으로 뭉쳐진 여기에서 과연 어떻게 뛰쳐나가는가 하는 것이 '도일체고액' 입니다. 화두 일념으로 오매일여寤寐一如를 지나야 중생의 팔식 경계를 벗어나는 곳에 가까워집니다. 공의 차원을 체득하면 십이인연과 오온

· 십팔계가 무너져서 해탈하게 됩니다. 이런 사람이 대자유인입니다. 일대사를 마친 사람, 고해를 건너간 사람입니다.

오온이 공해지면 문득 생사의 경계에서 벗어나 윤회의 고통을 면하게 된다. 태상은 "나에게 큰 근심[患]이 있으니 몸이 있기 때문이다. 나에게 몸이 없다면 무슨 근심이 있겠는가."라고 하였고, 불가에서는 "몸은 모든 고통의 근본이다."라고 하였으며, 유가에서는 "몸이 있으면 근심이 있고 집착이 없으면 근심이 없다."고 하였다. 『묘법연화경』에서는 "삼계는 편안하지 못하니 마치 불타는 집과 같다. 온갖 고통이 꽉 차 있어 너무 두렵다."고 하였다.

若得五蘊空 便出生死界 得免輪廻苦 太上云 吾有大患 爲吾有身 及吾無身 吾有何患 釋云 身是衆苦之本 儒云 有身有患 無執無憂 經云 三界無安 猶如火宅 衆苦充滿 甚可怖畏

■| 강설 |■

부처님께서는 이것을 해결해 주시려고 공을 설하신 것입니다. 공을 확실히 밟아서 건너가지 않으면 대승의 진리도 알지 못하고 생사해탈도 요원합니다. 공한 것을 바로 알면 모든 것이 해결됩니다. 무명, 십이인연, 사바세계의 팔고, 모든 것을 벗어납니다. 육도윤회는 무명심으로 인해 벌어집니다. 이 무명심으로 인해 지옥, 아귀, 축생, 수라, 인간, 천상세계가 벌어지는 것입니다.

부처님은 아함, 방등을 설하시며, 인간 존재의 고통 창조에 대해 모두 말씀하시고, 다시 공 도리를 내놓으시면서 나고 죽는 생사가 없는 대승 진리로 끌어 올리셨습니다. 계속 반복해서 설하셔도 중생들이 잘 모르니까 거듭해서 21년간이나 이 『반야심경』을 설하셨습니다. 그러므로 후래 중생들도 열심히 들어야 합니다.

그러면 몸뚱이를 없애 치우란 말인가, 아니면 죽으란 말인가, 그것이 아닙니다. 이 몸 하나 까딱하지 않고, 모든 천태만상을 움직이지 않고 그대로 투시하여 공한 도리를 보아야 합니다. 공한 도리는 현실의 몸을 치워서 고통을 던다는 것이 아닙니다.

부처님께서 부정관不淨觀을 말씀하셨을 때 그것을 듣고 '이 몸 없는 것이 편안한 열반이 아니겠는가!' 하고 많은 사람들이 자살해 죽었습니다. 그래서 다음 설법에는 대중이 반밖에 참석하지 않아 부처님께서는 의아해 하셨습니다.

"어째서 다들 안 왔지?"

"그 사람들 자살했습니다."

"왜 자살을 했지?"

"우리 몸은 눈에는 눈물, 코에는 콧물, 창자에는 똥이 들어 있는 등 더럽다는 이야기를 듣고 그렇게 됐습니다."

"중생들이 미련하여 참으로 입맛 다시기가 힘들구나!"

강講이라는 것은 모든 『반야심경』에 대한 이치를 논리 밖으로 설명해야 되고 많이 쪼개서 이야기를 해야 되기 때문에 강이라고 합니다. 생명을 가지고 있는 중생은 생에 대한 애착이 큽니다. 거기에 수반되는 고통도 말할 수 없이 큽니다. 생명에 대해서 육체의 생명만을 보고 이야기하는 것은 한 면만 보고 말하는 것이 됩니다. 이 몸뚱이를 주재하는 그놈은 우주의 대생명입니다. 그 생명은 무한하게 끝없이 이어지고, 그 생명이 있으므로 밖으로 제2의 육체에 대한 생명을 탄생시킵니다. 몸뚱이를 분석해 보면, 이 몸은 구조가 대개 본능적이고, 생리적으로 되어 있는데 어떡하겠습니까? 이 몸은 기질적이면서 감성적입니다. 이 몸이 죽어서 송장이 되어도 머리털은 길고 손톱도 길지요. 아무런 의식도 없고 지각도 없으면서, 초목처럼, 식물인간처럼 살이 찝니다. 머리털도 길고 손톱도 자랍니다.

나무도 성장하다가 돌이 있으면 돌아가며 자랍니다. 돌이 있으면 들어갈 수 없다는 것을 아는 것이지요. 넘어질 때도 여자는 발랑 뒤로 넘어지고, 남자는 어이쿠 하고 앞으로 엎어집니다. 죽어 있는 모습을 보면 남자는 거의 다 엎어져 있어요. 죽은 자에게는 의식이 없다고 생각하지만 우리가 의식을 가지고 있다, 가지고 있지 않다의 두 가지로 분별해서 갈라놓고 단정적으로 판단해서 그런 것이지 우리 자신이 송장이 되어 본 것은 아닙니다. 본인이 송장이 되어 보아야 알 수 있는 것이지요.

전에 대구에 계시는 어떤 스님이 보살계를 설한다고 하여 갔었습니다. 저녁을 먹고 차를 한 잔 마시는데 풍수 이야기가 나왔습니다. 터를 잘 보시는 한 분이 물었어요.

"선방을 지으려면 좋은 곳에 짓지 왜 저기에 선방을 지었습니까?"

그러자 젊지만 공부를 많이 하신 스님이 한마디 했습니다.

"되지도 않는 망상이에요. 시궁창이면 어때요. 화두 들고 공부만 잘하면 되지!"

그 말을 듣고 스승이 상좌에게 말씀하셨습니다.

"나도 전에는 그렇게 생각했는데 그런 것이 아니다. 역시 공부도 좋은 스승, 좋은 도반, 좋은 도량을 만나야 된다. 아무 곳이나 가서 앉아 있다고 하여 되는 것은 아니다. 너무 일방적으로 단정해서 고집하지 말아라."

그래도 상좌가 자꾸 뭐라고 하자 풍수지리에 밝은 스님이 말했어요.

"터도 좋은 기운이 있는 곳이 있고 탁한 기운이 모인 곳이 있다. 사람도 탁한 기운이 강한 사람이 있고, 좋은 기운을 풍기는 사람이 있다. 어찌 만물이 똑같겠는가?"

저도 한 마디 거들었지요.

"너무 일방적으로 무시해도 안 된다. 부처님 말씀에도 공부하는 데는 반드시 좋은 스승, 좋은 도반, 좋은 자리를 잘 택하라고 했고 『초발심자경문』에도 새가 하루 저녁을 잘 때도 자리를 정하는데 두 시간을 맴돈다고 하였다."

가섭불께서 두 명의 제자를 데리고 가시는데 길에 큰 뱀이 죽어 있었습니다. 앞에 가는 제자는 뱀을 발로 차고 가고, 뒤에 가는 제자는 아무리 미물이지만 여기서 죽어서 안됐구나 하면서 양지바른 곳에 묻어 주고 『반야심경』을 독송해 주었습니다. 일생을 지내고 한 겁이 지난 후에 두 스님 중 한 분이 방장이 되어 납자를 제접하고 공부를 하는데 양식이 떨어졌습니다. 그러자 방장 스님이 아랫동네의 만석꾼 부자를 찾아갔습니다. "소승 문안드립니다." 주인이 종에게 밖에 누가 왔는지 나가 보라고 합니다. 일꾼이 내다보고 웬 스님이 왔다고 하니까 주인이 나가서 보더니, "당장 내쫓아라. 안 가거든 몽둥이로 내려쳐라." 합니다.

천여 명을 다스리는 도인 스님인데 문전박대를 당하고 돌아왔습니다. 그러고는 시자에게 탁발을 가라고 했습니다.
"네가 그 집에 가서 탁발을 해라."
"큰스님도 봉변을 당하셨는데 제가 가서 되겠습니까?"
"아니다. 네가 가거라."
"그러면 큰스님께서 같이 가 주세요."
"가긴 가는데 나는 나무 뒤에 숨어 있겠다."

두 분 스님이 함께 부잣집으로 갔습니다.

주인이 시자 스님을 보더니, "아이고, 큰스님 오셨습니까? 어서 오십시오." 하고는 방으로 안내하여 다과상을 잘 차려 내옵니다.

"스님, 웬일로 저의 집을 찾아오셨습니까?"

"저희 절이 대중은 많고 공부는 해야겠고, 대중이 먹고 살길이 없어서 왔습니다. 부처님 말씀에 공부하는 사람 후원하면 참선하는 사람보다 먼저 성불한다고 했습니다. 처사님도 먼저 성불하시도록 하시지요."

"참 좋은 말씀입니다. 진작 오셔서 저에게 말씀하시지 왜 이제 오셨습니까? 양식이 얼마나 필요합니까?"

"천 명 먹을 양식입니다."

"그럼 제가 천 명 먹을 양식을 다달이 올리겠습니다."

대접도 잘 받고 약속을 받은 후 문밖까지 배웅을 받으며 나왔습니다.

"그래 성과가 좋았지?"

"예! 큰스님은 문전박대를 받으셨는데 저에게는 잘 대해주니 제가 큰스님보다 더 큰스님인가요?"

"까닭이 있지. 과거 가섭불 당시에 너와 내가 한 스승 밑에서 공부할 적에 길을 가다가 죽은 뱀을 본 적이 있다. 그때 나는 그 뱀을 발길로 찼고 너는 잘 묻어주었지. 그때의 뱀이 저 부자이다. 너는 『반야심경』을 일러주고 묻어 주었으니 은혜를 갚는 것이고,

나는 발길로 찼으니 박대를 당하는 것이다. 그것은 큰스님인가 아닌가와는 관계가 없다."

죽어서 영험이 없는 뱀도 묻어 주고 잘해 주었다고 은혜를 갚는데, 사람의 시체를 이리저리 천대하고 물구덩이에 버리고 아무렇게나 하면 어떻겠습니까? 일생 이 몸을 의지하여 별의별 고락을 겪지 않았습니까?

부처님께서 재색지화는 심어독사[財色之禍 甚於毒蛇]라고 하였습니다. 라즈니쉬는 심어독사라고 한 것은 너무 심한 표현이라고 하였는데, 그것은 부처님께서 말씀하신 뜻을 잘 모르고 한 이야기입니다. 경전에 말씀하시기를, "이 세상에 가장 무서운 독이 있다. 독사도 독이 있고, 사람도 독소가 있으며, 용을 잡아먹는 금시조도 독이 있는데 그것보다 더 무서운 독이 있다. 그것이 무엇인지 아느냐? 바로 재물과 여색이다. 그 색에 한 번 물리기만 하면 헤어날 길이 없다. 한 번 물리면 점점 빨려 들어가서 결국에는 독이 전체에 퍼져 다시는 빠져 나올 수 없다."고 하였습니다.

맛있는 음식을 먹어 보세요. 계속해서 먹다보면 미감이 둔해져 더 맛있는 것을 찾게 됩니다. 강한 자극을 지닌 것은 우리의 뇌 속에 강하게 입력이 됩니다. 무서운 압박을 당하든지, 무시를 당하든지, 억울한 일을 당하면 골수에 박히지요. 그러면 이 세상에서 가장 진하고 무섭게 머릿속에 입력되는 것이 무엇일까? 남녀간에 색을 즐길 때 느끼는 오르가슴입니다. 찰나에 극도로 진한 것이 골수에 깊숙이 와 박힙니다. 그 독에 물리면 천하장사 영웅도 빠져나오지 못합니다. 그것은 남자나 여자나 마찬가지이며, 골수에 가장 강하게 입력되기 때문에 그 다음에 다시 그것에 가까이 갑니다. 계속 끌려서 따라가게 되니 정말 무서운 집착입니다. 그 올가미에 얽히면 여간한 공부인도 헤어나기 어렵습니다. 견성해서 제8지에 올라갔을 때에도, 최후의 시험이 여자입니다. 여자에게는 반드시 남자가 나타나지요. 여기서 속지 않고 초연부동해야 공부의 힘을 얻은 사람이라 할 수 있습니다.

참선하자! 참선해야지. 그러면 어떻게 해야 할까? 화두 타서 선방 가야지, 이것은 배급 타는 것입니다. 그 옛날 어렵게 살던 시절에, 며칠을 굶어서 밥 한 그릇이 기가 막히게 고마울 그 때는 배급도 고맙지요. 참선하기 싫은데 해 봐야지 하고 큰스님에게 맹하니 가서 참선하겠다고 화두 하나 받은 것과, 무한한 오랜 겁을 두고 색에 맛을 들인 것하고 비교하면 어느 것이 힘이 강하겠습니까? 즐거운 색의 맛이 꽉 들어 차 있는데 맹하니 받은 화두가 상대가 되겠어요. 상대가 안 되게 되어 있습니다.

과거에 함께 공부하던 스님이 그래요.
"이제 더 이상 못하겠다."
"뭐가 그렇게 어렵습니까?"
"앉아 있으면 여자 생각이 불길같이 일어나고 화두는 허공에 물 한 방울 같아 도저히 상대가 안 된다."

그 스님은 결국 앉아서 몸부림을 치다가 결국에는 애정에 대한 것을 경험해 본 다음 결론을 내 다시 참선을 해야겠다고 했습니다. '전연 모르는 상태에서는 궁금해서 도저히 공부가 안 된다. 역대 큰스님들도 경험해 본 분이 많고 부처님도 결혼해 보셨다.' 이런 식으로 생각이 돌아가는 것입니다. 그 후로 어떤 아가씨가 자꾸 찾아오더니, 속세에 나가서 연애를 한 번 해보고 돌아와야겠다면서 나갔습니다. 일 년 만에 만났는데, 머리를 기르고 양복을 입고 왔어요.

"잠깐 갔다 온다더니 어떻게 된 겁니까?"

"생각은 그랬는데 금방 안 돼."

여자가 애걸복걸하는데 그렇게 되나요. 서로 잡아매어 놓으려는 것이 애정의 근본 속성인데, 그것은 한 번 입력되면 무서운 독이 되어 모든 것을 파괴합니다. 기질적이고 감성적인 것만을 취하게 되며, 나고 죽는 생사를 만들어내고, 질투, 투쟁, 애욕, 소유욕만 가득 차게 합니다. 감성적인 맛을 보면 소유하려는 집착이 강해져 도의 마음과는 거리가 멀어집니다. 이 몸은 끊임없이 요구하고 갈구합니다. 그러니 평생 이 몸을 시봉하게 됩니다. 참선하다가도 집이 어떻게 되었는가 하고 전화합니다. 이렇게 감성적인 방향으로 세상일에 치닫다 보니 우리의 마음이 안정될 날이 없습니다. 언제 두 발 뻗고 한 점 걸림 없이 잠을 잘 수 있겠어요?

우리들이 가지고 있는 고의 모양, 육체의 모양은 지·수·화·풍 사대로 구성되어 있고 안·이·비·설·신·의 육근, 육진이 그대로 사바세계의 오욕에 대한 깊은 독을 쌓고 쌓아서 가지고 있습니다. 그것이 입력되어 깊이 박혀 있으니 이 문제부터 먼저 파악하여 알아야 합니다. 나에게 가장 고통스러운 것이 있다면 무엇을 고통이라 하는가? 나에게 큰 한이 있다면 무엇을 한이라고 하는가? 나에게 몸이 있기 때문에 고통의 원인이 있고 큰 한을 제공합니다. 그러므로 나에게 이 몸이 없다면 무슨 고통이 있고 무슨 한이 있겠습니까?

여러분은 때로 이렇게 생각할 것입니다. 당장 눈앞에 감원조치를 당해 언제 해직될지 몰라 조마조마하면서 사는데 무슨 『반야심경』을 들으라고 하는가? 『반야심경』을 들으면 감원조치 안 당할 수 있는가? 일확천금을 얻을 수 있나? 왜 현실성 없는 『반야심경』을 들으라고 할까? 이런 사고방식을 가진 사람은 끊임없는 사회생활의 고통 속에서 항상 불안하게 살아가게 됩니다. 사고 자체가 그것을 근본으로 삼기 때문에 그렇습니다. 그러한 현실에서 완전히 벗어나는 길은 현실의 부부생활과 직장생활을 버리고 현실을 배제한 채 어떤 도를 구하는데 있지 않습니다. 현실 그 자체를 그대로 직시하고 바로 비추어 보아 실체를 확실히 파악했을 때, 그 사람은 현실에 살면서도 현실의 고통을 감로수와 보리심으로 바꾸어 갈 것입니다.

우리가 참선할 때 불같이 일어나는 음심을 젊었을 때는 감당하기 어렵습니다.

제가 어릴 때 만홍 스님이라는 분이 말씀하셨습니다.

"너는 참선을 해야 한다. 경만 배우고 문자만 배우면 안 된다. 경만 배우고 문자만 배우게 되면 네 안에 들어 있는 독을 뽑아 낼 길이 없다. 그 독을 뽑아내지 않으면 언젠가 그 독에 유혹되어 다시 타락할지 모른다. 두렵지 않느냐?"

그땐 그런가 보다 하고, 스님께 여쭈어 보았습니다.

"스님은 그 독으로부터 벗어났습니까?"

"나도 그것 때문에 고생을 많이 했지. 젊었을 때 나도 대중 처소로 다니면서 수행하다 힘을 얻어서 자신이 생겼다. 그래서 태백산의 토굴로 들어갔지. 비록 토굴에 있더라도 대중처소와 조금도 다르지 않게 정진하겠다고 마음먹었어.

나는 자신했지. 이제 속세의 감정을 조복받았다! 정진의 힘을 얻었다! 그래서 토굴에서 힘차게 밀어붙여야 되겠다. 공부 좀 많이 하고 싶은데 대중이 곁에 있어서 안 된다. 그렇다면 토굴에 가서 힘껏 밀어붙여 보자."

한 철은 그런대로 잘 했다고 합니다. 그런데 다음 철에 공부를 하는데 생면부지의 30대 여인 두 사람이 토굴에 와서 점심을 좀 달라고 했답니다. 박대하여 쫓아낼 수 없었답니다.

"혼자 살고 있어 양식이 별로 없습니다."

"걱정하지 마세요. 먹고 갖다 드릴게요."

그 말을 듣고 '양식이 떨어져가서 걱정했는데 시주가 나타났구나' 이렇게 생각했다고 합니다. 그 후로 쌀이 떨어질 때가 되어가니까 쌀 가져올 때가 되지 않았나 하고 생각이 나더랍니다. 그러자 얼마 지나지 않아 두 분이 양식을 잔뜩 짊어지고 왔더랍니다.

"스님, 저희들 왔습니다." 하는데 아주 반갑더라는 것이에요.

둘 다 학교 선생님인데 한 분은 결혼을 했고 한 분은 미혼이었는데, 스님! 스님! 하면서 밥도 해주고 빨래도 해주고 가곤 했답니다. 토요일이면 올라오곤 했는데 참선하다가도 토요일이 가까워지면 머릿속에 그 여자 생각이 나서 견딜 수가 없었다고 해요. 화두 들어야지, 그 여자 생각나는 것과 싸워야지 정말 미칠 것 같았답니다.

어느 토요일 결혼 안 한 처녀가 혼자 왔는데 가슴이 두근두근 뛰고, 밤에 억지로 참고 앉아서 법문을 해주었는데도 생각은 다른데 가 있었다는 거예요. 공부가 되었다고 자신을 했는데 어째서 그렇게 생각이 일어나는지 자신도 믿을 수가 없었답니다.

다음날 밥을 해먹고 토요일에 다시 온다기에 올 것 없다고 말했다는 거예요.

처녀가 간 후에 가만히 생각해 보니 다음 토요일에 다시 오면 자기도 억제하기가 불가능할 것 같다는 생각이 든 거예요. '그럼 지금까지 공부한 것이 무엇인가. 과거에 선지식이나 부처님께서 이래서 토굴에는 가지 말라고 하셨구나. 안 되겠다' 하고 걸망을 쌌답니다. 36계를 쳤는데 화두를 들어도 머릿속에는 여자 얼굴이 안 떠나더라는 것입니다. 내려오다가 걸망을 내려놓고 쉬는데, 곁에 복판이 푹 패여 있는 나무를 보자 음심이 생기더랍니다. 얼른 정신을 차려 찬물에 목욕하고 대중처소인 문경의 대승사로 갔답니다. 수좌 세 명이 공부하고 있는데 양식이 없어 받을 수 없다고 해서 '내가 탁발해 가지고 오면 되지 뭐' 하고 대중생활을 다시 시작하였는데 그 후로 여자에 대한 마음이 싹 없어졌다는 겁니다.

대중이 공부시켜 준다는 말이 있습니다. 피곤해서 눕고 싶어도 누군가 곁에 장승처럼 앉아 있으면 그것 때문에 눕지 못합니다. 아무도 없이 혼자 공부해 보면 잘 될 것 같은데 안 그래요. 눕고 싶으면 옆을 의식할 필요가 없어 눕게 되기 때문입니다.

대중의 힘이 그렇게 큽니다.

남방의 불교는 스님들이 전부 독방생활을 합니다. 남방 스님들이 한국의 스님들이 대중생활하는 것을 보고 여기에 무슨 사邪가 있겠느냐고 말합니다. 그런데 아무도 없는 방에 혼자 있으면 자유롭기 때문에 자기 하고 싶은 대로 합니다. 그러나 대중생활을 하면 그것은 있을 수 없는 일입니다.

남이 볼 때나 보지 않을 때나 내외가 명철하면 문제가 없습니다. 나 자신의 사상이 완전히 뚝 떨어지고, 내가 완전히 공해져서 없는 것을 증득하기 전에는 함부로 자기 자신을 평가해서는 안 됩니다. 아주 두려워해야 합니다. 그때 당시 스님이 저에게 말씀하셨어요.

"공부는 나 혼자서 다 된 듯이 판단하면 착각이다. 반드시 큰 선지식과 대중을 모시고 살아야 한다. 스승이 있는 곳에서 몸을 의탁하여 공부하고 스승이 없는 곳에서는 잠시 쉬었다 가거라. 사바세계의 고통은 나의 마음에 재색식명수, 색수상행식, 즉 사바세계의 오욕과 오음을 가지고 있는 것이 원인이 된다."

재물에 대한 욕심과 색에 대한 생각이 불길같이 일어날 때 그것을 가지고 사는 집이 화택인 것입니다. 조심하고 깊이 명심하여 몸과 마음을 잘 가꾸어야 하며, 철저하게 화두를 참구하지 않으면 뛰어넘을 길이 없습니다.


### ‖ 주해 ‖

만일 지혜가 있는 사람이라면 자기 자신을 반조해 자기의 몸이 다 헛되어 진실되지 않음을 깨달을 것이니, 더군다나 자기 몸 아닌 다른 물건은 말해 무엇 하겠는가. 하루하루가 무상하니 모든 것을 다 던져 두어라. 백 가지 가운데 한 가지도 쓸 것이 없다. 생각 생각을 이와 같이 하면 마음의 경계가 저절로 제거되어 잡념이 적어질 것이다. 이러한 경지에 이르면 다시 선지식을 찾아뵙고 지혜 있는 이를 가까이하여 출신활로를 찾아 생사 대사를 마쳐야 한다. 그러면 어느 날 아침 홀연히 툭 터지는 한 소리에 캄캄한 칠통 속을 벗어나 본래의 면목을 보게 될 것이다.

若是有智之人 反照自己 悟得自身皆虛幻 非爲眞實 何況他物
一日無常 盡皆抛撒 百無一用 念念如此 心境自除 褢念自少 更須參
訪知識 親近智人 求出身之路 了生死大事 忽朝爆地一聲 脫下漆桶底
便見本來面目

## ▌▌ 강설 ▌▌

진실은 영원합니다. 진실은 푸른 하늘과 같고, 허공과 같이 담담하며, 밝은 달과 같습니다. 진실이 아닌 것은 물거품과 같아서 잠시 좋다가도 끊임없이 근심 걱정이 따르고 고통이 따릅니다. 그런데도 중생들은 무명의 업보를 가진 방향으로 치달아 갑니다. 무명은 우치하여 나를 모릅니다. 내가 나를 모르기 때문에 어리석은 것입니다. 방문을 닫고 창문에 구멍을 뚫어서 밖을 내다보면 바깥은 볼 수 있지만 방안은 보지 못합니다. 중생들이 사는 것이 마치 그와 같습니다. 안도 보고 밖도 볼 수 있다면 멋지게 살 수 있고, 정말 편안하게 잘 살 수 있습니다.

『반야심경』은 여기부터가 중요합니다. 이제부터 깊이 있는 좋은 것이 많이 나옵니다. 잘 들으면 현실 생활을 어떻게 살아야 할지 입지가 설 것입니다.

　현실에 드러나 있는 인간의 모든 문제들, 즉 생로병사의 문제, 어째서 인간은 태어나고 죽는가? 또 생하는 것은 어떻게 하여 생하고, 멸하는 것은 어째서 멸하는가? 어찌하여 우리 중생들에게는 사바세계의 여덟 가지 고통이 있는가? 이러한 문제를 우리는 풀어야 합니다. 그리고 그 문제를 풀어 해결할 수 있는 길은 오직 내 자신의 내면세계에 머리를 돌이켜 비추는 데에 있습니다. 나는 무엇인가? 마음도 아니요, 부처도 아니요, 허공도 아니요, 영혼도 아니다. 그러한 이름들은 과거에 옛사람들이 설명하기 위해 붙인 것에 불과합니다. 이름에 속아, 다시 자신의 인생의 문을 두드려서 알지 못하면 생로병사의 고통 속에서 윤회하게 됩니다. 고통과 고통이 아닌 두 가지 갈림길에 떠 있는 구름처럼 진실함이 없이 인생을 삽니다. 그러한 중생은 잡념이 많고 쉴 여가가 없습니다. 마음의 세계가 시끄럽고, 번뇌 망상이 쉴새없이 일어나 편안하지 못합니다.

　그러한 문제를 풀기 위해 내가 무엇인지를 깊이 일념으로 꿰뚫어서 의심해 나가는 것이며 그 자리를 반조라고 합니다. 그렇게 치열한 반조를 거쳐 일체가 꿈이어서 진실이 없다고 깨달았을 때 마음의 경계가 제거되고 잡념이 적어집니다. 그럴 때 선지식이 없이 공부하면 삿된 경계에 떨어지고 외도로 빠지기 쉽습니다. 고요히 쉬어지고 일체 망상이 없어져 편안해졌을 때, 사람들은 거기에 속아서 거기에 주저앉습니다. 자기가 마치 공부를 다 해 마친 것처럼 최고 열반의 경계에 들어간 것처럼 많은 사람을 상대하고 가르치고 그렇게 하여 자칭 깨달은 선지식이라고 나서게 됩니다. 그러므로 참 선지식을 찾지 않으면 중도에서 삿된 길로 가는 것입니다.

애정이 무루 익어가는 청춘남녀는 옆에서 아무리 말려도 그 말을 듣지 않습니다. 부모가 말려도 듣지 않습니다. 부모가 타이르는 것보다도 자기를 사로잡은 애정이 더 크게 여겨지며 생명을 던져도 될 것처럼 그들의 마음을 사로잡고 있기 때문이지요. 그만큼 집착이 큽니다. 애정은 세상을 살면서 영원히 지속되는 것도 아니요, 순간적이면서 그 이면에는 서로 간에 많은 갈등을 일으킬 수 있는 소지가 있는데도, 내일 배반을 당할지라도 오늘 이 순간은 말할 수 없는 집착에 사로잡혀 있습니다.

세상살이가 그렇듯 공부인에게도 그런 경계가 있습니다. 참선이나 염불을 하던 사람이 오랫동안 생명을 걸고 정진을 하다가 이 세상에서 맛보지 못한 맛, 도의 맛[道味]을 보았습니다. 수행의 과정 중 한 경계가 나타난 것이지요. 한 생각 쉬어지고 천하 사람들이 무어라고 해도 흔들리지 않는 고요한 세계에 몰입되어 갑니다. 편안한 경계에 들어가 고요하고 동념動念이 없는 무위적적한 자리의 맛을 보게 되며 영원히 나오기 싫은 자리에 이릅니다. 어떤 분은 흔히 산간벽촌에서 초가삼간 토굴을 짓고 나가지 않습니다. 세상이 뭐라고 해도 자기가 제일이고 편안합니다. 이러한 고요함의 맛을 본 사람은 '사바세계에 즐거움이 있고 남녀의 애정이 좋고 재물과 명예의 맛이 좋다고 해도 내가 공부한 적정무위의 즐거움과 어떻게 비교가 되겠는가?' 하고 말합니다. 그것보다는 몇천 배 맛이 좋으니까, 이런 사람은 완전한 도를 통하지는 못했어도 속세의 벼슬과 명예와 부부간의 애정에는 마음을 두지 않습니다. 술을 마시고, 담배를 피우고, 내 마음 위로하는 것도 안 합니다. 그것을 해야 할 필요가 없어요. 그것이 안 되는 사람 즉, 마음의 안정을 얻지 못하는 사람은 담배나 술, 남녀 간의 애정, 돈과 명예에 집착합니다. 공부하는 사람은 마음의 안정을 얻은 뒤에는 그런 것은 보잘것 없는 것이고 진실한 것이 아니라고 깨닫습니다.

그러나 이때 정신을 차려 반드시 선지식을 찾아가서 더욱 진일보 할 수 있는 공부를 할 수 있도록 계기를 마련해야 합니다.

고요한 곳과 고요하지 않은 곳, 그리고 망상이 있다 또는 망상이 없다고 하는 두 가지의 생각에서 뛰어넘어야 합니다.


### ▌후송▐

본래의 면목을 보고자 하는가?
옛날이나 지금이나 변함이 없지만
사람이 스스로 진실 아닌 것을 알도다.

要見本來面目麼〇 古今無改變 人自認不眞

만일 마음이 공해지면 곧 고통이 없어지리니
무슨 생사가 있고 무슨 구속이 있겠는가.
하루아침에 태에서 쓰는 가죽을 벗어 버리고
마음대로 노니는 한 대장부가 되었도다.

若得心空苦便無 有何生死有何拘
一朝脫下胎用襖 作箇逍遙大丈夫

**▌강설▌**

　내 마음을 깨닫지 못하면 어둡기가 칠흑과 같고 칠통과 같습니다. 세상의 모든 사람이 생로병사 윤회의 고통을 받고 있습니다. 크게는 자기 나라, 작게는 자기 사회, 자기 마을, 자신의 가정, 자신의 이익을 추구하면서 끊임없이 다툼을 하고 시비를 합니다. 자신의 본래 얼굴을 보지 못하기 때문이지요. 현재 우리가 가지고 있는 이 육신은 본래 내 얼굴이 아닙니다. 본래의 얼굴을 보면 맑은 물이 철철 흘러 넘치는 것과 같고, 백천 개의 일월이 허공에 떠 있는 것과 같고, 부처님의 자비 광명이 우주 전체를 덮는 것과 같습니다. 우리가 바로 부처님인 것입니다.
　인생이라고 하는 것은 어떻게 사느냐가 중요합니다. 이 세상 사람들은 그냥 살기 위하여, 이 목숨 살리기 위하여 삽니다. 오늘 돈을 벌지 않으면 이 생명 유지하지 못하기 때문에 서로 칼을 겨눕니다. 이것은 아무런 의미가 없습니다. 짐승들도 고기 한 점을 두고 서로 다툴 줄 알고 이 육체를 살찌울 줄 압니다. 그런 의미 없는 인생을 살아서야 되겠습니까? 인생을 살면서 오해가 생기고 시비가 엇갈려 자신이 쓸어 담아서 소화를 시킬 수 없는 경우를 당하면 마음 가운데 보이지 않는 스트레스가 생깁니다. 말할 수 없는 고통이 쌓여갑니다. 그러므로 모든 경계에 부딪쳤을 때 둥글둥글 원만하게 다 소화를 시키고 걸림이 없이 살아가는 사람이 되려면 자기 자신에게 있는 문제를 녹여 없애야 합니다. 반야 지혜는 자기 자신의 문제를 벗겨냅니다. 이솝 우화에서 아주 뜨거운 햇볕만이 사람들이 입고 있는 옷을 벗기듯이, 마음속에 쌓여 있는 자기 자신의 모든 불만을 지혜의 빛으로 녹여야 합니다.

사바세계의 팔고, 삼도팔풍의 모든 액난은 깊이 참구하여 공하다는 것을 깨달았을 때 없어집니다. 공한 줄을 모르면 우리 인생은 본래 그지없는 고통 속에서 살아가게 되는 것입니다.

본래면목을 바로 깨달아 인생을 지혜롭게 살고 최상의 행복과 영원한 편안함을 누리고 사는 자리, 그 자리를 해탈이라고 합니다.

◉

# 사리자
## 舍利子

◉

**▌ 강설 ▌**

(주장자 삼타 후)

이것이 색입니까? 아니면 공입니까?

여기에 여래如來의 의지가 있습니까? 또 여기에 조사祖師의 의지가 있습니까? 조사의 향상일로向上一路가 있습니까? 이 자리에는 여래도, 조사도, 색도, 공도 붙일 수가 없습니다. 여기에 조사나 여래나 색이나 공을 붙이면 천 리 만 리나 뒤로 도태합니다. 평지에서 파도가 일어나고 푸른 하늘에 천둥번개가 일어납니다. 그러므로 여기에서 한 물건을 볼 때 바로 본지풍광本地風光을 척 보아서 깨달아야 합니다. 깨닫지 못하면 붉은 흙에 흰 젖을 뿌리는 것과 같고 깨끗한 얼굴에다 시커먼 흙을 바르는 것과 같습니다.

그렇다면 어떻게 하여 『반야심경』을 설하게 되는가? 『반야심경』을 설하는 것은 일체 어떤 것도 붙일 수 없는 자리에서 설하게 됩니다. 그러면 『반야심경』을 왜 설해야 되는가? 바로 척하니 계합하지 못하는 사람이 있기 때문에 그렇습니다. 취모리검을 쓰듯이 척척 계합이 되면 구태여 일구, 이구, 삼구를 말할 필요가 없습니다. 그렇지 못하기 때문에 『반야심경』을 설하지 않을 수 없는 것입니다.

부처님께서 말씀하신 『반야심경』에 역대 조사 스님들이 주해를 붙여서 상중하 중생들의 근기를 막론하고 들으면 다 발심하여 반야의 정안正眼을 투득할 수 있도록 해 놓았기 때문에 근기가 약한 말세의 중생들에게는 이 『반야심경』 주해가 꼭 필요한 것입니다.

이 강을 들을 때는 일체 모든 생각을 버리고 일심으로 이것을 듣는 것 자체가 화두여야 합니다. 바로만 들으면 언하에 깨달을 수 있습니다. 일념에 충만하여 듣는다면 말하는 스님이나 듣는 대중이 둘이 아니게 됩니다. 바로 들을 수 있는 일념이 안 되면 이 산승의 말이 10분의 1도 들어갈까 말까 합니다.

사리불 존자는 부처님의 십대제자 가운데 지혜제일이십니다. 사리불 존자의 어머니 이름이 사리여서 사리자이며, 어머니의 눈이 매의 눈같이 생겨서 추자鶖子라고도 합니다.

사舍는 집을 말하며, 사대·오온으로 이루어진 색신에 비유
한 것이다. 이자利子는 본래 집 안에 있는 한 점 진실하고 신령스
러운 것이니, 형체를 주관하는 것이 바로 그것이다. 마치 주인이
여관에 잠깐 머물렀다가 떠나 버리는 것과 같다. 그 집은 무너
지지만 이자(주인)는 그대로 존재하니 다만 거주하는 집만을 바
꾼 것이다. 도가에서는 "몸은 기氣를 담는 집이며, 마음은 정신
[神]의 집이다. 오래 되면 혼과 기가 흩어져 또 집을 옮겨서 머문
다."고 하였고, 불가에서는 "무시겁 이래로부터 방을 빌려 생활
하였다. 지금 누가 주인공을 알았는가?"라 하였으며, 약산유엄
스님은 "껍질은 다 떨어져 나가고 오직 하나의 진실만 있다."고
하였다.

舍者 屋舍也 比四大五蘊色身 利子者 舍中之本來一點眞靈 卽
主張形骸者 是也 如客店 主人暫住 主若離 舍屋卽倒塌 利子常在 只
是換了 房舍居住 道云 身是氣之宅 心是神之舍 久而神氣散 又是移
屋住 釋云 無始劫來賃屋住 至今誰識主人公 藥山又云 皮膚脫落盡
惟有一眞實

사舍는 색·수·상·행·식으로 이루어진 몸을 말하고, 지·수·

화·풍 4대로 구성된 몸을 말합니다. 시골의 빈집은 사람이 없으면 곧 무너져서 쑥대밭이 됩니다. 그와 같이 중생의 몸 안에는 한 점의 신령스러운 진영眞靈 자리가 있는데, 그 주인이 없어지면 이 몸은 무너집니다.

여기에서 고향은 내 마음, 본래면목 자리, 진영 자리에 돌아오는 것입니다. 우리는 거기에 돌아가지 못하고 말할 수 없는 고통 속에서 떠돌이 생활을 하면서 살고 있습니다. 도가에서도 기에 대한 이야기를 많이 하였고, 성리학에서도 이기理氣를 말했습니다. 몸은 기운, 즉 기질과 이성 이치가 담겨 있는 집입니다.


■ 후송 ■

저 진실한 자리를 보고자 하는가!
저 하나의 진실(○)을 알았는가?
오고 가고 또 오고 가는 가운데 몇천 번이나 만났던가!
다만 세상 사람은 찾으려고 해도 찾지 못하네.

要見眞實底麼 還識這箇○也未 來來往往幾12)千遭
只是世人模13)不著


방안에 아이들이 많지 않다고 말하지 말라.
안으로 천지와 산하를 감싸고 있다.

그 안에 하나의 진실된 선자仙子가 있으니
티끌만큼도 물들지 않고 일체의 세계를 진압한다.


莫道房兒又不多 包藏天地及山河
其中有箇眞仙子 不染纖塵鎭大羅


**▌ 강설 ▌**

　공부한 사람은 척 하니 깨닫지만, 보통 사람은 헤아릴 수
없는 겁 동안 망상만 하고 딴 생각을 하며 살았기 때문에 깨닫
지 못합니다. 참으로 여러분이 주인공은 누구인가 하고 잠시라
도 잊지 않고 관심을 두었다면 단번에 척 깨달을 수 있습니다.
그러나 이렇게 법문을 해도 깨닫지 못하니 참으로 답답한 일입
니다.

# 색불이공
## 色不異空

**‖ 강설 ‖**

산승이 이 자리에서 "아시겠습니까?" 하고 물었을 때 척 하니 알아서 계합하면 그것은 상상인上上人이 되지 못합니다. 산승이 자리에서 일어나기 이전에 벌써 알았다고 해도 이 자리에서는 천 리 만 리나 거리가 멀어집니다. 산승이 일어나기 이전에 알아도 틀렸고, 산승이 이 자리에서 물었을 때 알아도 상상인은 아닙니다.

그러면 도대체 어떻게 해야 완전한 일구가 여기에 있겠습니까? 어떻게 해야 옳고, 옳지 못한 두 가지 견해에서 벗어날 수 있겠습니까?

이번에 학림사에서 감자를 캤는데 잘 영글어서 소출을 많이 했습니다. 오늘 밭을 매면서 고추를 보니 고추가 길고 탐스럽게 열렸습니다.

색은 단단한 것이고 습한 것이고 따뜻한 것이고 움직이는 것입니다. 공이라는 것은 허통하여 자성이 없으므로 색이 공과 다르지 아니하고 공이 색과 다르지 않다고 말하는 것은 이승인 二乘人이 하는 말입니다. 하나의 물체가 불에 타 부서져 가루가 되어 안 보일 때, 보이는 것은 색이고, 부서지고 없어져 안 보이면 공이라고 아는 사람은 이승인에 불과합니다. 그것은 보살승, 불승이 아닙니다. 색을 없애 공을 취하는 사람[滅色取空]은 공이라는 것이 자기 마음인 줄을 깨닫지 못합니다. 마음을 가지고 공이라고 말하는 것이지, 어떤 대상을 놓고 이것은 있으니까 색이고 없으니까 공이라고 말하는 것이 아닙니다.

마음 밖에 공의 경계가 있다고 보고, 그 경계를 보면 오히려 걸리게 됩니다. 걸린즉 색이 되므로 공이 색과 다르지 않다고 말합니다. 말하자면 참된 공의 도리를 모르는 것입니다. 색즉시공色即是空은 보살이 요달하는 것입니다. 색성 자체가 스스로 공한 것이지[色性自空] 색을 멸하여 공한 것이 아니며, 색과 이름이 없는 것을 공하다고 하는 것이 아닙니다. 관을 인하는 고로 공이 아니며, 마음이 다한 고로 공이라 한 것이 아닙니다. 이 법 자체가 멸하여 공했다고 하는 것이 아닙니다. 오히려 토끼가 뿔이 났고 거북이가 털이 난 것과 같습니다.

본래 체성이 없어서 마음 밖에 공을 보면 공에 막힘을 입습니다. 마음 자체가 어떤 것이냐고 할 때 바로 공입니다. 그러므로 바깥의 모든 형상도 따라서 공한 것입니다. 사람들은 주장자를 보았을 때 이 색만 보지 근본이 공했다는 공의 도리, 즉 마음은 보지 못합니다. 그것은 단견입니다.

이렇게 턱 하니 주장자를 치면서 "알겠습니까?" 했을 때 조사의 도리를 볼 줄 알아야 하고, 부처님의 도리도 볼 줄 알아야 하고, 공과 색에 대한 도리도 볼 줄 알아야 합니다. 보려면 그 자리에서 즉시 보아야 합니다.

조사의 도리는 공에 있지 않다.

진실한 대기를 갖춘 사람이, 있고 없는 데 떨어지겠는가?

祖意如空不是空
眞機爭墮有無空

물체를 버리고 공을 찾는 것이 아니니 물체 하나 까딱하지 않고 그대로 공한 것을 보아야 합니다. 없애 치우지 않고 그대로 공을 보는 것입니다.

유가에는 심성을 다루는 특별한 도리가 없습니다. 공경하라, 겸양하라, 고요하라, 인·의·예·지·신을 행하라, 이렇게 행하라! 저렇게 행하라! 그러나 그렇게 해서 근본적인 것이 해결되지는 않습니다. 애당초 성리학은 중간에 학자들이 도교, 유교, 불교에서 발췌하여 새로운 이론을 정립한 것입니다. 그러다 보니 특별한 안목은 없습니다. 유가에서는 현실적인 것들을 배격할 필요가 없다고 여깁니다. 만약 지나쳐 잘못되면 겸양하고 공경하고 겸손하고 사양하면 된다고 하지만 그것이 쉽게 되지 않습니다.

부처님 말씀은 그것이 아닙니다. 바로 비추어 보아 일체가 없음을 바로 알면 마음이 스스로 조련이 됩니다.

부처님께서 제자를 가르치실 때 일입니다.

수행자가 되면 사람들이 우러러보고 존경을 하니까 마을에서 깡패로 살던 두 사람이 부처님을 찾아갔어요. "저희들도 출가를 하겠습니다."

부처님께서는 말없이 받아 주었습니다. 그 당시 바라문교에서는 귀족들이 주로 수행자가 되었습니다. 요즈음 육군사관학교 가려면 신체 조건이 흠잡을 데 없어야 하듯이 수행자가 되려면 신체가 깨끗하고 신분도 귀족 집안이어야 했습니다. 부처님께서는 왕자 신분이었지만 그러한 제도를 없애고 차별이 없이 일체중생이 모두 귀인이라고 하여 너나없이 모두 다 받아 주셨습니다.

"잘 왔다, 비구여! 방을 정해 줄 터이니 조용한 방에서 정진을 열심히 해라."

두 사람은 좀 돌아다니며 신도들에게 공양도 받고 싶고, 존경도 받고 싶었지만 어쩔 수 없이 방으로 들어갔습니다. 그러고는 둘이 앉아서 하는 이야기가 매일 음담패설이었습니다. 일 년이 지나도 맨날 그 소리만 하고 있어요. 부처님께서는 환히 아시고 그들을 제도하기 위해 한 사람을 다른 방으로 보내어 격리시켰습니다. 그리고 다른 스님이 들어가서 같이 정진하게 했습니다. 그러자 새로 들어온 스님에게 그래요.

"이 사람아! 여기 앉아 있으면 답답하지 않은가? 아름다운 여인도 많은데 같이 놀지도 못하고 감옥처럼 갇혀 있으니 답답하고 내 마음이 동해서 견디기 힘들다."

자꾸 그러니까 새로 들어온 스님이 말했지요.

"그래! 세속에서는 그런 경험을 못했는가?"

"우리는 신분이 천해서 여자 구경을 못했어. 스님이 되면 신분이 높아지니까 마음대로 할 수 있지 않을까 해서 왔지!"

"그렇다면 그건 문제네. 물도 직접 먹어 봐야 차갑고 뜨거운 것을 알듯이 한 번 경험해 보아야 할 일 아닌가?"

"그러면 좋지."

"그럼 내가 길을 한 번 터보지."

"그래 한 번 그렇게 해 보자."

새로 들어간 스님이 살짝 나와서 격리시킨 스님을 한방으로 들여보내 놓고 어느 여인에게 부탁을 해 놓았습니다. 그리고 옷을 잘 입히고 화장을 잘 시켜 화사하게 꾸며 여관방에서 기다리게 했어요. 다시 절로 돌아와 젊은 스님을 데리고 그곳으로 갔습니다. 아름다운 여인을 보려면 하나하나 유심히 보아야 되지 않겠는가 하면서 여자에게 옷을 벗게 했어요. 차례차례로 알몸이 드러나요.

"저거 보아라. 항문에서는 똥이 나오고, 오줌이 나오고, 콧물이 나오고, 온갖 것이 뱃속에 꽉 차 있다. 그런데 냄새는 왜 이렇게 지독하냐?"

냄새를 맡아 보니 정말 독합니다. 그래도 젊은 스님은 업이 두터워 자꾸 들여다보자 여자가 갑자기 드러 눕더니 살이 저절로 썩으면서 피고름이 주르르 흘러나옵니다.

"저것이 그렇게 좋단 말인가?"

"우리는 몰랐는데 저것은 좋아할 것이 아니다."

"저것 자체는 원래 없는 것이야. 근본이 공하여 없는 것인데 너희들은 업으로 인해 있는 것처럼 보이는 안경을 끼고 보기 때문에 환幻을 보고 있는 것이다. 일체가 공한 줄을 알면 천상과 인간의 공양을 받을 수 있을 터인데 눈에 색안경을 끼고 있으니 어찌 세상 사람들의 공양을 받을 수 있단 말인가?"

그러자 두 사람은 바로 깨닫고 아라한과를 증득합니다. 이 두 사람을 구하려고 부처님께서 그렇게 하신 것입니다. 여자가 되어서 잘 꾸몄다가 괴상한 냄새를 피우고 썩는 것을 보여 주어 발심하게 하고 무상함을 느끼게 해서 그것이 꿈이라는 것을 알게 하신 것입니다.

이『반야심경』의 공의 도리는 한량없이 좋은 이야기가 이어집니다.

도의 성품은 두 가지가 없으며 색과 공은 한 가지이다. 다만 눈앞의 사물에 대응하여 형상을 나타내는데 사람들은 모두 알지 못한다. 긴 것은 긴 공이요 짧은 것은 짧은 공이며, 모가 난 것은 모가 난 공이요 둥근 것은 둥근 공이다. 흰 것은 흰 공이요 붉은 것은 붉은 공이며, 작은 것은 작은 공이요 큰 것은 큰 공이다. 먼 것은 먼 공이요 가까운 것은 가까운 공이다. 도가에서는 "사람마다 본래 가지고 있으며, 각자가 없지 않다."고 하였으며, 불가에서는 "꿈틀거리는 미물이나 함식含識을 간직한 존재, 즉 모든 중생이 다 불성이 있다."고 하였고, 유가에서는 "모든 함령含靈이 각기 한 태극을 갖추고 있다."고 하였다.

道性無二 色空一等 只在目前 應物現形 人皆不識 長者長空 短者短空 方者方空 圓者圓空 白者白空 赤者赤空 小者小空 大者大空 遠者遠空 近者近空 道云 人人本有 箇箇不無 釋云 蠢物含靈 皆有佛性 儒云 一切含靈 各具一太極

■ 강설 ■

마음 자리는 공하여 모양이 없습니다. 규정지을 수 있는 것은 없애면 되는데 마음은 그게 아닙니다. 규정되어 있는 모양이 없어서 어떤 모양으로도 그려서 보여 줄 수가 없습니다. 이 말도 여러분에게 길을 열어 주려고 하는 것이지 실제로는 이것 역시 전부가 아닙니다. 그러나 이 이야기를 잘 들어야 다음 단계로 갈 수 있습니다.

공을 볼 줄 알 때 공의 평등한 도리를 볼 줄 알게 됩니다. 유교의 주역에 보면 무극과 태극이 있는데 송대의 주돈이라는 사람은 이렇게 말했습니다. "무극에는 아무것도 없지만 일체 만물의 조화를 만들어 낸다. 거기에서 태극이라는 보이지 않는 음양의 기운이 나와서 모든 만물을 생겨나게 한다." 곧 태극에는, 동정動靜과 이기理氣 고요하고 움직이는 것과 순수 이성과 기질도 들어 있습니다.


**▌▌주해▐▐**

고덕은 또 "티끌 티끌이 다 도이고 티끌 티끌이 다 부처님이다."라고 하였고, 선진仙眞은 "어떤 물건이 도(의 기운)를 받아서 나오지 않았으며, 어느 곳이 도가 교화하는 곳이 아니리오?" 하였다. 가는 곳마다 모양을 나투고 가는 곳마다 자유자재하다. 도가 사람을 멀리하는 것이 아니라 사람이 스스로 멀리할 뿐이다. 자신이 색임을 돌이켜 관할지니 색 가운데 진공각성이 있어 여러 가지 모양을 나타낸다. 이는 진공각성에서 나타난 것이다.

古德又云 塵塵是道 塵塵是佛 仙眞云 何物不稟道生 何處不是

道化 隨處現形 隨所自在 道不遠人 人自遠之 反觀自身是色 色中須
有眞空覺性 應現種種相 卽是眞空覺性所現

**▌ 강설 ▌**

　불자란 부처님 아들인데 불자에도 외자, 서자, 적자가 있습
니다. 보통 사람은 미혹하여 자성을 알지 못하고 살아가니 이들
은 바깥의 아들입니다. 부처님 말씀 듣고 공부하는 사람, 모든 세
상의 인연을 관하여 일체가 없는 것을 아는 이승인은 서자입니
다. 적자가 되려면 보살이 되어야 합니다. 아뇩다라삼먁삼보리를
정말로 깨달아 증득한 대승보살이 진짜 아들입니다. 그러나 진짜
부처님 자리는 적자나 서자를 논하기 전부터 누구나가 다 부처입
니다. 티끌 티끌이 부처인 것입니다.

　이 주장자를 보고 바로 '부처다'라고 하면 모르는 사람이
보면 황당하지요. 그러나 실제로는 부처님이니 거기에서 부처
를 볼 줄 알아야 됩니다. 하나의 나무 작대기로만 보면 중생의
어두운 견해를 가지고 사는 것입니다. 여기서 부처가 있는 것도
보고 조사의 의지도 볼 줄 알아야 합니다.

　중생들은 생각조차 않고 무명 업식을 따라 살아가기 때문에
생사의 고통을 겪습니다. 파도가 쳐서 거품이 일어날 때 물거품
과 물은 모양이 다릅니다. 따라서 이치를 모르는 범부가 보면 두
가지가 다르다고 생각합니다. 본래의 마음자리가 미동을 쳐서 움

직인다는 소리이지요. 만약에 마음이 움직이지 않고 고정되어 있으면 천태만상이 창조가 되지 않습니다. 부부간에 잠을 안 자고 가만히 있으면 자식이 나옵니까? 사업하는 사람은 돈을 벌어야 되고, 직장 생활하는 사람은 움직여야 결과가 나오듯이 굳어 있으면 그것은 죽어 있는 물건입니다.

참선이 따로 있는 것이 아니라 밥 짓고 청소하는 것, 또 호미들고 밭 가는 것 그 자체가 화두이고 공부입니다. 어찌 앉아서 가만히 선정 익히는 것만을 공부라고 하겠습니까? 그것은 도리어 업이 됩니다.

가만히 고요한 것만 취하는 사람을 보면 그 사람에게 말을 못 붙입니다. 말을 붙이면 풀쐐기처럼 팍팍 쏘아요. 왜냐하면 가만히 앉아 있는 것이 업이 된 사람은 누가 뭐라고 말을 하면 그것이 싫어 성질을 내고 곧 쏩니다.

그러기에 부처님께서는 혼자 고요히 앉아 있기만 하는 것을 경계하셨습니다. 밥 먹고 행동하는 일체처 일체시 모든 것이 통틀어 하나로 되어, 밀가루를 반죽하면 한 덩어리가 되듯이 일체 모든 행동 자체가 화두가 되어야 하는 것입니다. 일체처 일체시에 매하지 말아야 합니다. 불매不昧해야 합니다.

그러나 중생들은 물건을 보면 즉각 따라갑니다. 지금도 여기에서 어떤 사람이 희한한 복색으로 춤을 춘다면 찰나에 따라가게 되겠지요. 따라가면 나라는 존재는 없고 거기에 따라간 그것뿐입니다.

과거에, 어느 보살이 공부하는 수좌를 10년을 기한하고 시봉을 했습니다. 10년 간 공부한 스님에게 딸을 시켜 밥상을 차리게 하고 다과를 올린 후에 품에 안기면서 경계를 물어 보게 했습니다. 그 수좌 스님은 "썩은 고목이 찬 돌에 서로 의지하니 삼동에 아무런 따스한 기운이 없다[枯木倚寒岩 三冬無暖氣]."고 했습니다. 딸이 어머니에게 "그 스님은 무념무상의 경계에 든 것 같아요."라고 말하니, 어머니가 "10년 동안 속한俗漢에게 밥을 먹였구나!" 하면서 단번에 올라가 쫓아내고 암자에 불을 질렀습니다.

여기서 무엇을 보아야 하는지 바로 알아야 합니다. 이 세상에서 중생들이 보는 눈은 단지 나타난 것 하나뿐입니다. 중생의 눈이 그렇기 때문에 큰 문제가 됩니다. 바로 볼 수 있으려면 일념으로 쪼아 나가야 합니다. 아주 전력으로 힘을 기울여 앉고 서고 행하는 데서 출발해야 합니다. 그래서 그 스님은 죽은 스님이고, 보살은 펄펄 살았더라 하는 것입니다. 움직이는 것이 움직이는 것이 아니요 움직이지 않는 것이 움직이는 것입니다.

색 가운데 항상 진공이 있습니다. 각성이 여러 가지 천태만상의 모양을 대응해 나타나니 이것이 진공이고 각성이 나타나는 것입니다. 『금강경』에는 "있는 바 모든 상은 다 허망하니 모든 상을 보되 상 아닌 것을 보면 곧 여래를 본다[凡所有相 皆是虛妄 若見諸相非相 卽見如來]."고 했습니다. 여래를 본다고 하면 여래가 있고 보는 눈이 있어서 주관과 객관이 갈라지게 됩니다. 이것은 문제가 있는 것으로 여래를 본다고 하는 것을 떼어내고 한마디 할 줄 알아야 합니다.

'이 세상 모양 중에 무엇이 제일 큽니까?' 하자 '이 세상에서 비상非相이 제일 큰 모양'이라고 한 사람이 있어요. 현상으로 나타난 모양은 한계가 있지만, 그 이전의 모양은 무한하고 크다는 것입니다. 주장자의 모양 속에는 육안으로 측량할 수 없는 무한대의 모양이 들어 있습니다.


강원을 졸업하고 선방에 다니면서 나는 선교禪教를 겸한 출중한 스님에게 철저히 교육을 받았고 실참실수實參實修를 하면서 『금강경』『선요』『서장』 선어록을 보았는데 강의를 들을 때마다 공부하는 마음자리를 떠나지 않고 항상 들었습니다. 그렇게 공부할 때 나는 나다니는 것을 좋아하지 않았습니다. 당시만 해도 내 정도의 법랍이라면 사방 안 다닌 곳이 없었습니다. 때로는 함께 공부했던 학인이 사방을 돌아다니고 왔다고 자랑을 해도 나는 저렇게 돌아다니는 것이 무슨 소용이 있을까 하고 생각했어요. 또 돌아다닐 때 뭐 특별한 것이 있었느냐고 물으면 우선 눈앞에 재미있었던 것밖에 없어요. 뭐 특별히 깨친 바가 없어요.

공부할 때 나에게 가르쳐 줄 것이 있고, 그만한 법이 있다고 하면 어떠한 고초가 있어도 참았습니다. 그런 분에게서는 확실하게 배웠어요. 어느 날, 혼해 스님에게 "너 『금강경』 사구게를 새겨 보아라."는 말을 들었습니다. 저는 다 배운 것이라 새겼습니다. 그랬더니 바로 매가 떨어졌습니다.

"너는『금강경』을 잘못 보았다. 도대체 어느 강사가 그렇게 가르쳐 주더냐? 네가 이 문중에 들어와서 밥을 먹고 시주의 은혜를 입었는데 헛 밥 먹었다. 당장 나가거라."

기가 막히는 일이지요. 이 말을 듣고 나서 능소能所를 떠나서 새겨 보려고 해도 새길 수가 없었어요. 답답한 심정은 이루 말할 수가 없었고 전백장 후백장을 물었을 때 낮밤이 사흘이나 지나가는 것도 몰랐어요. 사흘 만에 홀연히 깨친 바가 있어 송을 바치니 너는 강사 노릇 하지 말고 참선하라고 하는 딱 한마디에 중강을 걷어치우고 걸망지고 선방으로 갔습니다.

'여래를 본다'는 것이 틀렸다고 다시 새기라고 했을 때 곧바로 발버둥을 치며 생각해 보았던 것입니다. 선방에 다니면서 여러 스님에게 물어보니 '상 아닌 것으로 보는 것은 곧 여래가 본 것'이라고 하는데 그것 역시 미지근하니 확실히 끝나는 것이 아니고 때가 낀 것입니다. 그것을 여기서 가르쳐 주면 좋겠지요. 그러나 이 문제는 본인이 해결해야 됩니다. 말이나 이론으로 배우면 다른 데 가서 막혀 버려요. 그것이 탁 해결되면 다른 데 가서도 겁이 안 나요. 척척 해결이 되거든요. 그래서 한 번 투득透得해 해결되면 모든 것이 몰록 빠져 들지 않는다고 한 것입니다.

그 후 다시 선방에서 8년 동안 화두공안을 참구하다 스승을 만나서 언하에 깨달은 바가 있었습니다. 이 공부는 실참實參을 해야 합니다.

여기 색신 중에 진공이 있고, 진공이 각성이고, 각성이 모든 것을 나타내니 이 진공이 각성으로 나타난 것입니다.

영가현각 스님은 "환화의 빈 몸뚱이가 곧 법신이다. 법신을 깨달으면 한 물건도 없으니, 본원자성이 곧 천진불이로다."고 하였고, 선진僊眞은 "형체가 있는 거짓 모습 안에 모습 없는 참 형체를 포함하고 있다."고 하였으며, 금릉보지 스님은 "모양이 있는 몸 가운데 모양이 없는 몸이 있다."고 하였다.


永嘉云 幻化空身卽法身 法身覺了無一物 本源自性天眞佛 僊眞云 有形假相內 包無相眞形 寶公云 有相身中無相身

영가현각(永嘉玄覺, 665~713) 스님은 『육조단경』에도 나오는 걸출한 대선사로 공부를 하여 본성을 확연히 깨쳐 육조 혜능(六祖慧能, 638~713) 스님에게 인가를 얻으신 분입니다. 환화와 공신 두 가지를 말했지만 두 가지가 다르지 않습니다. 꿈과 같은 것은 비어 있는 몸입니다. 일체 만법을 공신으로 보았어요. 보는 눈이 다릅니다. 색신을 부숴 가루로 만들어 없어진 것을 공이라고 보는 것은 성문 · 연각의 이승의 시각입니다. 여기에서는 일단 모든 것을 볼 때 마음으로 봅니다. 천태만상이 마음이며, 여기 있는 주장자도 마음의 다른 이름입니다. 모두가 마음인데 이름만 달리 바뀌었을 뿐입니다.

환화공신 그대로가 법신입니다. 앞에서는 색신 속에 뭐가 있는 듯이 이야기하지만 여기에서는 능소가 갈라지지 않지요. 육조 스님은 한 물건도 없다 하셨어요. 또 어떤 선지식은, 한 물건도 없다 해도 나는 그것을 인정해 줄 수 없다 했어요. 그럼 그것이 어떻게 성립되는가.

조주 스님이 어느 날 선방에 들어갔어요. 선방에 들어가서 참선하고 있는 스님을 두리번 두리번 살피면서 무엇인가 잃어버려서 찾는 시늉을 합니다. 수유茱萸 스님이 그것을 보고 해괴하게 여겨 물었습니다.

"무엇을 찾으십니까?"

"물[水]을 찾습니다."

잠시 생각하다가 다시 물었습니다.

"이 자리에는 물이 한 방울[一滴]도 없는데 무엇을 찾습니까?"

조주 스님이 얼른 돌아서서 벽을 안고 더듬으면서 지팡이를 문 앞에다 대 놓고 아무 말 없이 돌아서서 갔습니다.

이것이 조주고벽趙州靠壁의 공안입니다. "이 자리에는 물이 한 방울도 없는데 무엇을 찾습니까?" 하고 물었을 때 왜 돌아서

서 벽을 더듬으면서 문을 열고 곧장 나갔을까? 모르는 사람은
벽을 더듬었으니까 찾는 형색을 취하고 나간 것이겠지 하고 생
각하겠지요? 그러나 그것하고는 거리가 멉니다. 여기서 바로 볼
수 있다면 더 말할 것 없이 여러분이 인천人天의 스승이고 부처
님과 조사의 스승입니다.

　이 대목에서는 색과 공을 나누어서 말한 것이 아니고 그것
그대로가 근원자성이고 천진부처입니다.


### ▌ 후송 ▐

돌!
알았는가?
복숭아꽃은 붉고 버드나무는 푸르고 매화꽃은 희니 모두
동군의 조화로 이루어진 것이다.

　咄 理會得麼 桃紅柳綠紅梅華白 總是東君造化成


　허공의 조화는 저절로 이루어지며
　대지산하의 체는 한 뭉치이다.
　가는 곳마다 모양을 나타내나 사람이 알지 못하니
　스스로의 주인공을 매했기 때문이다.

虛空造化自然工 大地山河體混融
隨處現形人不識 自家昧了主人公


**▌강설▐**

　따뜻한 봄바람이 우주 법계에 불어와서, 봄바람의 기운이 흰꽃과 푸른 잎으로 모양을 나타내 보입니다. 흰 매화꽃을 볼 때 꽃만 보지 말고 바로 하나의 우주 법계에 꽉 차 있는 봄을 보십시오.

　양무제가 달마 스님에게 불법이 무엇이냐고 물으니 확연무성廓然無聖이라 했고, 나를 대하는 자 누구인가 하니 알지 못한다[不識]고 했습니다. 이것은 불법을 아는 사람만이 압니다.

　백장유정 스님이 남전보원(南泉普願, 748~834) 스님에게 물었습니다.

　"부처님도 설하지 못한 법이 있습니까?"

　"부처님도 설하지 못한 법이 있습니다."

　"그것이 어떤 것입니까?"

　"불시심不是心 불시불不是佛이요 불시물不是物입니다."

　남전 스님이 반문합니다.

　"나는 스님이 나한테 물어서 '부처님도 설하지 못한 법은 마음도, 부처도, 물건도 아니다.'라고 하였습니다. 스님은 어떻게 생각하십니까?"

"나는 선지식이 아니라 알지 못합니다."

이 말을 여러분이 바로 알면 이 세상 최고의 지혜 안목을 갖춘 선지식이 됩니다. 일생 동안 참선을 하였는데 왜 알지 못한다고 했을까요. 이것을 알아야 합니다. 이것만 척 알아차리면 돼요. 우리나라에는 현재 참선하는 분들이 참 많습니다. 그런데 공부에 대해 스승에게 지도를 잘 받는 분은 드물 뿐 아니라 현재 있는 스승을 불신하는 일도 많습니다. 이런 풍토가 된 것이 가슴 아픕니다. 선방에 지도하는 분이 없다 보니 화두를 참구하면서 자기도 모르게 관법을 하고 있고, 화두를 참구하면서 묵조선을 하고 있습니다. 오래 하다가 의심이 불길같이 일어나면 일주일 만에 해 마치는데 의심이 안 일어나다 보니 그 화두를 도망가지 못하게 붙드는 공부를 하는 것입니다. 자꾸 붙들고, 집중하다 보니 자기도 모르게 관법이 됩니다. 스스로는 참선을 한다고 하는데 의심이 안 가니까 묵조선이 되는 것입니다.

원래 묵조니 간화니 하는 것은 흠을 잡을 것이 없는 것입니다. 다만 선이라는 글자가 붙으니 논란이 따르는 것일 뿐입니다. 간화선에도 허물이 있고 묵조선에도 허물이 있어요. 간화선도 공부를 하다 보면 엉뚱한 공부를 하게 되니까 허물을 잘 알아야 합니다. 원래는 묵조니 간화니 하는 말이 없었지만 중간에 대혜 종고 스님과 굉지정각 스님 때부터 양단으로 벌어졌어요.

묵조黙照라는 것의 '묵'은 천진 본연자리, 일체의 모든 능소能所가 끊어진 고요한 자리를 말합니다. 분별하는 작은 생각조차 끊어지고 일체가 없이 확연히 터져서 적적요요하여 걸림이 없는 그 자리에서 천태만상을 고요히 비춥니다. 여러분이 일체 모든 것을 고요히 보고 거울처럼 보았다면 거기에는 어떤 문제도 없이 완벽하게 이루어지게 됩니다. '컵이다' 하면 컵이지, '아니다' 하면 아니지, '컵도 아니고 컵이 아닌 것도 아니다' 하면 무엇인가? 척 하니 분명하게 대답이 나옵니다.

그러나 후래 학자들이 경계에 닥쳐서 그렇게 되지 않으니까 그렇게 해보려고 마음자리를 비추어서 들여다보는 공부를 하다 보니 문제가 생깁니다. 그것이 관觀입니다. 회광반조하여 가만히 비추어 봅니다. 그렇게 고요해서 아무것도 없는 것에 빠지다 보면 성성한 것을 잃어버립니다. 고요한 맛을 취하다 보면 날짜 가는 것을 모릅니다. 안으로 비추어 보는 것은 본성을 지키고 앉아 있는 사람입니다. 도둑이 들어올까 밖에서 보초를 서서 지키는 것과 같습니다. 그러나 그것은 죽은 물건입니다. 만일 이 세상 사람이 그런 짓을 하면 다 죽이라고 했어요. 생산적인 것도 아니고, 아무것도 없는데, 정신 차리고 깨어나면 후루루 무너지는 것입니다. 묵조 자체는 완벽한데 묵조선을 하다 보면 십중팔구 그렇게 되기 쉽습니다.

또 간화를 하다 보면 의심이 없어져 송화두誦話頭, 염화두念話頭가 되고, 애쓰면 5분, 10분 정도 붙들려 있습니다. 이것은 힘이 많이 듭니다. 자기도 모르게 화두를 붙드는 공부를 하다 보니 관법으로 나가기 쉽습니다. 자기도 모르게 관을 하고 있는 겁니다. 의심이 없으면 화두공안은 힘듭니다. 묵조에는 의심을 일으키라는 말이 없지요. 간화선만이 의심을 일으키라고 하였고, 의심을 일으켜야 잠도 오지 않고 성성적적惺惺寂寂합니다. 천지에서 별빛이 번쩍번쩍하고, 그 빛나는 자체가 적적합니다.

묵조는 본분사에서 이야기하는 것입니다. 굉지 스님에게 간화선 하는 분이 죽은 물건이라고 몰아 부치자 굉지 스님은 반대로 화두 하는 사람은 화두에 집착하기 때문에 도리어 본심을 잃어버린다고 칩니다. 원래 할 것이 없는데 왜 그런 집착을 하는가? 그런 말 농간에 후래 학자들이 놀아나고 있습니다. 묵조선 하는 사람은 굉지 스님의 말을 좋아하여 굉지 스님의 말에 놀아나고, 간화선하는 사람은 대혜 스님이 굉지 스님이 해 온 것을 죽은 물건이라고 치는 것을 좋아합니다. 이렇듯 자기의 안목이 없기 때문에 고인들의 말장단에 놀아난 겁니다. 묵조든 간화든 다 본분사에서 하는 이야기로 다만 쓰는 것만이 다를 뿐입니다. 묵조선의 근원은 청원행사靑原行思 스님까지 올라갑니다.

선가의 5종 중에서도 임제종, 조동종, 운문종이 가장 많이 번성했습니다. 굉지 스님은 조동종의 일맥을 이어 나오신 분이에요. 월내 관음사에 가면 주련에 조동종과 임제종의 가풍을 잘 말해 놓았어요. 임제종에 대해서는 이렇게 말했습니다.

한 주먹으로 황학의 누각을 부수고
한 번 뛰어서 앵무주를 뛰어넘었다.
의기가 있을 때 의기를 더하고
풍류가 아닌 곳에 풍류가 일어난다.


一拳擘倒黃鶴樓 一翻踢踏鸚鵡洲
有意氣時添意氣 不風流處也風流


그리고 조동종에 대해서는 다음과 같이 말했어요.


옥마가 샘 속의 달과 물을 삼켜 바짝 말리고
진흙소가 유리로 만들어진 밭을 갈아엎는다.
가죽과 털을 쓰고 뿔을 인 것이 다른 데서 오니
천상과 인간에 이런 사람이 몇이나 될까?


玉馬飮乾明月泉 泥牛耕破琉璃地
皮毛戴角異中來 天上人間能幾幾


　　이것이 다 본지풍광에서 나온 말이지만 밖으로 나타나는
기세가 조금씩 다릅니다. 그러나 이러나저러나 다 본분사일 뿐
입니다. 임제종을 표현할 때는 이렇습니다.

평지에서 파도가 일고
맑은 하늘에서 번갯불이 번쩍번쩍한다.

平地風波 靑天霹靂

그리고 조동종에 대해서는 이렇게 말합니다.

불조佛祖도 나시기 이전, 아무것도 없던 그 전
똑바른 것 치우친 것, 있는 것 없는 것에 떨어지지 않는다.

佛祖未生空劫前
正偏不落有無空

대단하지요. 모르는 분은 흔히 묵조는 전부 안 되는 것이라
고 말하지만 본지풍광에서 그대로 쓰면 아무런 시비가 없습니
다. 조동종과 임제종은 서로 시비한 적이 없습니다. 선지식끼리
함께 만나면 희희낙락했어요. '흰 암소와 표범이 서로 만나 교미
를 하고 있더라.' 표범은 흰 암소를 잡아먹어야 되는데 그게 무
슨 소식입니까?
　다만 문제의 발단은 선禪을 한다는 데에 있습니다. 묵조하
면 일체를 고요히 비춘다, 일체 모든 망상이 없이 그대로, 밝은
달이 고요히 만상을 비추듯이 비출 뿐이라는 말을 들었거든요.

우리의 본성이 있다고 계속 그렇게 생각을 하고 있어서, 본래 마음이고 부처구나 생각을 하고 있잖아요. 막상 일에 부딪치면 안 되니까 당장에 집착하여 따라 나갑니다. 상대방이 폭언을 하거나 집안에 무슨 일이 일어나면 당장 따라 일어납니다. 거기에서 따라가지 않고, 본성을 잃어버리지 않아야 되고, 매하지 말아야 되는데 잘 안 됩니다.

선지식이 가르칠 때 간화선의 임제종에서는 3현 3구로 제접을 합니다. '뜰앞의 잣나무니라' '앞니에 털이 났다' '삼 서 근이다' 등등 직관적으로 바로 일러줍니다. 여기에서 근성이 있는 사람은 곧바로 깨닫습니다. 달정 스님은 조주 스님이 무無했을 때 바로 깨달았잖아요. 오늘날 후래 학자들은 무하는 데 매달려 있고, 정전백수자에 매달려 따라가니 거기에서 문제가 생기는 겁니다.

묵조선에서는 본지풍광 자리에서 말을 합니다. '본래 성성한데' '외로운 밝은 달은 백천 세계에 비추어 조금도 걸릴 것이 없는데 너는 쓸데없이 제2에 매달려 그대로 앉아서 뭐하는 짓이냐?' '바로 보아라!'고 하는 것이 그것입니다. 그때 그분들은 되었는데 후래 학자들은 안 되니까 '본래 환히 비추는 성품이 있구나!' 하고 마음을 들여다보고 찾아봅니다. 가만히 앉아서 무념무상, 한 생각도 일으키지 않고 본성자리를 지키고자 합니다. 그래서 고요한데 집착하여 그 많은 세월을 보내면서 일도 안 하고 가만히 앉아 있어요. 그것이 묵조선은 아닌데, 그 짓을 하기가 십중팔구입니다. 본래 밝고, 본래 부처이며, 본래 청정하다고 했으니까, 그렇게 되어 버리면 아무 문제가 없는데 어떻게 할까 하는 생각 끝에 한 생각도 없는 곳에서 고요히 들여다보려고 하는 것이 문제인 것입니다. 하다 보면 고요함을 취하여 한량없이 죽는 것입니다. 바로 그 점을 꾸짖은 것이지, 대혜 스님이 묵조 전체를 나무란 것은 아닙니다.

후래 학자들이 그렇게 공부하다 보면 고요한 것을 취하여 깨닫기 어려워지고 점점 죽은 것이 됩니다. 간화는 묵조의 허물을 지적한 것이고, 묵조는 간화의 허물을 지적한 것입니다. 간화는 하는 사람이 바로 언하에서 근본의 본지풍광을 낚아채서 깨달으면 되는데, 말을 따라가서 그걸 붙잡고 애를 씁니다. 자꾸 붙들려고 하고 도망가고 하니까 이것이 무엇인가 하고 자꾸 생각을 하게 되지요. 나중에는 의심이 없고, 붙드는 시간만 늘어나 5분도 붙들고 30분도 붙들게 되는데 그것이 관법이 되는 것입니다.


오래 전에 30년 간 참선했다는 보살이 찾아와 희한한 소리를 했습니다.

"저는 화두가 내립니다."

"화두가 어디로 내립니까?"

"팔다리로 먼저 내려옵니다.'

"그게 무슨 소리에요. 팔다리로 어떻게 내립니까?"

팔다리가 찌릿해지면서 화두가 거기에 들어온다는 것이

에요.

어느 스님이 화두를 온몸으로 들라고 하는 소리를 듣고 나서 화두를 들었는데, 몸 전체로는 아직 안 되지만 이제 팔다리로 내리는 정도가 되었다는 것입니다. 조금 있으면 배로, 목으로 올라오면서 전체로 기운이 오면 몸 전체로 화두를 드는 것이라고 착각을 한 것입니다.

행주좌와 어묵동정, 일체처 일체시에 그대로가 '이뭣고' 하나라고 말해 주면 쉬운데 몸 전체로 화두를 들라니까 이해를 못한 것입니다.

화두라는 것은 다만 알 수 없는 이것이 무엇인가 하는 의심만이 공부입니다. 의심이 없으면 죽은 물건입니다. 의심 없이 붙들려고 하면 집중이 되어 관법이 됩니다.

동動하는 것이 동하지 않는 것이고, 동하지 않는 것이 동하는 것입니다. 법성자리, 각성자리는 움직이는 것입니다. 아마 이런 정도로 움직일 거야 하고 생각으로 측량할 수 있는 것이 아니고, 육안과 생각으로 한계를 지을 수 없는 무한대의 움직임입니다. 움직이기 때문에 생동감이 있고 살아 있습니다. 공부하면서 적적한 데 취하여 자기의 본성을 지키고 있으면 결국은 죽은 물건입니다. 활발발하지 못하고 본래의 본성자리를 안 움직이려고 하는 것도 거역하는 것이고, 움직이려고만 하는 것도 거역하는 것이 됩니다. 거기에는 이것이다 저것이다 하는 시비가 끊어져 있으면서도 끊어진 곳에서 무한대하게 움직입니다. 무한

대하게 움직이는 것은 움직이면서도 움직이지 않습니다. 예를 들어 주장자를 움직였다고 합시다. 그러면 주장자가 움직였다고 말합니까? 아니지요 법성자리의 움직임 역시 본인 자신의 생각으로 헤아리는 데서 일어나는 것일 뿐입니다. 바로 그때 움직였다고 감지하고 생각하는 그것을 추적해 들어가 보세요.

　　그놈이 움직인 데가 있습니까? 사실은 터럭만큼도 움직이는 데가 없어요. 이걸 공부하여 확실히 알면 대답이 뚜렷해집니다. 주관과 안목이 투철하고 분명하여 자기 자신이 어디에 처해 있어도 당당하게 말할 수 있습니다.

# 공불이색

## 空不異色

**■ 주해 ■**

색과 공은 하나이건만 세상 사람들이 스스로 색과 공이 있
다고 분별하는 것이다. 도가에서는 "대방大方은 구석이 없고 뒤
섞여서 한 몸이다."라고 하였으며, 불가에서는 "삼천대천세계를
합하여 한 세계를 이룬다."고 하였고, 유가에서는 "동산에 올라
보니 노나라가 조그맣고, 태산에 올라보니 천하가 작더라."고 하
였다. 앞에 있는 우거진 울타리를 치워 버리면 이쪽과 저쪽의 구
별이 어디 있겠는가? 옛사람은 "현성들은 항상 평등한 지혜를
행하며 분별상을 내지 않는다."고 하였다. 삼교의 현성도 또한
공하며, 사생·육도도 또한 공하다. 위로는 부처님으로부터 아래
로는 미물, 곤충, 초목까지도 각각 본래 모두 공하다.

色空無[14]一種 世人自分別 道云 大方無隅 混然一體 釋云 總

三千界 成一世界 儒云 登東山而小魯 登泰山而小天下 撒[15]去蕃蘿
何彼何此 古云 賢聖常行平等智 不生分別相 三教賢聖亦是空 四生六
道亦是空 上至仙佛 下至混蟲草木 各各元本總是空


**▌ 강설 ▌**

사지四智 가운데 제7식을 뒤집어 평등성지平等性智를 이룹니다. 누구나가 골고루 여래의 지혜를 가지고 있습니다.

공 도리만 바로 보게 되면 곧바로 깨달음의 문으로 들어가 본성을 바로 알게 됩니다. 그러나 이 세상 사람들은 꿈에도 보지 못할 뿐 아니라 들어 보지도 못합니다. 공했다 하면 허공처럼 생각합니다. 고속버스를 타고 가는데 어느 사람이 이런 말을 합니다.

"모든 것은 공한 것 아닙니까? 지금 차를 타고 가는데 굴을 지나가지 않습니까? 본래 굴이 아닌데 뚫어 놓고 보니까 공하지 않았습니까? 모든 물체가 공한 것 아닙니까?"

요새 서양의 과학자들이 물체를 부숴 놓고 보니까 아무것도 없더라고 합니다. 없는 가운데 미미한 것이 있는데 그것은 육안으로 측량할 수 없답니다. 그렇게 아는 것은 성문 연각의 공이고 진정한 공의 도리가 아닙니다.

또한 대박[16]이 아직 흩어지기 이전, 음양이 나뉘기 이전, 두 가지 의儀가 나뉘기 이전, 3재가 세워지기 이전에 무슨 나라고 하는 것이 있겠는가? 원래 다 하나의 도리이다. 대박이 흩어졌기 때문에 천지가 합해지고 3재가 성립되고 그래서 우주만유가 번식되어 생겨났다. 지금에 이르러서 근본으로 돌아가지 못하니 무엇 때문인가? 다만 중생이 집착하기 때문에 원래 공인 줄을 알지 못하고 자기를 미혹해 대상 경계를 따라 마음에 전도된 견해를 내며, 대상경계를 따라 유전하며 하나에 돌아가지 못한다. 근기와 보는 것이 같지 않아 색에 집착하고 공에 집착하여 색이다, 공이다 하는 두 가지 견해를 따르게 된다.

且大朴未散 陰陽未判 二儀未分 三才未立 有甚作我 元來皆一箇道理 因大朴散 天地合 三才成立 萬有滋生 直至如今 不能返本爲何 只因衆生執著 不知元來是空 迷己逐物 心生倒見 隨物流轉 不能歸一 機見不同 著色著空 隨色空二見

■ 강설 ■

미혹하기 때문에 찰나에 따라갑니다. 말을 들으면 말을 따라 가고 이해와 생각으로 물체를 보고 잘못 판단합니다. 참 공을 알지 못하고 자기를 잃어버립니다.

상대방이 화나게 하는 소리를 한 번 해보지요. 곧바로 따라갑니다. 모든 중생을 따라가 자기를 잃어버립니다. 조주 스님도 분연히 시비하면 자기를 잃어버리고, 근본 마음은 꿈에도 보지 못한다고 했습니다.

'뱀은 돌이 보이지 않고 개는 색깔을 보지 못한다.' 아름다운 아내는 남편이 보기에는 사랑스럽지만 시어머니가 보기에는 미울 수 있습니다. 그리고 집안의 심부름꾼은 그 아름다운 여인에게 무관심합니다. 전도된 눈으로는 모든 것을 거꾸로 보기 때문에 공의 도리를 보지 못하는 것입니다.

색이다 공이다 하니까 여러분은 바로 공에도 따라가고 색에도 따라가지 않습니까?


**▌ 주해 ▐**

만약 어떤 사람이 여기에서 확연히 공을 깨달으면 몸과 마음이 평등하고, 안과 밖이 둘이 없어 공과 색을 보지 않으며, 사물에 끄달려 다니지 않고, 경계에 속지 않을 것이다. 모두 평등한데 어떻게 하나가 있겠는가. 문득 하나에 돌아가면 다만 하나가 또한 많음[多]이다. 중양 조사는 "근원을 껴안아 하나를 지키는 것이 공부이고, 땅은 오래 되고 하늘은 높고 커서 하나조차도 없다."고 하였고, 고덕은 "만법이 하나로 돌아가는데 하나는 어디로 돌아가는가?"라고 하였다.

若人於此 廓然悟空 平等身心 內外無餘 不見空色 不被物使 不
被境瞞 一槩平等 有何一也 便得歸一 只這一也是多了 重陽祖師云
抱元守一是功夫 地久天長一也無 古德云 萬法歸一 一何歸


**▌ 강설 ▌**

공은 깨달아야 아는 것입니다. 공을 깨닫기 전에 아는 것은
사량 분별이고 아는 것이 아닙니다. 공을 알기 이전에는 내가 만
물을 부리지 못하고, 내가 아닌 제2의 물건이 나를 부립니다. 참
선하다가 홀연히 한 생각이 일어난 것에 왜 속습니까?

2년 전에 함안에 있는 종단의 원로 스님이 입적하셨는데
다비식에는 가지 못하고, 49재 때 법문 좀 해달라고 하여 갔습니
다. 가보니 종단의 원로 스님들이 많이 와 계셨어요. 그 스님은
정화 때 공로가 많은 분이었습니다. 법문은 간단히 했습니다.
저녁에 어떤 비구니 스님이 저를 찾아왔습니다.
"스님, 저는 일찍이 깨친 바가 있었습니다."
"그래요! 어떻게 깨쳤지요?"
"무인도에 있으면서 『금강경』을 독송했습니다. 일념으로
외우고 있는데 갑자기 섬도 없어지고 물도 없어지고 온 대천세
계에 빛이 하나 있었습니다. 그래서 '이것이다' 하고 깨달은 바
가 있었습니다."

"그것을 깨친 것으로 생각합니까?"

"그렇습니다."

"그건 잘못된 것입니다.『금강경』을 잘못 보셨습니다."

"어째서 그렇습니까?"

"『금강경』에 '만약 모양으로 나를 보거나 음성으로 나를 구하는 자는 삿된 도를 행하는지라 여래를 볼 수 없다[若以色見我 以音聲求我 是人行邪道 不能見如來].'고 했습니다. 빛을 본 것은 색을 본 것인데 어찌 그걸 보고 깨쳤다고 합니까? 그것은『금강경』을 제대로 본 것이 아니고 경계에 속은 것이지요."

"알겠습니다. 제가 몰랐습니다."

"다시 공부하세요! 화두를 공부하는 데에는 그런 것이 없습니다. 털끝만큼이라도 무엇을 본 것을 가지고 깨쳤다고 하면 깨친 것과는 천 리 만 리나 먼 것입니다."

**▌후송▐**

그대는 하나가 돌아간 곳을 알고자 하는가?

자, 말해 보아라! 하나는 어디로 돌아갔는가?

에잇!

개가 펄펄 끓는 기름 솥을 핥는구나.

알았는가?

一歸之處 要君知 且道 一歸何處 咦 狗舐熱油鐺 理會麼

사람과 소를 인식하지 못하며 아득히 자취조차 없고
도의 끝까지 이르러 공이 와도 공이 아닐 때
한 조각 흰 구름으로 돌아가니
오직 밝은 달만 남아 하늘을 비추더라.


人牛不見杳無踪 盡道空來不是空
一片白雲歸去也 惟留明月照玄穹


**▌ 강설 ▐**

전에 어느 스님이 월내 관음사 향곡 스님에게 '만법귀일 일
귀하처萬法歸一 一歸何處'를 깨달았다고 찾아갔습니다.

"어떻게 깨달았느냐? 하나는 어디로 돌아갔지?"

"만법으로 돌아갔습니다."

"에라! 이놈아! 그걸 밥 먹고 깨달았다고 하는 것이냐? 만
법은 하나로 돌아가고 하나는 만법으로 돌아가고 빙빙 잘 돌려
라."

그렇게 대답하는 분이 없지 않아 있습니다. 어느 선지식은
일귀하처에 대하여 합合이라고도 했습니다.

◉

# 색즉시공
色卽是空

◉

▌강설▐

(주장자를 들어 보이시며)

시회대중은 아시겠습니까? 이것이 공입니까? 아니면 고요한 것이라고 해야 합니까?

고요한 것이 아닙니다. 움직이는 것이라고 하면 더욱 거리가 멀어집니다. 여러분은 뭐라고 해야 되겠습니까?

악!

구멍 없는 쇠뭉치요 펄펄 타는 불덩어리이다.

無空鐵鎚 大火聚團

색불이공 공불이색은 성문·연각의 이승의 경지이고, 색즉시공 공즉시색은 대승보살의 경지입니다. 대천세계의 모든 것을 손가락 하나 까딱하지 않고 공으로 보았습니다.

▌ 주해 ▌

색 가운데 공이 있지만 세상 사람들은 보지 못한다. 눈은 색이라 사물을 볼 수 없으며, 다만 진공의 묘한 성품만이 볼 수 있다. 귀는 색이라 소리를 들을 수 없으며, 다만 진공의 묘한 성품이 듣는 것이다. 코는 색이라 냄새를 맡을 수 없으며, 다만 진공의 묘한 성품이 아는 것이다. 혀는 색이라 말을 할 수 없으며, 다만 진공의 묘한 성품이 말을 하는 것이다. 몸은 색이라 촉감을 느낄 수 없으며, 다만 진공의 묘한 성품이 촉감을 느끼는 것이다. 다리는 색이라 걸을 수 없으며, 다만 진공의 묘한 성품이 걷고 달리는 것이다. 손은 색이라 잡을 수가 없으며, 다만 진공의 묘한 성품만이 가려잡는 것이다. 이와 같이 진공묘성이 없으면 눈으로 볼 수 없고, 귀로 들을 수 없으며, 코로 냄새를 맡을 수 없고, 혀로 말을 할 수 없으며, 다리로 걸을 수 없고, 손으로 물건을 잡을 수 없다. 의근은 이름만 있을 뿐 모양이 없지만 쪼개 나누면 팔만 사천 가지의 견문각지가 되며, 그것은 모두 육근으로 돌아간다.

空在色中 世人難見 眼是色 不能見物 只是眞空妙性能見 耳是

色 不能聽聲 只是眞空妙性能聽 鼻是色 不能知香臭 只是眞空妙性能
知 舌是色 不能言語 只是眞空妙性能言 身是色 不能覺觸 只是眞空
妙性能覺觸 脚是色 不能行走 只是眞空妙性能行走 手是色 不能拈掇
只是眞空妙性能拈掇 且去眞空妙性 無眼能見 無耳能聞 無鼻能嗅 無
舌能言 無脚能行 無手能拈 意根有名無形 分爲八萬四千見聞知覺 總
歸六根

**▌ 강설 ▌**

중생은 눈앞에 보이는 육신의 눈에 속고 있습니다. 그래서
전도顚倒입니다. 우리가 그대로 쓰면 되는데 근기가 하열하여 언
하에 깨우치지 못하기 때문에 선을 하는 것입니다. "내가 당신
몸이 필요하니 당신을 죽이겠소." 하면 아무런 공포심도 아끼는
마음도 없이 척 하고 내줄 수 있겠습니까? 이 세상 사람들은 자
기 몸을 가장 아끼고 집착하기 때문에 그렇게 되지 않습니다. 본
지풍광의 마음을 드러내서 쓰면 일체의 애착심, 공포심, 집착심
이 없어서 작은 것에 머물러 시시비비의 장단에 놀아나는 그런
마음을 쓰지 않습니다. 그대로 바로바로 행합니다.

**▌ 주해 ▌**

몸에 두루해서 신통묘용을 다 쓰고 있다. 옛사람은 "몸을

통해 있는 것이 이것이고 몸에 두루한 것이 이것이다."라 하였고, 도가에서는 "다른 곳에서 멀리 찾으려 하지 마라. 하루 종일 24시간 내내 온몸을 둘러싸고 있다."고 하였다. 색과 공이 다르지 않은 묘한 이치가 모두 드러나니, 색을 색이라 하면 참다운 색이 아니며, 공을 공이라 하면 진공이 아니어서 모두 대공에 돌아간다.

徧身互用 神通妙用 古云 通身是 徧身是 道云 不須他處遠搜尋 十二時中遶徧身 色空不異 妙理全彰 色可色非眞色 空可空非眞空 總歸大空

**∥ 강설 ∥**

전에는 공이니 색이니 하는 것을 부정하고 따로 묘리가 있는 것처럼 하였는데 여기에서는 색과 공이 조금도 다르지 않다고 했습니다. 전창全彰은 전체가 환히 밝게 드러난 것을 말합니다.

**∥ 주해 ∥**

자, 말해 보아라! 이 이치가 어떠한가?
야보도천 스님은 "모양이 있고 추구함이 있는 것은 다 망령된 것이며, 모양도 없고 그림자도 없는 것은 편고偏枯에 떨어진 것이다. 당당하고 세밀한데 어찌 틈이 있겠는가? 한 길 차가운 빛이 태허공에 빛날 뿐이다."고 하였고, 『도경』에서는 "공과 공 아닌 것을 알고, 색과 색 아닌 것을 아는 것을 비춤[照了]이라고 한다." 하였다.

且道 此理如何 川老有云 有相有求皆是妄 無形無影墮偏枯 堂堂密密何曾間 一道寒光爍太虛 道經云 知空不空 知色不色 名爲照了

### ▌강설▐

나무가 바짝 말라 이파리 하나 없는 것을 편고라고 합니다.

### ▌후송▐

나는 지금 장황하게 말하고자 한다. 만약 일체의 모양이 있는 대상 경계를 보면 집착하지 않게 하며, 망정을 잊고 생각이 끊어진 곳에 이르면 진眞에 미하지 않게 하라. 상에 집착하면 있음[有]에 집착하고, 진에 미혹하면 공에 떨어진다. 만약 공에도 집착하지 않고 있음에도 집착하지 않으면 이 사람은 비로소 '일을 마친 사람'이라 할 수 있다.

알았는가?

졸지 말고 성성(초롱초롱)하라.


予今不免饒舌說破 若見一切有相境物 休敎染著 若到情忘念絕
之處 休敎迷眞 著相則著有 迷眞則落空 若不著空不著有 方是了事
底人 省麼 休得瞌睡惺惺著


만 개의 구멍이 모두 한 구멍 때문에 통하니
한 구멍은 능히 태허공을 받아들인다.
고요한 가운데 한 구멍을 붙잡아 머문다면
손을 털고 다 대도 속으로 돌아가리라.


萬竅都因一竅通 一竅能納太虛空
若還拿住玄中竅 擺手皆歸大道中


## ▌강설▌

참선을 할 때 한 생각 일어나기 이전, 즉 이놈이 무엇인가
하고 한 생각 일어나기 전을 되짚어 가만히 그 자리를 관하다 보
면 잠이 옵니다. 잠이 안 오더라도 고요한 것을 취하다 보면 내가
있는 건지, 없는 건지, 시간이 가는지 전혀 모르고 몰록 지나 가
거든요. 그렇게 공부한 분들이 저에게 찾아와서 공부에 상당한
경지가 있고 힘을 얻었다는 말을 합니다. 그리고 통틀어 그것뿐

이라는 것을 알았다고 합니다. 그러므로 한 생각 이전을 짚어 들어가라고 가르치는 분도 있다는 것입니다. 그래서 이 공부는 참으로 어렵습니다. 오랫동안 고요한 곳에 취하여 며칠을 보내는 일이 많습니다. 그런 후에는 본인이 '이거구나!' 하는 사견이 생겨 사람을 버리는 수가 많습니다. 솔직히 그런 사람은 공부 안 한 사람보다 오히려 못해 '버린 사람이다' '잘못되었다' 하면 말을 듣지 않고 도리어 엉뚱한 소리를 하고 고집을 피우면서 대듭니다. 스님들도 그런 분이 있고 마을의 불자님들도 그런 분이 참 많습니다.

얼마 전에 서울에서 거사님 한 분이 찾아왔습니다.

"스님은 공안에 대해 아주 밝다고 소문이 났습니다. 숭산 스님과는 판치생모에 대해 물어 일단 거량이 끝났습니다."

백양사도 갔다 오고 어디 어디에도 갔다 왔다고 해요. 과거에 전강 스님, 효봉 스님, 동산 스님 때부터 오랫동안 정진을 하여 견처가 생겨 큰스님마다 찾아다니면서 거량을 했다고 합니다.

"공안에 대해 밝다고 하시니 스님께 한 가지 물으려고 합니다."

"예, 물으시지요."

"여기가 학림사라고 하는데 학이 몇 마리나 있습니까?"

그래서 소리를 벽력같이 질렀습니다.

"알겠는가?"

거량이라는 것이 상대방이 질문을 해와 확실하게 옳으면 옳다, 그르면 그르다고 짚어 놓고 그 다음 것을 해야 합니다. 그런데 거기에 대한 대답이 없어, 다시 "몇 근이나 됩니까?" 하고 물었습니다. 묻는 말과 동시에 주장자로 어깨를 한 대 쳤습니다.

"이제 몇 근인지 알겠습니까?"

"······."

아무 말 않고 가만히 앉아 있어요.

어깨를 툭 치고 몇 근인지 아느냐고 했을 때 아니면 아니다, 맞으면 맞다고 뚜렷한 대답이 있어야 합니다.


오늘날 공부하는 사람이 스승을 잘못 만나서 그렇게 병들어 있는 사람들로 꽉 차 있어요. '요렇게 물으면 이렇게 대답하면 된다' '딱 이렇게 물어서 이런 대답이 나오면 맞다'고 생각하니 이것이 얼마나 큰 병통입니까? 자기 신세 망치는 일입니다. 이 공부는 진정한 선지식을 바로 만나 바로 지도를 받아야지 그렇지 않으면 일생 동안 공부한 것이 차라리 안 한 것보다 못하게 됩니다.

고요한 데 취하면 안 됩니다. 그러나 공에도 집착하지 않고 있는 데도 집착하지 않으면 바야흐로 이 사람은 일을 마친 사람이라고 할 수 있습니다. 하지만 이 대목이 꺼림칙한 대목입니다. 옛 조사가 말한 것이라도 허물이 있나 없나를 잘 살펴야 합니다.

물론 그릇된 것도 그 분은 법을 쓰기 위하여 말한 것이기 때문에 옳은 것입니다.

어제 『반야심경』 강의할 때 일귀하처를 이야기하면서 소리를 벽력같이 지르고 펄펄 끓는 가마솥을 개가 핥는다고 말했습니다. 색 가운데 공이 있는 것을 사람이 보지 못합니다. 이것은 귀로 듣는 것이 아니라 진공묘성이 보는 것이며 듣는 것이고 맛을 보는 것입니다.

앞에서 진공묘성이 본다고 했는데 도교에서 말하는 것을 보면 아주 흡사합니다. 제법 그럴 듯합니다. 도교, 유교는 부처님 말씀을 능가할 수가 없기 때문에 자기의 존재를 유지하기 위해 나름대로 부처님 말씀에다가 한 마디씩 더 붙입니다. 그러나 뭔가 꺼림칙하고 뭔가 허물이 붙습니다.

게송에서 아홉 구멍 운운한 것은 도교에서 하는 말인데, 내용을 엇비슷하게 해 놓은 것입니다. 도교에서는 임맥을 통하는데 호흡의 기운으로 임맥을 통하는 것입니다. 염통 하나만 통하면 다 통하는 것이지요.

작년에 임맥을 통하는 분이 왔었는데, "처음에는 고생을 좀 했지만 통하고 나니까 자연히 맥이 돌아갑디다. 그래서 항상 젊고 약을 안 먹어도 힘이 넘칩니다. 그런데 답답한 것은 무언가 마음속의 의심이 안 풀립니다."라고 해요.

그래서 제가 그랬습니다.

"그거 소용 없다. 이 몸은 태어나면 없어지는 것인데 그것

돌려서 백 년 더 살면 뭐하겠는가?"

"예, 그렇습니다. 이제 공부를 해야겠습니다."


과거에 설봉 스님이 위산 스님에게 물었습니다.

"색을 볼 때 거기에서 문득 마음을 본다고 하니, 네가 일러 보아라. 도리어 허물이 있겠는가?"

"고인이 그렇게 말한 적이 있습니까?"

"그렇기는 하나 다시 한 번 생각해 보아라!"

"그렇다면 이르지 않겠습니다."

위산 스님이 호미를 들고 말없이 나갔습니다.

위산 스님이 재차 설봉 스님을 참례하러 가니, 스님이 물었습니다.

"어디서 오는가?"

"저는 총령에서 오는 길입니다."

"오다가 어느 곳에서 달마를 만나 보았느냐?"

"다시 무슨 곳이 있습니까?"

"너는 너에게 있는 것을 믿지 않느냐?"

"화상이여! 공연히 진흙 뭉치 붙이길 좋아하지 마십시오."

설봉 스님이 "쉬어 가라."고 하였습니다.


이것을 깊이 생각해 보세요. 유교와 도교에서는 부처님 말씀에 맞서 보려고 무척 애를 쓰고 불교 경전과 조사어록에 말을 많이 붙여 놓았습니다. 유교에서는 인간의 현실을 도덕적인 것으로 밝히려고 많이 노력했지만 인생 문제를 근원적으로 해결할 방법이 없습니다. 현실의 고뇌를 어떻게 해결할 것인지를 중점적으로 말씀하신 것은 부처님 경전이고 또 조사 스님의 말씀입니다.

『반야심경』 역시 인생문제를 확실히 파헤쳐 더 이상 다른 것을 듣지 않아도 우리의 고뇌를 뛰어넘게 합니다. 『반야심경』은 우리 중생의 고뇌에 대해 어떻게 해결할 것인지를 너무나 잘 밝혀 놓았어요. 여기에 중요한 매개체가 있습니다. 그것은 이 경의 강설이 끝날 즈음에 말해 주고 회향하겠습니다.

수행의 단계에는 삼현三玄 십지十地가 있습니다. 초지 보살부터는 성인이라 할 수 있는데, 그렇기는 하나 7지 보살도 이쪽 언덕이지 저쪽 언덕은 아닙니다. 몽중화두가 성성할 수 있으면 7지 보살입니다. 그 정도만 되어도 죽을 때 매하지 않고 가는 곳을 압니다. 그 경지는 생명이 끊어질 때 가는 곳을 알지만 태어날 때 매해집니다. 깊은 잠속에서도 오매일여寤寐一如가 되면 8지 이상 10지입니다. 그렇다고 하나 깨달아서 본지풍광을 안 것은 아직 아닙니다.

『반야심경』을 들을 때는 심도 있게 모든 것을 내던지고 일념으로 들어야 깨칠 수 있습니다. 모든 것을 내던지고 비워야 하며, 모든 것이 부서져야 합니다. 바닥까지 철저히 부서지라고 하는 것입니다. 이 말을 심도 있게 듣고 의심이 나면 철저히 공부해야 하고, 의심이 안 나면 그 문제를 생각해야 합니다. 그래야 들을 자격이 있고, 끝까지 들으면 '아! 그것이었구나.' 하고 알게 됩니다.

# 공즉시색
## 空卽是色

색은 공 밖에 있는데 사람들이 경계에 속임을 당하는 것이다. 선진僊眞이 말하기를 "도는 만물이 없으면 나타날 수 없고, 만물은 도가 없으면 생겨날 수 없다."고 하였다. 불가에서는 "색을 보면 곧 공을 보며 색이 없으면 공도 보지 않는다."고 하였다. 이로써 살펴볼 때 삼교의 성현은 색이 따로 있고 공이 따로 있다고 보지 않는다. 색과 공 둘 다 없어져 안과 밖의 분별이 없고, 여여하여 항상 그대로이고 광명이 훤하게 비추며 온 우주 세계에 두루하다.

色在空外 人被境瞞 僊眞云 道無萬彙則不能顯 萬彙無道則不能生 釋云 見色便見空 無色空不見 是以三教聖賢不見有色有空 色空雙泯 內外無分別 如如常自然 光明洞耀 周徧沙界

어느 공부하는 스님이 토굴에 있으면서 "천하에 부처도 조사도 나에게는 감히 얼씬도 못한다."고 호언장담, 큰소리를 치니까, 조주 스님이 시봉을 시켜 올라가서 그 스님 방에 가서 묻지도 말고 위로 올라갔다 아래로 내려갔다 그렇게 왔다 갔다 해 보라고 했습니다. 그 스님은 누구든지 찾아가면 응대를 하지 않고 눈을 감고 있습니다. 그런데 자꾸 왔다 갔다 하니까 벽을 보고 돌아앉아 버려요. 왔다 갔다 하는데도 응대를 해주지 않자 할 수 없이 내려옵니다.

조주 스님께 전연 응대가 없다고 말씀드리자 내일 또 올라가서 왔다 갔다 해 보라고 시킵니다. 여전히 응대가 없습니다. 그래서 껑충껑충 뛰니까 돌아 앉아 버리고, 또 그만입니다.

조주 스님이 그 말을 듣고, "그렇지! 내가 일찍이 그 사람을 의심했노라." 했습니다.

의심했다는 말이 무슨 말입니까? 됐다는 말입니까? 아니면 아직 안 됐다는 소리입니까?

과거에 서울 진관사의 비구니 주지 스님이 돌아가셨는데, 망월사의 춘성(春城, 1891~1977) 스님이 49재 지내는 도중에 한 번 들르셨어요. 마침 그때 월내 관음사 향곡 스님이 와 계셨어요.

춘성 스님이 비구니 스님 시자에게, "너의 스님이 돌아가셨을 때 와 보지 못했으니 너희 스님 위패를 가져오너라." 했습니다.

시자가 법당에서 위패를 가져다 앞에 놓으니 향곡 스님이,
"자기도 제도 못하면서 누구를 제도하려고?" 했습니다.

그래도 춘성 스님이 아무 말 없이, 옆에 누가 있는지 없는
지 관여하지 않고 위패 앞에서 입정하려고 앉아 있으니까 향곡
스님이, 다시 "자기도 제도하지 못하면서 누구를 제도하려고 그
래!" 했습니다.

그래도 춘성 스님은 한 십여 분 정도 입정한 후 아무 말 없
이 가버렸습니다. 그렇다면 조주 스님 당시에 그분이 일체 응대
를 안 하니까 조주 스님이 그 스님을 의심했노라 한 것과 지난날
춘성 스님과 향곡 스님이 비구니 스님 위패를 놓고 그렇게 한 거
래가 과연 어떤 것입니까? 그것을 보고 척 판가름할 수 있는 본
인의 안목이 있어야 합니다.

"색과 공이 둘 다 없어졌다."

향곡 스님의 말에 가만히 있었던 춘성 스님은 색을 따라간
것인가, 아니면 안 따라 간 것인가? 그렇게 가만히 있는 것이 능
사인가? 이것이 문제이니 잘 판가름해 보아야 할 것입니다. 대
력금강은 머리는 셋이고 팔은 여섯인데 사방에 눈이 있고 전신
에 무기가 있어서 누구도 근접을 못합니다. 어찌 그냥 묵과할 것
입니까?

그러나 세상 사람은 그렇지 않다. 안과 밖을 나누어 이것을 논하고 저것을 논한다. 모양에 집착하여 분별심을 내어 갖가지 모양을 보고 소리를 따라가고 빛깔을 따라가 미혹하여 참을 깨닫지 못한다. 이 껍질에서 나와 저 껍질로 들어가 전전하지만 그 사실을 알지 못한다. 머리를 고치고 얼굴을 바꾸어 윤회하여 마칠 기약이 없다.

다른 사람의 일을 간섭치 말고 자신이 스스로 찾아야 한다. 어찌하여 일찌감치 머리를 돌이켜 스스로 구하려 하지 않는가.

世人則不然也 分內分外 論彼論此 著相分別 見種種相 隨聲逐色 迷眞不覺 出殼入殼 展轉不知 改頭換面 無有了期 非干他事 是自尋得底 何不及早回頭自救

■ 강설 ■

중생들은 찰나에 따라갑니다. 섣불리 공부하여 인생을 오판합니다. 실제로 점검해 보면 그런 것이 아닌 경우가 많습니다.

■ 후송 ■

자, 말해 보아라! 어떻게 구하는가.

돌!

이전의 썩은 물이 담긴 병은 놓아 버리고, 아픈 곳을 찾아
내어 바로 금침을 놓아라.

且道 怎生救得 咄 放下從前惡水瓶 棟<sup>17)</sup> 著痛處便金鍼

모든 것이 균등한데 무슨 차이가 있겠는가.
본래 이 한 사람의 집이다.
단지 나뭇가지 끝에 집착하고 있어서
종전의 대도의 싹을 미혹했을 뿐이다.

一槩均平有甚差 本來元是一人家
只因著在枝稍<sup>18)</sup>上 迷了從前太道芽

# 수상행식

受想行識

눈으로 보는 까닭에 색을 받아들이게 되며, 색을 받아들인 까닭에 마음에 생각이 있고, 생각하는 까닭에 행동을 마음에 두며, 행동을 마음에 두는 까닭에 식이 있고 (식이 있음으로 인해) 육근이 있음을 알며, 육근으로 말미암아 육진이 생긴다. 한 식識에 문득 사대와 오온이 있고, 오온의 색신이 있으므로 문득 상이 나타나 집착하고 분별하여 소리를 따르고 색을 따른다. 미워하고 사랑하고 근심하고 두려워하는 것이 여기에서 일어나, 생사에 떠돌아 다니면서 잠시도 쉴 겨를이 없다.

因眼見故受色 因受色心有思想 因思想念行 因念行有識 解有六根 因六根生六塵 一識便有四大五蘊 有此五蘊色身 便明著相分別 隨聲逐色 憎愛憂恐 從玆而起 以致流浪生死而無停息

중생은 모든 물건을 볼 때 바로 보지 못해 새끼줄을 보고 뱀으로 착각하고 깜짝 놀랍니다. 때가 묻은 육체의 오관만 가지고 쓰려고 하니 모든 것을 잘못 봅니다.

사람들은 취사심 때문에 환하게 밝지 못합니다. 그러나 증애憎愛만 없으면 명백하게 밝아집니다. 공부를 하다가 아상我相, 인상人相, 중생상衆生相, 수자상壽者相이 몰록 무너져 나무통의 밑통이 무너져 아래 위가 하나로 통하듯이 우주대천 세계의 경계가 없어져서 그대로 계합이 됩니다. 그러나 나는 그렇게 알았다고 하는 견해가 있으면 그것은 다시 큰 병통입니다. 우리 중생들도 나름대로의 견해가 있고 스님들도 나름대로 다 견해가 있습니다.

문답이라는 것은 결국 큰스님들에게 정중하게 예를 갖추어 주거니 받거니 하여 계합이 되어야 합니다. 계합이 안 되면 말아야 합니다.

과거에 대처·비구 정화할 때 법주사 금오(金烏, 1896~1968) 스님과 동화사 향곡 스님이 만났는데 서로 이놈 저놈 하면서 멱살을 잡고 후려쳤습니다. 물론 정중하게 주거니 받거니 하는 거량도 있었지만 그분들이 서로 소리를 지르고 멱살을 잡고 밀치는 것은 참말로 거량입니다. 서로 이기려고 하는 사심이 있는 것도 아니고 조작도 없습니다. 모르는 사람들은 조용 조용 잘 맞추어 나가는 것이 옳은 것 같고, 서로 소리를 지르면서 드잡이를 하면 그것은 좀 이상하다고 생각할 것입니다. 그러나 어느 것은 옳고 어느 것은 옳지 않다는 견해를 가지는 것은 잘못입니다. 이 문중에는 그런 것이 없습니다. 그래서 공부에는 확실한 자기의 안목을 밝히기 전에는 이렇다 저렇다 해서도 안 되고, 생각을 붙여서도 안 되며, 끝까지 충실하게 일념으로 지어가는 수밖에 없습니다.

**▌주해▐**

만약 생사를 끊고 윤회를 그치고자 하면 일어난 곳, 즉 한 뿌리를 비추어 사대와 오온을 깨끗하게 하면 확연히 '나'라는 것이 없어서 그 자리에서 공적해져 바로 공겁 이전의 자기에 승당할 것이다. ○ 고요하되 항상 비추고 비추되 항상 고요하다.

若要生死斷輪廻止 但從起處一根照破 令四大五蘊淨盡 廓然無我 當下空寂 直下承當 空劫已前自己 ○ 寂而常照 照而常寂

**▌강설▐**

공연히 모든 것에 집착해 견해를 지어 떠돌아다닙니다. 30년, 40년 공부해도 명예, 욕심 버리기 힘들다고 하잖아요. 30년 참선해도 자기에게 불리한 소리 한 번 하면 당장 달려듭니다. 나라는 이 문제를 완전히 부수어 일체 모든 것이 뒤집어질 때 계합이 됩니다. 거기에는 이것이다, 저것이다 하는 시비가 없습니다. 그렇게 되도록 정진해 봅시다.

안·이·비·설·신 오근은 드러나 보이는 것을 말하고, 안 보이는 의근까지 합하면 육근입니다. 마음을 하나로 모아 반조해 보면 사대, 오온이 깨끗하고 확연하여 뚜렷하게 나라는 것이 없습니다. 부처님 당시에도 많은 철학과 많은 종교가 번성했습니다. 각 파가 많았지만 모두 유아有我사상입니다. 그것을 완전히 쓸어 버리고 확연하게 드러내 보인 것이 부처님의 무아無我사상입니다. 부처님은 모든 것이 터럭 하나 세울 수 없고 나라는 존재가 없다고 하셨습니다. 그래서 우주만유가 둘이 아닌 하나의 절대적인 성품자리를 무아라고 합니다.

'고요하다' 이렇게 말하면 내세우는 것이 됩니다. 다른 종교에서는 한 번 내세우면 그것으로 말뚝을 쳐 버립니다. 더 이상 나아갈 길이 없어요. 불교에서는 최고 극단까지 이야기하고는 그것도 없다고 확 뒤집어엎어 버려요. 부처님 말씀은 어느 한 곳에 머무르지 않습니다. 부처님의 진리, 여러분 마음의 본래자리는 머물러서 굳어 있지 않습니다. 그 자리를 사람으로 말하면 옷 하나 입지 않은, 홀랑 벗은 사람과 같이 모두 드러나 있는 것입니다.

■| 주해 |■

태상은 "고요하면서도 고요한 바가 없으니 욕심이 어찌 오래 가겠는가. 욕심이 이미 나지 않는다면 이는 참으로 고요함[眞靜]이다."라고 하였고, 또 "오직 공만을 보지만 공을 보는 것 역시 공하므로 공이 공되게 하는 바가 없다. 공되게 하는 바가 이미 없으므로 또한 무가 무로 되는 것도 없다. 무가 무로 되게 하는 바가 없으므로 이미 담연하고 항상 고요하다."고 하였다. 불가에서는 "나[人]라고 하는 것도 공하고, 대상 경계[法]라는 것도 공하여 두 가지 모습이 본래 한 가지."라고 하였다.

太上云 寂無所寂 慾豈長生 慾旣不生 卽是眞靜 又云 唯見於空 觀空亦空 空無所空 所空旣無 無無亦無 無無旣無 湛然常寂 釋云 人亦空 法亦空 二相本來同

■| 강설 |■

생각과 이론으로 공을 보는 것은 참으로 공을 보는 것이 아닙니다. 참으로 공을 보면 공이라는 말이 없습니다. 여러분이 모르기 때문에 공을 자꾸 드러내 놓는 것입니다. 단지 그 이름만 쓸 뿐이지요.

이것은 참으로 맛이 나는 소리입니다. 본래의 면목을 깨달은 것을 인가할 때 물건을 주듯 하지는 않습니다. 완전히 깨달은 사람은 척 보면 스승을 능가할 담담한 그 무엇이 되어 있어요. 그것을 계합契合이라고 합니다.

　허공처럼 담담한 그 맛을 알아야 합니다. 중생은 담담한 맛을 전혀 모르지요. 그 맛을 제대로 알면 자기 자신의 맛을 본 사람입니다. 그 사람은 전쟁이 일어나 포탄이 떨어져도, 시장바닥에 버려두어도 허공처럼 흔들림이 없습니다. 상대방이 아무리 폭언을 하고 달려들어도, 같이 달려들어 싸우지 않고 진심을 내도 끄달려 가는 것이 없습니다.

　또한 본래 공한 자리는 담연상적하여 어떤 것에도 공포가 없습니다. 죽을 때가 되면 죽어야 합니다. 사대육신이 쑤시고 아프고 고통이 심하면 숨을 헐떡이는데 여러분은 아픈 것이라고 잘못 생각하고 있습니다. 또한 열반은 아프지 않은 것이고 고통받지 않는 것이며 편안히 앉아서 죽고, 거꾸로 서서 죽고, 허공에 떠가는 것이라는 생각은 큰 착각입니다. 그런 착각을 가지고 있기 때문에 중생입니다. 그것뿐만 아니라 아파서 1년을 누워서 헉헉거리면서 죽는 소리를 내도 열반입니다. 그것을 볼 줄 모르면 수십 년 공부해도 소견이 열리지 않습니다. 절대 그런 것이 아니라고 말로 다 해 주지는 못합니다.


　전에 어느 큰스님이 돌아가실 때 제자를 오라고 해서 부채로 부치라고 했습니다.

　"아이고! 나 죽겠다. 나 좀 살려다오."

지금도 그 시봉 스님이 실망했다는 말을 합니다. 천하의 선지식이라는 분이 1년 동안 앓아 누워 있으면서 올라오라고 하여 올라갔더니, "너 왔구나? 나 좀 살려다오." 했던 것입니다. 시봉이 오랫동안 토굴에서 공부하였기에 소견이 열려 계합이 되면 인가를 해 주려는 마음이 있어 일부러 그리했는데 자세히 보니 전연 생짜배기거든요.

"스님! 어떻게 도와드릴까요?"

그러니까 처다보고 슬며시 눈을 감고 외면을 했습니다. 지금도 공부하신 큰스님의 열반이 형편없었다고 얼토당토않은 생각을 하고 있습니다. 본래 공한 자리는 아플 때는 엄청나게 아픈 것이고 안 아픈 곳에서는 안 아프지만 담담한 허공처럼 고요합니다.


### ▌후송▐

자, 말해 보아라! 나라는 것과 대상 경계가 함께 공하니 필경 어느 곳에 머물겠는가? ○

모든 경계의 만 가지 인연이 머무르지 못하며, 뒤섞여 태허공 속에 숨어 있다.


且道 人法俱空 必竟何處住 ○ 諸境萬緣留不住 混然隱在太虛空

눈이 모든 것을 이끌어 내어 많은 세계가 바빠졌으니
보지 않으면 하고자 하는 만 가지 인연이 다 잊혀진다.
잊어서 더 잊을 것이 없어야 전체 몸이 드러나
문득 영산회상의 대법왕을 보게 될 것이다.

眼界牽連衆界忙 不見可欲萬緣忘
忘無可忘全身出 便見靈山大法王

**▌▌강설 ▌▌**

　여기서 대전을 가면서 학봉리 학림사를 보았다, 집에 가서
집을 보았다, 집에 가서 잠을 자고 아침에 일어났다, 그렇다면
그 가운데 어느 곳에 머물렀습니까? 여러분은 어느 것이라고 보
십니까? 이 말에 척 하니 깨달아야 자신을 알게 됩니다.

　나는 쉬었다. 그런 생각을 가지고 있으면 그것은 벌써 틀린
것입니다. 나는 봉사활동을 했다는 생각을 가지고 있으면 머물렀
다는 이야기이고, 머무르게 되면 썩습니다. 백두산 천지 연못의
물이 계속 솟아나서 흘러가 버리지 어디 머물러 있습니까? 우리
의 마음도 심처에서 끊임없이 솟아나와 끝이 없는 무한대로 계
속 흐르고 있습니다. 생각을 굳히면 머물러서 집착하게 됩니다.
집착하면 생사의 고통이 이루어지고 생로병사의 고통과 시비가
이루어집니다. 이 세상의 모든 고통이 여기에서 이루어집니다.

# 역부여시
## 亦復如是

■| 주해 |■

이미 '나'라고 하는 것이 없으면 만법도 다 없어져 다시 공으로 돌아가게 된다. 이는 바로 근본을 돌이켜 근원으로 돌아간 것이다. 불가에서는 "만법이 하나로 돌아간다."고 하였고, 도가에서는 "본래의 생명의 뿌리로 돌아간다."고 하였다. 유가에서는 "원래 처음 태극의 이치를 이루는 것"이라 하였다. 이곳에 이르면 말길이 끊어지고 마음 가는 곳이 없어진다. 만약 생각을 하게 되면 곧 어긋나 버리며, 법을 잘 펴서 이리저리 적당히 꿰어 맞추어도 옳지 않다. 그런 까닭에 야보도천 스님은 "뒤로 물러서서 보라. 감각이 없는 돌이 움직인다."고 하였다.

旣無我則萬法皆無 復歸於空 便得返本還元也 佛家喚作萬法歸一 道家喚作復命歸根 儒家喚作復邃元初天理 到這裡 言語道斷 心行

處滅 若動念卽乖 張安排卽不是 所以川老云 退後退後 看看 頑石動
也

　한 생각이 일어나기 이전에 죄가 있습니까? 없습니까? 하
는 물음에 운문(雲門文偃, 864~949) 스님은 '수미산!'이라고 했습니
다. 이 때에 척 하니 알아 버리면 계합이 되는 것이고, 생각으로
헤아리면 잘못 아는 것입니다. 운문의 수미산에 대하여 제대로
알지 못하고 인가를 얻으려 하는 사람이 많습니다. 내가 단호히
'아니다'라고 할 때 그것을 제대로 받아들이는 사람은 다시 공부
해 나아갈 수 있는 싹이 있는 사람이고, 도리어 스님이 잘못 알
았다고 대드는 사람은 더 이상 나아갈 수가 없는 사람입니다. 선
지식이 아니라고 하면 왜 아니라고 하는지 반드시 다시 의심해
야 합니다.

　30년 전에 법왕화 보살이라는 이가 있었는데 공부를 아주
열심히 했습니다. 보살이 선방에 다니더니 툭하면 자지도 않고
거실에 나가 앉아 있으니 남편은 아주 못마땅했지요. 불만이 가
득한 남편이 뭐라고 하면, 부인은 '잠을 많이 자면 열두 가지가
해롭고 빨리 죽게 된다는데 당신은 오래 살고 싶지 않느냐'고 했
습니다. 그 후 정년퇴직을 하고 집에 있는데 부인이, "놀면 뭐합

니까? 절에 가서 참선하세요." 그러거든요. 남편이 오기가 났어요. 그래서 범어사 선방의 고암 스님을 찾아가 참선이 무엇이냐고 물었지요. 그러자 고암 스님이 그랬어요.

"처사님은 태어나기 이전에는 어디에 있었고 앞으로 죽으면 어디로 갈 것인지 아십니까? 또한 있는 것은 무엇이고, 없는 것은 무엇입니까? 처사님이 여기 있는데 어떤 것을 가지고 나라고 하는 겁니까?"

"잘 모르겠습니다."

"그 점을 모르니까 지금까지 헛산 것이지요. 나 자신을 확실히 알아야 합니다."

"그렇다면 어떻게 해야 합니까?"

"'이뭣고' 하세요."

그래서 '이뭣고'를 열심히 했어요. 자꾸 하다 보니 남편도 역시 자다가 일어나서도 '이뭣고' 하고 싶어졌고, 열심히 하는 부인을 보며 내가 이기나 네가 이기나 하고 버티게 됐지요. 그러다 보니 자리가 잡히고, 어느 날 밤중에 무언가 무너지면서 환해졌어요. 그런 경지를 처음 느껴 보았지요. 공부를 했으니까 그런 것이 나타난 것입니다. 소리를 지르니 부인이 물었지요.

"왜 그러세요?"

"나, 깨달았어!"

"어떻게 깨달았어요?"

"아무것도 없고 그냥 환한 빛뿐이야. 이제 보니 내가 빛이지."

"그럼 큰스님에게 가 보세요. 가서 물어보고 다시 하세요."

큰스님께 갔습니다.

"스님, 드디어 제가 깨달았습니다."

"어떻게 깨달았어요?"

"공부를 하다가 모든 것이 무너지면서 빛이 환하게 드러났
습니다. 그래서 그것이 '나'라는 것을 알았습니다."

"그렇다면 환한 빛을 보는 놈은 무엇인고? 빛이 있고 보는
놈이 있다면 처사님이 둘이 아닌가? 빛이 진짜인가 아니면 보는
놈이 진짜인가?"

거기에서 앞뒤가 다시 꽉 막혔어.

"아! 잘못 알았습니다."

"잘못 알았지!"

"깨달은 것이 아니네요."

"깨달은 것이 아니야. 중간에 헛것이 보인 것이야."

"다시 공부해야겠습니다."

"다시 하시게. 앞으로 그런 경계가 나타나면 속지 마시고!"

거기에 속으면, 『금강경』 사구게에 "색을 보고 나를 보았다
고 하거나 음성으로 나를 보았다고 하면 사도邪道"라는 말과 같
아지는 것입니다. 그래서 공부를 더욱 열심히 하여 푹 익었어요.
그 이후로 남편은 말이 없고 겸손하고 스님들 공경을 잘할 뿐만
아니라 세상을 사는 자세가 달라졌어요. 보살도 남편 공경을 잘

하고 함께 열심히 공부하다가 남편이 먼저 돌아갔는데 아주 깨끗하게 잘 돌아갔어요. 이와 같이 어느 곳에 있더라도 공부를 열심히 하면 인간미가 달라집니다. 그것이 공부하는 사람의 자세입니다.

'운문 수미산!' 한 것이 한 생각 일어나기 전이라고 하면 벌써 한 생각 일어난 것이 됩니다. 그래서 너의 허물이 수미산 같다고 알면 잘못 안 것입니다. 그것은 운문 수미산이라는 말의 뜻을 꿈에도 못 본 것입니다. 질책을 해 주면 어떤 사람은 잘못 알았다고 시인하고 절을 하면서 가는 사람이 있고, 개중에는 반대로 스님이 잘못 알았다고 대드는 사람도 있습니다. 그거야말로 잘못 안 것입니다. 동념즉괴動念卽乖라고 하여 인가를 받았다고 해도 아니지요. 어찌 그 말 한마디에 인가를 해 줄 수 있겠습니까? 안 되지요.

**▌후송▐**

이치를 알았는가?
돌!
어지러이 움직이지 마라. 움직이면 30방을 치리라.

理會得麼 咄 休得胡走 動著三十棒

한 생각이 잠깐 일어나면 문득 모양이 이루어진다.
참을 따르고 거짓을 따르다가 돌아가는 길을 잃었다.
만약 네가 놓아 버려 공해서 한 물건도 없으면
편안히 여래장 속을 향해 가리라.

一念纔興相便成 述<sup>19)</sup>眞逐妄昧歸程
若能放下空無物 穩向如來藏裡行

　우리는 모두 여래장을 갖추고 있습니다. 그러므로 깨달으
면 고해 생사가 없고, 어떤 곳에도 공포가 없는 무애자재하고 무
한대한 행복을 누릴 수 있습니다. 불교는 절대적인 평등주의입
니다. 개개인이 절대자이어서 절대자가 상대를 절대자로 보기
때문에 더 이상 논란이 없습니다. 처처가 부처입니다. 가정에서
도 그렇게 생활하는 사람은 서로의 자율적인 권한을 존중합니
다. 그래서 인위적인 조작으로 억압을 하거나 인격을 짓밟고 무
시한다든가, 무조건 소유하려 든다든가 하는 시비가 없습니다.
남편은 남편으로서 자율적인 권리를 다하고, 부인은 부인으로
서의 자율적인 권한을 가집니다. 그것이 계합이고 축착합착이
고 순수한 행복입니다. 억압하거나 강요해서 대접을 받는 것은
진정으로 받는 것이 아니므로 많은 문제가 생기게 됩니다. 그렇

게 받으면 살도 안찌거니와 오히려 독약이 됩니다.

여러분도 아시다시피 과거에는 유교가 불교를 잘못 알고 불교의 성불론을 착각하여 모략하고 배척했습니다. "스님들은 현실을 왜 도피하고 현실을 왜 무시하는가? 자기만이 열반을 얻으려고 산중으로 도망가서 공부를 한다. 현실을 배제하는 사람은 현실을 발전시킬 수 없으므로 무용지물이다."라 하여 항상 불교를 능멸하고 꼬투리를 잡았습니다. 그러나 이것은 불교와 부처님의 뜻을 십분의 일도 알지 못한 것입니다. 부처님은 현실을 부정하지 않았습니다. 현실을 긍정하면서 그 속에서 깊은 진리를 보라고 했어요. 중생들은 눈에 보이는 현실만 보고 그 속에 담긴 깊은 진리를 보지 못하기 때문에 많은 문제가 생기고 많은 고통이 따르는 것입니다.

우리가 당하는 엄청난 고통을 현실에서 어떻게 해결해야 할까요?

37조도품으로 시작하는 길이 있고 염불 기도를 통해서도 할 수 있습니다. 현실 속에 살면서 영원한 행복을 맛볼 수도 있습니다. 유가에서는 자기네 것만을 숭상하고, 그 우월성을 가지고 자꾸 남을 비판합니다. 요즈음은 기독교가 그런 것 같습니다.

소동파(蘇東坡, 1036~1101)는 유교의 대학자입니다. 그에게는 자신이 천하의 유학자라는 교만한 마음이 있었는데 옥천사의 승호(承皓, ?~1091) 스님이 굉장히 큰스님이라는 이야기를 듣고 망신을 주려고 당당하게 찾아갔습니다. 옥천사에 가서 보니 승호 스님이 참선한다면서 졸고 있었습니다.

"계시오?"

"대관은 누구시오."

"칭秤가요."

여간한 사람은 못 알아듣지요. 당신이 몇 근이나 되는지 저울을 가지고 달러 왔다, 그 말이지요. 그러자 승호 스님이 벽력같이 소리를 질렀습니다.

"이 소리가 들리는가? 몇 근이나 되는가?"

그 말에 소동파가 아무 말도 못하고 꼼짝없이 당했어요.


다음에는 노산 귀종사에 있는 운거요원(雲居了元, 1032~1098) 스님을 찾아갔습니다.

"계시오!"

"대관은 누구시오."

"나는 소동파라는 사람입니다."

"토굴이라 누추하지만 좀 앉으시지요."

"허허, 무슨 소리! 앉을 자리가 없으면 그대의 몸을 의자로 삼아 앉겠소. 일체가 한 몸이라고 하는데 별도로 찾을 것이 있겠소. 그러니 스님의 몸을 의자로 삼아 앉겠소."

운거 스님이 말했습니다.

"사대는 본래 공하여 어느 곳에도 의지한 바가 없는데 그대는 어느 곳에 의지해 앉으려고 하십니까?"

그 말에 소동파는 아무 말도 못하고 물러갔습니다.

두 군데나 가서 당하니 분기도 나고, 또 다시 당하게 되면 보통 큰일이 아니라고 곰곰이 생각하고 있는데, 누가 동림사의 상총常總 스님에게 가보라고 합니다. 두 번은 당했지만 세 번째엔 당할 수 없다, 이번에야말로 한 번 혼을 내줘야겠다고 생각하고 단단히 벼르면서 상총 스님을 찾아갔습니다.

"불법의 도리가 무엇이요?"

"대감이여! 어찌 그대는 항상 유정 설법만 묻고 무정 설법은 모른단 말이요."

의식이 있는 것은 말도 하고 법을 설할 수 있겠지만 무정물이 설법을 한다? 이것은 아주 뜻밖의 소리였습니다. 무정이 설법을 한다는 소리에 그만 생각이 끊어졌어요. 절을 하고 말을 타고 30여 리나 갔는데 가는 줄도 몰랐어요. 오직 무정설법 그것뿐이었습니다. 말이 가는 데로 갈 뿐 어디로 가는지를 모르고, 모든 것을 몰록 잊었습니다. 오로지 의심뿐이었지요. (이것이 진짜 화두입니다. 공부는 이렇게 의심이 들어가야 되는 것입니다.) 가다가 절벽에서 폭포수가 쏟아지는데 길이 막히자 말이 걸음을 멈춥니다. 콸콸 쏟아지는 폭포수 소리를 듣고 소동파가 그 자리에서 깨달았습니다.

깨닫고 나니 세상에 대해 아만과 상을 가지고 인생을 허송 세월로 보낼 뻔했는데 다행히 큰 선지식을 만나 무정설법에 대한 진리를 깨칠 수 있었던 것이 한없이 고마워서 상총 스님을 향해 감사의 절을 드렸습니다. 그리고 게송을 지었습니다.

시냇물 소리가 바로 장광설이요
산빛이 어찌 청정법신이 아니겠는가?
지난 밤 깨친 팔만사천 게송의 법문을
다음날 누구에게 다 드러내 보일꼬?

溪聲便是長廣舌 山色豈非淸淨身
夜來八萬四天偈 他日如何擧似人

『반야심경』을 듣는 여러분들도 잘 듣고 마음속에 있는 것을 정리해 순수한 불성자리를 밖으로 드러낼 수 있는 계기가 될 수 있도록 노력해야 합니다.

# 사리자

## 舍利子

◉

**∥ 강설 ∥**

(주장자를 드시면서)

이것이 색입니까? 공입니까? 이것은 공도 아니고 색도 아닙니다. 그렇다면 필경에 무엇입니까?

취모검이 삭삭하여 솜털을 입으로 불어
칼날에 닿기만 해도 끊어진다.

지금 말씀드린 여기에서 『반야심경』 모두를 다 말씀드린 겁니다. 그러나 『반야심경』의 강의가 문자상으로는 다 끝나지 않았기 때문에 오늘은 사리자 부분을 말씀드리겠습니다.

앞에서도 설명한 것처럼, 집[舍]은 색·수·상·행·식의 몸이요 몸을 주재하는 신령스러운 참된 진성眞性자리가 이자利子입니다. 집이 오래되면 무너져 버려 다시 새집으로 이사 가서 살듯 우리들의 이 몸도 늙어서 무너지면 이 몸을 주재하던 신령스러운 진성자리는 새로운 몸뚱이를 받아 이어 나갑니다. 우리에게 진정한 참 주인 자리는 영원히 없어지지 않고, 항상 무한하게 이어져 살아갑니다. 중생이 살아가는 것은 고향을 버리고 타향객지를 전전긍긍하면서 살아가는 것과 같고, 여관에서 잠을 자고 나오는 것과 같습니다. 그러나 나의 진성자리는 무너진다든지 가고 온다든지 하는 것이 없습니다.


### ▌▌주해 ▌▌

이 자리는 바로 눈앞에 있어도 알지 못하고, 불로 태우지도 못하며, 물로 적시지도 못하고, 화살이 상하게 하지도 못하며, 칼로 쪼개지도 못한다. 바람이 흔들지도 못하고, 태양이 그을리지도 못하며, 비로 적실 수도, 그림으로 묘사할 수도 없다. 독약으로 해치지도 못하고, 독충이 물지도 못한다. 다만 걷고 치달림으로 인해 길에서 어긋나 바라밀을 잃어버렸을 뿐이다.

사리자를 보았는가? 옛날에도 지금에 이르기까지도 일찍이 자신을 고치지 않고 다만 오고 가면서 어느 때는 전셋집에 거주하기도 하고, 또 어떤 때는 그림같이 좋은 누각에서 살기도 하며, 또 어떤 때는 초라한 초가집에서 살기도 하고, 또 어떤 때는 붉은 문에 금으로 만든 병풍이 있는 집에서 살기도 하며, 또 어떤 때는 무너진 묘나 감실에서도 지냈다.

當面不識 火不能燒 水不能溺 箭不能傷 刀不能劈 風不能飄 日
不能炙 雨不能洒 描畵不出 毒藥不能害 惡蟲不能螫 只因行走路頭差
所以失却波羅蜜 見舍利子麼 亘古到今 不曾改變 只是來往賃屋居住
或時朱樓畵閣 或時草舍茅堂 或時金屏朱戶 或時破廟窯窟

**▋ 강설 ▋**

앞에 당면하여 찰나 찰나에 자신이 언제나 쓰고 있으면서
도 알지 못합니다.

**▋ 주해 ▋**

알겠는가?

야보도천 스님은 "남쪽 산에 구름이 일어나니 북쪽 산에 비
가 내린다. 말의 이름과 나귀의 아들로 살아감이 몇 번이었던가.
청하노니, 광대하고 정이 없는 물[無情水]을 보라. 어느 곳에서는
모가 나고 어느 곳에서는 둥글다."라고 하였다. 만일 오지도 않
고 가지도 않으려면 모든 번거로움이 다해 적멸로 돌아가야 한
다. 이와 같은 자는 삼계를 벗어났으므로 하늘과 땅이 속박하지
못하며, 낱낱 물질의 구속을 벗어난 한가로운 사람이 될 것이다.

省得麽 川老云 雲起南山雨北山 馬名驢子幾多般 請看浩渺無情
水 幾處隨方幾處圓 若要不來不去 須得諸漏已盡 以歸寂滅 如此者
未[20]出三界外 天地不能拘 作箇物外閑人

∥ 강설 ∥

'회주 땅의 소가 벼를 먹으니 익주 땅의 말이 배부르다.' 우
리가 윤회를 하면서 어떤 때는 말로도 살고 어떤 때에는 당나귀
의 아들로도 살았습니다.

위에서 자연스럽다는 것은 '춘래초자청春來草自靑이라.' 봄이
오면 풀이 푸르고 꽃이 피는데 그걸 인위적으로 푸르지 않게 만
든다든지 꽃을 못 피게 하는 것은 자연스럽지 못한 것입니다. 모
든 것은 스스로 완벽하게 잘 이루어지고 있습니다.

오조 홍인(五祖弘忍, 601~674) 스님의 제자인 파조타(破竈墮, 생
몰연대 미상) 스님이 계시던 때의 일입니다.

어느 사당에 조왕신으로 동상을 모셔 놓았는데 영험이 아
주 대단하다는 것이었습니다. 양이나 돼지를 잡아 놓고 굿을 하
고 기도를 하면 금방 영험이 나타나 죽어가던 사람이 살아나고
가정의 어려운 일도 금방 풀린다는 것입니다. 이렇게 영험이 있
다 보니 사람들이 양이나 돼지를 잡아 올린 제물이 태산같이 많
았습니다. 파조타 스님이 마을을 지나가다가 그런 이야기를 듣
고 동상을 모셔놓은 앞에 가서, "그대는 진흙덩이가 합쳐서 이루

어졌거늘 어느 곳에서 이와 같은 영험이 나오는고?" 하면서 주장자를 들어 세 번을 내려치니 동상이 무너지면서 청의도포를 입고 초립으로 만든 관을 쓴 신이 나타나 절을 합니다. "저는 본래 이곳의 조왕신이었는데 누진겁을 두고 제가 대승의 법문을 들어보지 못했고, 단지 조금의 신력이 있어서 살생하여 올린 고기를 받아먹으며 업신이 되어 여기를 떠나지 못하고 머물러 있었습니다. 오늘에야 큰스님의 무생법문을 듣고 이 자리에서 바로 업을 벗고 해탈을 하게 되었습니다. 감사드립니다." 하고는 자취가 없어졌습니다.

일본에도 유명한 선사가 살생석殺生石을 제거한 이야기가 있습니다. 공부를 많이 한 스님이 연회에 초청을 받고 가서 지혜의 안목으로 가만히 비추어 보니 황후가 여우였습니다. 천 년 묵은 여우가 아름다운 여인으로 둔갑하여 천황의 황비가 되어 사니 아무도 그것이 짐승인 줄 몰랐던 것이지요. 본색이 드러나자 황비의 몸이 차차 요괴의 몸으로 변해 바람을 일으키면서 달아납니다. 군사들이 잡으려 해도 잡지 못했고, 결국 산으로 도망가더니 큰 바위로 변해 가만히 있었습니다. 그런데 사람들이 그 바위 옆을 지나가기만 하면 죽어요. 그래서 이름이 살생석입니다. 나라에서는 유명한 선지식을 여러 곳으로 물색했습니다. 당시의 유명한 선사가 주장자를 짚고 바위 앞으로 갔습니다. 가서 아무 말 없이 바위를 주장자로 치면서 "이 무엇인고?" 하고 물으니 바위가 가루로 흩어졌습니다.

'무엇인고?' 하는 여기에는 털끝만큼도 붙이려야 붙일 수가 없는데 사마나 요괴가 존재할 수 있겠습니까? 캄캄할 때 도깨비나 귀신이 나타나지 밝은 대낮에는 귀신이나 도깨비가 나타나지 않듯이 우리의 마음에는 일체의 모든 것을 비추어 보는 신령스러운 사리자가 다 갖추어져 있습니다. 사리자의 신령스러운 지혜의 눈으로 볼 때는 일체 사마나 요괴, 귀신이 발붙일 곳이 없습니다. 부처니 신이니 조사니 하는 이름조차도 발붙이지 못합니다. 요괴, 귀신은 더 말할 나위가 없지요.

### ▋후송▋

알았는가?

앞을 향해 걸어가는 것이 뒤로 물러나는 것만 같지 못하며, 끈으로 잡아맨 것이 자연스런 것만 같지 못하다.

會麼 向前不如退步 紐捏不如自然

자기 집 방 안의 주인공과
동거하며 함께 머물러도 자취를 알지 못한다.
만약 한 걸음 물러나 머리를 돌려 바라보면
두두물물에서 모두 만날 수 있다.

自家房內主人公 同居共住不知踪
若能退步回頭望 物物頭頭總得逢


■| 강설 |■

이 사리자의 엄청난 반야 지혜의 힘은 물이나 불로도 침
범하지 못합니다. 또한 그 자리를 인위적으로 잡아맬 수도 없
습니다.

◉

# 시제법공상
## 是諸法空相

◉

**▌▌ 주해 ▌▌**

모든 법은 다 공하여 본래 실제가 아니다. 선진仙眞은 "법은 본래 법이 아니며, 형체는 본래 형체가 아니다. 형체가 있는 것은 마침내 거짓이며, 모습이 없는 것이 진실이다."라고 하였다. 『금강경』에서는 "법이라는 것도 버려야 하거늘 하물며 그릇된 법이겠는가."라고 하였고, 또 "모든 모양이 있는 것은 다 허망한 것이다. 만약 모든 모양을 보되 모양이 아닌 줄을 알면 보는 것이 곧 여래"라고 하였다. 과거로부터 모든 스님들은 한결같이 공을 말씀하셨다. 다만 중생들이 공이라는 것을 받아들일 역량이 되지 않으므로 갖가지 가명을 붙여 유정 무정을 인도하여 다 공적에 돌아가 본원에 돌아가게 하신 것이다.

諸法皆空　本非實際　仙眞云　法本無法　形本非形　有形終是假

無相是眞人 金剛經云 法尙應捨 何況非法 又云 一切有相 皆是虛妄
若見諸相非相 卽見如來 從上諸師 一味談空者 只爲衆生 直下是空
擔負不行 起種種假名 引導有情無情 皆歸空寂 得返本原

## ▐ 강설 ▐

스스로 관조하여 깊이 비추어 보는 사람만이 공한 줄을 확
실히 알 수 있습니다. 말이나 문자로 공했다고 하는 것은 공이
아닙니다. 자신의 주인공을 깊이 꿰뚫어 확실하게 보아야 공에
대한 것을 알 수 있습니다. 모든 것은 실제가 아니라고 하는 이
것만 확실히 알면 처처에 걸림이 없습니다.

주장자를 가지고 "아시겠습니까?" 하면 무엇을 가지고 알
겠습니까? 대부분은 막대기 하나만 보지요. 여기에서 확실히 척
보면 모든 것이 해결됩니다.

모양도 없고 그 무엇 하나도 없는 것이 참된 사람이라고 받
아들이면 안 됩니다. 앞에서도 이야기했지만 주장자 이 모양 그
대로를 바로 보는 것, 털끝만큼의 거리낌도 없는, 모양 없는 당
처를 보는 그것입니다. 말하자면 보는 그 사람의 안목을 말하는
것입니다.

이것이 진리입니다. 이 법은 최상의 진리라고 해도 버립니
다. 여러분에게 집에 가서 『금강경』을 버리라는 말이 아닙니다.

다시 말해서 천태만상이 모두 모양을 갖추고 있는데, '모양

이 아닌 것을 보면 곧 여래를 본다'고 하는 이 말은 좀 꺼림칙합니다. 그러나 수보리는 부처님께서 그 정도로 말을 해도 근본적으로 알아듣고 해결합니다. 하지만 중생들은 근기가 미약하여 이런 말을 하면 이렇게 따라가고, 저런 말을 하면 저렇게 따라가서 해결이 안 됩니다.

범소유상 개시허망 약견제상비상 즉견여래凡所有相 皆是虛妄 若見諸相非相 卽見如來, 무릇 있는바 모든 상은 허망한 것이니 모든 모양에서 모양 아닌 모양을 보면 곧 보는 자가 여래라! 모든 모양은 색상이고 비상은 진여자성법신을 말하는 것입니다. 색도 공하고 자성 또한 공하여 색과 공이 둘이 아닌 반야정안을 바로 보아야 된다는 것이지요.

천황도오(天皇道悟, 748~807) 스님이 경산도흠(徑山道欽, 714~792) 스님을 찾아갔습니다. 예배를 드리고 5년 동안 많은 가르침을 받았습니다. 5년 후에 다시 마조도일(馬祖道一, 709~788) 스님을 찾아가 2년을 지냈습니다. 거기에 가서 지난 5년 동안 배운 것을 맞추어 보니 조금도 다를 것이 없었습니다. 다음에는 석두희천(石頭希遷, 700~790) 스님에게 이르러 예배하고 물었습니다.

"정定과 혜慧를 여의고 어떤 법으로 사람들을 가르치십니까?"

"나는 이 속에 있어서 노비가 없다. 무엇을 여읜다는 말인가?"

"그러면 어떻게 밝혀야 현묘한 뜻을 얻겠습니까?"

"너는 저 허공을 손으로 만져서 얻을 수 있느냐?"

"그렇다면 저는 이런 것을 쫓아가지 않겠습니다."

"너는 언제 나변을 떠나왔는가?"

"저는 나변의 사람이 아닙니다."

"나는 벌써 네가 온 곳을 안다."

"스님은 왜 속이려고 하십니까?"

"그대의 몸이 현재 여기에 있지 않은가?"

"비록 이와 같으나 뒷사람에게는 무엇을 보이시겠습니까?"

"너는 누구를 뒷사람이라고 하느냐?"

스님이 여기에서 몰록 깨달았습니다.

이러한 말이 우리 중생들에게는 이해하기도 어렵지만 언젠가는 이 관문을 통과해야 합니다. 통과하지 않으면 영원히 육도 윤회 속에서 말할 수 없는 고통과 고뇌를 안고 괴로움을 겪는 생활을 해야 하며, 중생계를 떠날 수 없습니다. 이 관문을 해결하는 것은 자신이 밥 먹고 옷 입는 것 이상으로, 그리고 내 몸 아끼는 것 이상으로 중요합니다. 그래서 내 마음에 조금이라도 의심나는 바가 있으면 고요히 앉아서 관조하여 돌이켜보라고 하는 것입니다.

만약 믿음이 가지 않는다면 직접 여러분이 가서 고요히 앉아 반조해 보라. 오온을 비추어 보면 정말로 있는 바가 없어서, 자연히 모양을 잊고 몸이라는 체를 잊어 나라는 것이 공함[人空]을 얻게 될 것이다. 이미 나라는 것이 공해지면, 마치 병든 사람이 병이 나으면 약을 버리는 것처럼 그 대상 경계[法]도 역시 공해진다. 나라는 것과 대상 경계가 함께 공하게 되면 자연히 모든 것을 쉬게 된다.

若信未及 但去靜坐反照 照見五蘊 實無所有 自然忘形忘體 得其人空 旣得人空 如病安去藥 其法亦空 人法俱空 自然休去歇去

공한 도리를 바로 알아야 쉬는 사람입니다. 의도적으로 쉬려고 하는 것은 쉬는 것이 아닙니다. 내 자신을 반조하여 공했다는 것을 바로 알았을 때 자연스럽게 쉬어집니다. 쉰다는 것이 무엇입니까? 객이 오면 차를 마시고 이야기를 하다가 "이제 그만 쉬십시오." 하고 말합니다. 여행에 지친 사람에게는 쉬는 것이 약입니다. 여러분은 지금 여행길에 있습니다. 윤회 가운데 얼마나 피로에 지쳐 있습니까? 번뇌 망상에 시달리고 생활 속의 복잡함에 시달려서 피곤합니다. 어떻게 쉬어야 합니까? 밖으로 돌아다니면서 주색잡기로 쉬지 말고, 마음을 돌이켜 자기 자신에게로 돌아와서 쉬어야 합니다. 밖으로 돌아다니지 말고 내면의 고향으로 돌아가야 하며, 그렇게 자기의 고향으로 돌아온 사람만이 다리 뻗고 잠을 잘 수 있습니다. 그것이 쉬는 것입니다. 쉰다는 것은 아무것도 안 하면서 방에서 잠자는 것이 아닙니다. 여러분 자신의 마음을 돌이켜 비추어 화두를 일념으로 챙기는 것입니다. 깊이 일념으로 꿰뚫어 의심해 보면 자기 고향으로 제트기를 탄 것처럼 빨리 돌아갑니다. 그것이 반조입니다.


■ 주해 ■

경에서는 "나의 몸이 본래 있는 것이 아닌데 어찌 미워하고 사랑하는 것이 생기겠는가."라고 하였다. 이미 모양도 잊었고 몸도 잊었으니 무슨 염려할 것이 있겠는가. 이러한 경지에 이르게 되면 자연히 모든 것을 놓아 버릴 것이다. 부처를 이룰 것도, 생사를 끊을 것도 없고, 닦을 것도 증득할 것도 없다. 만약 다시 털끝만큼이라도 닦을 것이 있고 증득할 것이 있다면 생사에 떨어져 영겁 동안 윤회에 빠져 있을 것이다. 만약 근본 바닥까지 철저하게 다 벗어나게 되면 깨끗하여 의지하는 것이 하나도 없고, '있다' '없다' 하는 두 가지 견해에도 떨어지지 않으므로 마치 허공이 홀로 서 있는 것과 같다. 바로 그 자리에서 공겁 이전의 둥글고 둥글어 빛나고 빛나는 것에 한 뜻으로 돌아가 깨달으리니,

그것이 어찌 불가능하겠는가.

經云 我身本不有 憎愛何由生 旣得忘形忘體 有甚念慮可牽 到
這地面 自然放下 無仙佛可做 無生死可斷 無修無證 若更有絲毫可修
可證則 墮生死界 永劫受沈淪 若能徹底脫洒 無所依倚 不落有無二邊
如虛空獨立 直下承當 空劫已前〇 圓陀陀光爍爍底 有何不可

### ▌ 강설 ▐

그래서 『신심명』에서 "미워하고 사랑하지 않으면 막히지
않고 환히 트이어 명백하니라[但莫憎愛 洞然明白]."고 하였습니다.
생활을 놓아 버리고 돈을 놓아 버리는 것만이 놓는 것이 아닙니
다. 놓아 버린다는 것은 잘못된 사고방식, 마음의 병통을 놓아
버리는 것이고, 팔정도의 정견을 갖추는 것입니다.

이것이 무엇입니까?

천 분의 성인들이 모두 입을 저 벽장에 걸어 두었습니다,
개구즉착開口卽錯이라. 입을 열면 곧바로 어긋납니다.

### ▌ 후송 ▐

알았는가?

하늘과 땅 두 가지가 바다 가운데 떠 있는 한 떨기 연꽃으

로, 모든 중생이 하릴없이 나왔다 들어갔다 하는구나.

會麼 乾坤兩朶海中蓮 一切衆生虛出沒


사람과 법이 다 텅 비었으니 마음이 저절로 쉬어져
기뻐할 것도 없고 근심할 것도 없다.
바람이 평온해지고 파도도 고요해져 구름도 돌아가고
찬 강에 달이 비치니 가을빛이 한 색이로다.


人法皆空心自休 也無歡喜也無愁
風平浪靜雲歸去 月照寒江一色秋

# 불생불멸
## 不生不滅

**┃ 주해 ┃**

　이루어지기도 하고 무너지기도 하는 것이 현상계 사물의 모습이며, 생겨나지도 않고 없어지지도 않는 것은 진리의 본질이다. 이것은 바로 말한 것이다. 중생은 법신의 진공묘성을 갖추고 있어 예로부터 지금에 이르기까지 일찍이 생겨난 적도 없었고 없어진 적도 없었으며, 변하지도 않았고 옮기지도 않았다. 그래서 오는 것도 없었고 가는 것도 없었으며, 오래 된 것도 없고 새로운 것도 없이, 이처럼 우뚝하게 높았다.

　有成有壞是事相　不生不滅是理性　此直言直說　衆生具足法身眞空妙性　亘古今不曾生不曾滅　不變不移　無來無去　無舊無新　巍巍如是

법이라고 하는 것은 형단이 없어서 그대로가 진공묘유입니다. 신선도나 다른 종교에서는 반드시 무언가 하는 것이 있어서 얻어지는 것이 있습니다. 신선도에서 단전호흡을 한다든지, 기를 돌린다든지 하면 평소에 없던 것이 나타납니다. 몸이 가벼워지고 허공에 뜨기도 하고, 간혹 신통이 나타나기도 합니다. 그러나 이것은 부처님 말씀과 거리가 멀다고 할 수 있습니다. 하는 것이 있고, 얻는 것이 있으면 그것은 참 진리가 아닙니다. 함이 있는 것은 반드시 없어지고 생사를 면하지 못합니다. 불교에서는 뭔가를 해서 이루는 것이 아닙니다. 각자가 본래 불생불멸의 진성묘유자리를 다 가지고 있기 때문에 그 자리를 바로 보고 깨달아 돌아갈 뿐입니다. 타향에 가 잠시 어리둥절하여 자기 집을 몰랐다가 다시 자기 집을 기억하여 돌아오는 것과 같이, 본성자리를 깨닫는 것이지 거기서 무엇을 이루어서 얻어지는 것은 절대 아닙니다.

이성理性이라는 말은 주로 성리학에서 문자를 바꾸어서 혼합하여 붙였다고 합니다. 기질적인 기운은 나타나 보이는 것을 말하며 이치가 마음을 관장하고 모든 정이 거기에서 나타난다고 합니다. 그렇게 순서가 뚜렷하게 정해져 있어 이치를 마음보다 위에 놓았습니다. 또한 '이즉기理卽氣요 기즉리氣卽理라' 이理라고 하면 기氣가 따르고 기라고 하면 이가 따라서, 기할 때 이가 포함되어 이치가 보이는 것처럼 되어 있습니다. 도가에서 말하는 이理와 기氣는 또 다릅니다. 이치는 모양도 없고 소리도 없고 형체가 없어서 측량할 바가 아니라고 말합니다. 이것이 큰 허물입니다.

불교에서는 이치, 기라는 말을 잘 하지 않으며, 마음이라는 말을 많이 합니다. 부처님께서는 '마음이 일체만법을 낸다'고 하시며 마음이라는 것도 이름일 뿐이지 뚜렷한 실체가 없다고 하셨습니다. 그러나 마음은 끊겨져 아주 없는 것도 아닙니다. 단지 일정하게 규정을 지어 놓은 것이 없을 뿐입니다. 그러다 보니 마음이 곧 공이요 공이 곧 마음입니다. 악이 있으면 선이 나타나는 것이고, 악이 없는 선은 홀로 존재할 수 없습니다. 그래서 정한 것이 없는 것이 불성이요 각성입니다. 유교의 성리학에서는 이기, 4성, 5상 등등으로 변형 현출하여 일정한 규범이 있는 것처럼 말뚝을 쳐놓았지만 불교에서는 그것조차 하나의 이름에 불과한 것입니다.


### ▌▌주해▌▌

태상은 "고요하고 고요하다. 홀로 서 있으되 고치지 않으며 두루 행하되 위태롭지 않다."고 하였고, 또 "고요하여 움직이지 않으나, 다가오면 순응하여 통한다."고 하였다. 사대와 오온은 제 멋대로 부질없이 났다 부질없이 없어지지만 자기 법신자리에는 전혀 교섭이 없다.

자, 말해 보아라! 이미 교섭이 없는데 어떻게 걸음걸음마다 여의지 아니하는가.

고덕은 "화광(불성, 법신)은 티끌에 물들지 않고 삼계에 홀로 높다."고 하였고, 야보도천 스님은 또 "마음대로 노니는 곳에서 다시 마음대로 노니니, 구름은 스스로 높이 떠 있고 물은 스스로 흐른다. 검은 바람이 큰 물결 일으키는 것만 보고, 낚싯배 침몰 시키는 것은 듣지 못하였다."고 하였다.

大上²¹⁾云 寂兮寥兮 獨立而不改 周行而不殆 又云 寂然不動 感而遂通 四大五蘊 任他虛生虛沒 於自己法身 總無交涉 且道 旣無交涉 如何步步不離 古德云 和光塵不染 三界獨爲尊 川老又云 得優游處且優游 雲自高飛水自流 只見黑風飜大浪 未聞沈却釣魚舟

▌▌ 강설 ▌▌

적혜요혜는 형체도 없고 소리도 없다는 뜻으로 무위를 주장한 노자의 중심 사상을 일컫는 말입니다.

▌▌ 후송 ▌▌

이와 같을진대 자, 다시 말해 보아라! 교섭이 있는가? 없는가? 만약 오온이 모두 텅 비었다면 무슨 여의고 여의지 않음이 있겠는가. 알았는가?

    물은 항상 흘러 머무르지 않으며, 청산은 늘 한가롭다.


如是者 且道 有交涉也無交涉 若得五蘊皆空 有甚離與不離 理
會得麼 水流常不住 靑山鎭日閑


    저 사대가 분주하게 오고 가는 데 맡겨 두니
    구름이 오고 가도 오래도록 항상 존재한다.
    대나무 그림자가 뜨락을 쓸어도 먼지는 일어나지 않고
    둥근 달이 연못 바닥을 뚫어도 물은 흔적이 하나도 없다.


任他四大往來奔 雲來雲去鎭常存
竹影掃堦塵不起 月穿潭底水無痕


**▋ 강설 ▋**

    법신자리는 티끌 같은 것에 관계를 하지 않습니다. 티끌은 더러운 것이 아니고 티끌 티끌이 삼매요, 티끌 티끌이 그대로 바로 진광을 나타내어 삼계가 홀로 높습니다.

# 불구부정

## 不垢不淨

또한 중생이 본래 구족하고 있는 청정한 법신을 말해 보면 이름도 없고 모양도 없고 흔적도 없고 티도 없다. 물듦도 없고 더러움도 없고 길지도 않고 짧지도 않으며 모나지도 않고 둥글지도 않다. 무너뜨릴 수도 없고 태울 수도 없음이 마치 허공과 같고, 연꽃이 물에 젖지 않음과 같다. 더럽지도 않고 또한 정결하지도 않으며, 무량한 겁 동안 언제나 한결같으니 마치 물 속에 비친 달과 같다.

亦說衆生本來清淨法身 無名無相 無痕無瑕 無染無活[22] 不長不短 不方不圓 壞不得燒不得 如虛空 似蓮華不著水也 不垢穢亦不淨潔 常劫如然 如水中月

■| 후송 |■

이 자리를 보고자 하는가?
가는 곳마다 방광을 하지만 몇 사람이나 능히 볼 수 있을
까.


要見麼 隨處放光 幾人能得見


청정하여 티가 없는 한 법신이여!
마치 연꽃이 물에서 자라지만 티끌에 젖지 않음과 같다.
몸을 나누어 천 개의 강물에 나투나
천 개의 달은 하늘에 떠 있는 하나의 진짜 달과 같다.


清淨無瑕一法身 如蓮出水不沾塵
分身應現千江水 千月還同一月眞

: 불구부정 :                                                    275 ●

# 부증불감
## 不增不減

■∥ 주해 ∥■

천지가 나누어지기 전 허공은, 아득히 멀고 먼 옛적의 내 몸을 말하는 것이니 어찌 증가하고 감소함이 있겠는가? 해를 끼치려 해도 할 수 없고, 이익을 주려 해도 할 수 없다. 도가에서는 "성인에게 있다 하여 남는 것이 아니며 범부에게 있다고 하여 모자란 것도 아니다." 하였다. 불가에서는 "여여하고 늘 그대로여서 모자람도 없고 남음도 없다."고 하였고, 또 "오랜 겁을 지내도 무너지지 않고, 옛날로 거슬러 올라가도 변화되지 않는다."고 하였다. 고덕은 "체는 마치 허공과 같아서 끝이 없다."고 하였다. 상승 보살은 이 말을 들으면 바로 믿어 의심이 없으나, 중·하근기는 들으면 반드시 의아하게 생각한다.

謂混沌[23]虛空之體 迢迢空劫之身 如何增得 如何減得 也害不得

也益不得 道云 在聖而不餘 在凡而不欠 釋云 如如自然 無欠無餘 又
云 經歷劫而不壞 至亘古而不遷 古德云 體似虛空沒崖崖 上乘菩薩信
無疑 中下聞之必生怪

■ **강설** ■

　범부와 성인을 모두 쓸어 버려 이렇게 차원이 높아졌으니
수지맞은 것 아니겠습니까? 여러분이 집에서 놀다가도 이 『반
야심경』을 들으면 단박에 성인도 관계치 않고 범인도 관계치 않
는 깊은 도리를 증득하게 된다는 말입니다.

■ **후송** ■

　자, 말해 보아라! 무엇 때문에 이러한가?
　하하하!
　자기의 법은 짧은데 무너뜨릴 원수의 우물물은 깊다. 그것
은 바로 자기 스스로가 어리석기 때문인 것이다.
　돌!
　영산회상에서 일찍이 서로 알았거늘, 오늘은 무엇 때문에
저 사람을 알지 못하는가?

　且道 因何如是 呵呵 自家繩子短 倒怨井水深 正是自家味[24]了

咄 靈山會上曾相識 今日因何不認人

법신과 색신의
멀고 가까움을 논할 필요가 없네.
모두 동군의 힘을 의지하여
꽃과 버드나무가 똑같이 봄이로다.

法身與色身 不必論疎親
皆賴東君力 華柳一般春

### ▌강설▐

자기 자신을 끌고 다니는 이것이 과연 무엇인가? 회광반조
하여 보면 일체가 다 공입니다. 그 자리에서 보면 범부와 성인의
차별이 없고, 선과 악의 차별도 없으며, 일체가 더할 것도 없고
덜할 것도 없습니다. 때가 있는 것도, 깨끗한 것이 따로 있는 것
도 아닙니다. 맑은 하늘에 밝은 해와 달이 떠서 만물을 평등하게
비추는 것과 같이 여기서는 조금도 차별이 없습니다.

봄바람이 온 세계에 부니 그대로 꽃이 피고 버드나무 이파
리가 푸르러 하나같이 똑같은 봄입니다. 여러분이 공한 것을 발
견하면 다 이런 시절이 되며, 그렇지 못하면 무슨 이야긴가 하여
멍하니 쳐다보고 있을 것입니다.

# 시고공중

## 是故空中

■ 주해 ■

묘한 법 참된 공[妙法眞空]의 자리는 생겨나지도 않고 없어
지지도 않는다. 더러움도 없고 깨끗함도 없고 증가됨도 없고 감
소됨도 없다. 청정 본연의 모습은 옛날이나 지금이나 다르지 않
으며, 만겁에 항상 존재한다. 그것은 칼로 베어도 끊어지지 않고
화살로 쏘아도 뚫어지지 않는다. 노끈으로 잡아매도 머무르지
않고 불로 태워도 타지 않으며 비를 뿌려도 젖지 않는다. 밀거나
잡아당겨도 치우치지 않고 때려도 아프지 않으며 잡으려 해도
잡기 어렵다.

妙法眞空 不生不滅 無垢無淨 增不得減不得 淸淨本然 古今不
改 萬劫常存 刀割不斷 箭射不穿 繩繫不住 火燒不燃 雨洒不濕 推擁
不偏 擊之不痛 捉之難拈

　　바깥의 허공을 묘법으로 진공자리라고 말하면 안 됩니다. 여러분의 마음이 진공묘유 자리에서 바깥으로 하나의 형색이 드러난 것입니다. 그래서 가없는 허공이 깨달음에서 나온다고 했습니다. 우주법계 그대로가 마음입니다. 마음이라니까 단지 속에 들어 앉아 있는 것같이 생각하면 그 생각이 병통이 되어 그 생각 속에서 중생의 견해가 나오게 됩니다. 묘법의 진공자리는 바깥의 허공을 말하는 것이 아닙니다.

　　젊은 여자가 예쁘게 단장을 하고 우아한 옷을 입고 의자에 앉아 있습니다. 화가가 그렇게 얌전하게 앉아 있는 모습을 그렸습니다. 조금 있다가 생긋 웃는데 그 모양이 기가 막히게 좋았습니다. 그래서 전의 모양을 지우고 다시 미소 짓는 모양을 그렸습니다. 그림을 다 그리고 보니 이번에는 미소 짓던 아름다운 모습은 없고 약간 뾰로통한 모양을 하고 있어요. 그런데 그 모양도 아주 좋았습니다. 먼저 그렸던 그림을 지우고 다시 그립니다. 한참 그리다 보니 다시 웃어요. 그 동안의 작업이 헛일이 되었습니다. 다시 그리려다 생각하니 참 이상합니다. 딱히 이것이라고도 할 수 없고 저것이라고도 할 수 없습니다. 무엇이 있기에 얌전한 모양이 드러났다, 살짝 미소 짓는 모양이 나타나고, 또 틀어지기도 하고, 하하 웃기도 하는지 규정을 지을 수 없이 묘합니다. 그래서 계집녀女 변에 젊은 소少 자를 붙여 묘妙라 했습니다. 이 세상 만법도 다 그와 같아서 정확하게 규정을 지을 수 없기 때문에 묘법妙法이라고 한 것입니다.

무엇 때문에 이러한가? 사물은 허공을 장애하지 않으며, 허공은 사물을 장애하지 않는다. 선진仙眞은 "진공 자리에는 사물을 걸 수 없고 대도자리에는 티끌을 더하지 못한다."라고 하였고, 야보도천 스님은 "허공은 털끝만큼의 생각도 막지 않는다. 그런 까닭에 대각선이라는 이름을 드러낸 것이다."라고 하였다. 『문시진경』에는 "천지가 크다고는 하나 허공 가운데 씨앗을 싹 틔워 내지 못하고, 음양이 묘하다고는 하나 수컷이 없이는 암컷이 알을 낳지 못한다."고 하였다.

因何如是 物不碍虛空 虛空不碍物也 仙眞云 眞空不掛物 大道不沾塵 川老云 虛空不閡絲毫念 所以彰名大覺仙 文始眞經云 天地雖大 不能芽空中之核 陰陽雖妙 不能卵無雄之雌

진공은 비어 있으나 거짓이 없이 참다우며, 거짓이 없이 참다우므로 미덥고 진실하다고 합니다. 허공은 용처가 없으나 진공 자리는 무한대로 움직입니다.

자, 말해 보아라! 천지는 무엇 때문에 (씨앗을 허공에서) 발아
시키지 못하며, 음양은 태어남에 있어 수컷 없이 태어나지 못하
는가. 공중의 씨앗이 싹을 틔우지 못하는 것은 땅의 흙에 젖어
있지 않고 경계에 붙어 있지 않기 때문이며, 수컷이 없이는 알을
만들지 못하는 것은 안이 공하여 물건이 없기 때문이다.

알았는가?

안과 밖이 철저히 공하여 귀신이 잡으려고 해도 잡지 못
한다.


且道 天地因何不能生發 陰陽其生不能造化 空中之物不能生芽
者 不沾地土 不著境界也 無雄之卵 不能造化者 內空無物也 省得麼
內外徹底空 鬼神拿不著


진공 자리는 본디 털끝만한 것도 세우지 못하니.
아주 조그만 티끌이라도 있으면 그것은 참이 아니다.
진흙탕물에 젖은 베적삼을 모두 벗어 버리면
그 안의 사람을 분명하게 바로 보게 된다.


眞空元不立纖塵 纔有微塵便不眞
泥水布衫都脫下 分明便見裡頭人

**▌ 강설 ▌**

앞에서 경청 화상이 암자에서 공부를 했는데 그 절의 토지 신이 3년 동안이나 스님의 몸을 본 일이 없다고 하였습니다. 아무리 찾아보려고 해도 볼 수가 없었습니다. 이런 최상승의 법문을 여러분이 들으면 오래 공부하지 않고 고생하지 않아도 척 하니 계합이 되어 수지가 맞습니다. 그래서 이 법문을 듣는 사람은 오늘 죽어도 여한이 없는 것입니다.

동정호 근처에서 기름 장사를 십여 년 간 한 유도바라는 여자가 있었습니다. 어느 날 문득 생각해 보니 인생이 너무 덧없었습니다. '평생 이것만 하다가 죽는단 말인가? 무엇인가 있을 텐데……' 하고 생각하다 마조도일 스님의 법을 이은 노조산 보운 스님을 찾아갔습니다.

"어떻게 해야 참나를 알 수 있겠습니까?"

"하나의 위치 없는 참된 사람[無位眞人]이 면전에서 들락거리느니라."

그 말을 듣고 절에서 내려온 뒤부터 아무것도 보이지 않고 '들락거린다. 이것이 무엇인가?'만을 생각합니다. 기름을 팔면서도 계속 생각했습니다. 어떤 때는 기름병을 주면서 돈 받을 생각도 하지 않고, 손에 든 것을 놓는 것도 잊어버리고 묵연히 서 있기도 합니다. 남편이, "여편네가 왜 이러고 있어!" 그러면 깜짝 놀라 기름을 주고 돈을 받았습니다. 이 공부를 해 들어가면 노두의 일을 잊습니다. 길을 가다가 목적지까지 가야 하는 것[路頭事]

: 시고공중 :                                                                 283 ●

을 잊어버리는 것을 몰록 잊어버린 것이라고 합니다. 풀을 매다가도 묵연히 있는데, 그 경지가 나무말이나 진흙소와 같습니다. 유도바가 그런 지경에 이르렀습니다.

한편 유연이라는 사람이 군대에 갔는데 휴가 나올 때 친구가 자기 집에 편지를 전해 달라고 부탁을 했습니다. 그 친구의 집이 바로 동정호 옆이었습니다. 그래서 친구의 편지를 그 부모님에게 전해 주고 중국의 명승지인 동정호를 구경했는데 경치가 너무 좋아 "내가 유연이라는 친구가 아니었으면 어떻게 동정호를 구경했겠는가?" 하면서 춤을 덩실덩실 추었습니다. 그 소리에 유도바가 활연대오했습니다. 깨닫고는 쏜살같이 노조산 보운 스님에게 달려가는데 그 모습이 마치 제석천왕이 큰 철퇴를 들고 올라가는 것과 같고, 큰 호랑이가 달려드는 것과 같으며 사자가 뭇짐승을 제압하는 것과 같았습니다.

보운 스님이 물었어요.

"어떤 것이 무위진인인가?"

"머리는 셋이고 팔은 여섯인데 눈을 똑바로 뜬 사람입니다."

"정말 기이하도다. 법의 기연이 참으로 기이하도다. 불 가운데 연화가 난 격이로구나. 내가 그대에게 전법송을 지어 주리라."

화산을 한 번 쳐서 가르니 두 갈래로 물이 흐른다.

거기서 흐르는 물이 몇 년이나 흘렀던고?

華山一劈 分兩流
萬年池水 不知年

여인이 집에 가서 설법을 하는데 화산이 갈라져서 흐르는 폭포수처럼 걸림이 없는 법문이었습니다. 그리고 기름을 판 돈으로 불사를 했는데 세상에 칭송이 자자했습니다.

시회대중은 알겠습니까?
"부처님께서 설하신 반야바라밀은 반야바라밀이 아니니 그 이름이 반야바라밀이다."
산승이 하는 이 말을 쫓아가면 안 됩니다. 산승이 말하는 곳을 쫓아가지 말고 듣되, 듣는 그곳에서 바로 보아 계합할 줄 아는 지혜가 필요합니다. 진공에는 티끌도 세울 수 없으므로, 미진微塵이 있다면 진眞이 아닙니다.
"어떤 것이 부처입니까?"
"네가 듣고 답하는 것이 부처이다."
"그럼 어떻게 보림保任을 해야 합니까?"
"조그마한 먼지라도 눈을 가리면 허공에서 꽃이 어지러이 떨어지느니라."
그와 같은 조그마한 생각, 어디라도 걸리는 생각이 있으면 천 리 만 리 거리가 멀어집니다. 금 부스러기가 비록 귀한 것이기는 하나 눈에 들어가면 병이 됩니다. 이 자리에는 『반야심경』이다, 『반야심경』이 아니다, 법을 말한다, 법을 말하지 않는다, 이렇게 논하는 방향으로 나가면 거리가 멀어져 버립니다. 그러니 산승도 말을 하면 안 되는 것인데 왜 말을 하는가? 의아한 생각이 들 것입니다. 그런 생각이 들어가면 산승이 말을 하는 의지를 꿈에도 보지 못할 것입니다. 흙탕물에 젖은 적삼을 벗으면 모든 것이 몰록 벗어집니다.

봉암사에 있을 때 산사태가 나서 짐을 지고 가다가 목 부분까지 흙탕물에 잠긴 적이 있습니다. 꼼짝 못하고 있을 때 사람들이 손을 잡아 당겼는데 알몸이 쏙 뽑혀 올라왔어요. 그쯤 말하면 여러분이 척 알아들어야 됩니다. 『반야심경』 법문은 여러분과 제가 눈이 마주치면 척 이루어져야 합니다. 그래서 그 속의 머리를 분명히 봐야 합니다. 모양을 봐서는 안 됩니다.

# 무색무수상행식

## 無色無受想行識

◉

**∥ 강설 ∥**

이 부분에서는 '없다'고 하여 생활하는 가운데 있는 모든 것은 전부 없다고 하면 안 된다고 하는 내용입니다. 여기에서 자신의 존재를 완전히 깨달아 알면 어느 곳이든 막힘이 없습니다. 그렇지 못하고 밖의 경계에만 매달려서, 있는 것에만 집착하면 그 이상은 전혀 알 수 없습니다.

**∥ 주해 ∥**

이미 공인데 그 가운데 무슨 오온이 익히어 쌓임이 있겠는가? 허공의 본체는 빛깔을 두나 빛깔을 받아들이지는 않고, 소리를 두나 소리를 받아들이지는 않으며, 받아들임[受]을 두나 받아들임을 받아들이지는 않는다. 생각함[想]을 두나 생각함을 받아들이지는 않고, 행함[行]을 두나 행함을 받아들이지는 않으며, 인식함을 두나 인식을 받아들이지 않는다. 육도와 사생, 일체가 거짓된 이름이고 거짓된 모양이라 어느 것 하나도 받아들이지 않는다. 청허하고 묘한 도는 조그마한 먼지 하나도 세우지 않으며, 필경에는 모습도 없다. 행함에 마치 새가 날아다니는 길과 같고, 앉음에 태허와 같아 흔적이 없다.

既是空 中有甚五蘊積習 虛空之體 安色不受色 安聲不受聲 安受不受受 安想不受想 安行不受行 安識不受識 六道四生 一切假名假相 都無納受 清虛妙道 纖塵不立 必竟無形 行如鳥道 坐若太虛

**▌강설▌**

대안심입명처 자리는 판별을 하지 않습니다.

**▌후송▌**

자, 말해 보아라! 어떤 것을 새의 길, 태허라 하는가?
에잇!
새가 공중에 날아간 발자취를 볼 수가 없듯이, 진공은 앞에 드러나 있으나 어떻게 생겼는지 그 모습을 볼 수가 없다.
알았는가?

且道 如何謂之鳥道太虛 咦 鳥道雖行而不見跡
眞空雖露而不見相 會麼

오온이 함께 없어지면 문득 공을 볼 것인데
어찌 다른 곳에서 주인공을 찾으려 하는가!
물이 깨끗해지니 고기가 저절로 보이고
매사가 어둡지 않으니 저절로 신통이 있더라.

五蘊俱無便見空 何須他覓主人公
旣得水淸魚自見 頭頭不昧有神通

■‖ 강설 ‖■

　공을 증득하면 안심입명처를 이루어 일체 모든 곳에서 물
듦이 없으며, 색수상행식을 배제하지 않고도 안심입명처 자리를
다 수용합니다. 이 가운데는 일체 모든 모양도 도무지 세울 것이
없습니다. 마치 새가 허공을 지나가되 자취가 없는 것 같고, 큰
거울이 모든 물건을 다 나타내 보이지만 거울 속에 물건의 자취
가 없는 것처럼……. 그러한 것이 묘도이고 대신통입니다.

# 무안이비설신의
## 無眼耳鼻舌身意

**◗ 주해 ◖**

자, 말해 보아라! 눈·귀·코·혀·몸 그리고 뜻이 없다는 것이 무슨 의미인가? 그릇되이 잘못 보지 말라. 내가 지금 명확하게 말할 것이다. 육근이 있는 것은 색신이며, 육식이 없는 것은 법상이라 이름한다. 이와 같은 것은 다만 수행하는 사람이 헤아리는 것이다. 비록 눈으로 보나 색에 집착하지 않으며, 귀로 들으나 소리에 집착하지 않고, 코로 냄새를 맡으나 향취에 집착하지 않으며, 혀로 맛을 보나 맛에 집착하지 않는다. 비록 몸이 있지만 모양에 집착하지 않고, 모름지기 모양을 잊고 체를 잊는다. 뜻[意]은 비록 일에 임하나 대상 경계에 집착하지 않으며 응하고 응하되 항상 고요하다.

且道 無眼耳鼻舌身意 是箇甚麼 休呆看蹉過了 予今明說 有此六

根是色身 無此六識名法相 如此之者 只是數修行人 眼雖看 不要著在
色上 耳雖聽 不要著在聲上 鼻雖嗅 不要著在香臭上 舌雖嘗 不要著
在滋味上 雖有身體 休要著在相上 須要忘形忘體 意雖應事 不要著在
境物上 要應應常靜

■ 강설 ■

사람이 오근이 없으면 사람이라 할 수 없지요. 눈앞의 오근
은 실재합니다. 그런데도 없다고 하는 까닭은 무엇일까요?

안·이·비·설·신·의를 그대로 가지고 있지만 새가 날아가는
길과 같고 허공과 같아서 그 무엇에 물들거나 집착하지 않기 때
문에 없다고 한 것입니다. 모든 경계에 응하되 절대로 마음이 동
요하지 않고 일체의 집착이 없는 그 자리를 없다고 합니다.

■ 주해 ■

도가에서는 "눈이 생김새를 보는 것이 아니고, 귀가 소리
를 듣는 것도 아니다. 혀가 맛을 즐기는 것도 아니고, 코가 냄새
를 맡는 것도 아니다. 몸이 쓸데없이 움직이는 것도 아니고, 뜻
이 광란한 것도 아니다."고 하였다. 유가에서는 "예가 아니면 보
지 말고, 예가 아니면 듣지 말며, 예가 아니면 말하지 말고, 예가
아니면 움직이지 말라."고 하였으니 이것이 곧 '안·이·비·설·신·

의 육근이 없다'는 의미이다.


　　道云 眼不觀色 耳不聽聲 舌不就味 鼻不嗅香 身不妄動 意不狂
亂 儒云 非禮勿視 非禮勿聽 非禮勿言 非禮勿動 便是無眼耳鼻舌身
意也


### ▌주해 ▌

　　또한 '육근이 청정함'이 바로 '육진에 물들지 않음'이며, 또
한 '육식(六識 : 眼·耳·鼻·舌·身·意)이 다 공함'이니, 이를 종합해서 말
하면 '십팔계가 다 고요해짐'이다. 더 나아가 '여섯 가지 어지러
운 것이 다 없어지고, 육적이 죽어, 하나의 진도 움직이지 않고
육문이 닫힌다'고 일컬으니, 이것을 종합해서 말하면 십팔 지옥
이 공해져 끊어진 것이라고 한다. 만일 이렇게 되면 천당이 가까
워지고, 곧바로 본래의 법신을 볼 것이다.


　　亦是六根淸淨 便是六塵不染 又是六識皆空 總而言之 十八界靜
也 又名六耗消亡六賊死 一眞不動六門關 總而言之 十八獄空也斷也
若此則天堂近也 便見本來法身

육근이 깨끗하면 육신통이 나옵니다. 코로 냄새를 맡으면 향적여래이고, 입으로 말하는 것이 일체 설법하는 여래이고, 일체가 관음의 설법입니다.

순수하고 이성적이며 진리의 차원으로 나가는 사람은 업이 가볍고 눈과 귀와 뜻이 깨끗합니다. 반면 업이 두터우면 진리를 이야기해 주어도 듣기 싫어합니다. 그래서 무지해지고 감성적인 방향으로 나갑니다.

부처님 당시에 어찌나 인색한지 자기네들밖에 모르는 사람들이 있었습니다. 그래서 부처님께서 그들을 제도하려고 발우를 들고 그들의 집으로 갔습니다. 부인이 나가 보니 웬 스님 한 분이 탁발을 하려고 나왔거든요.

"저는 공부하는 수도인인데 복을 짓게 하려고 왔습니다."

"복은 무슨 복! 사대가 멀쩡해 가지고 왜 남의 집에 얻으려다녀! 나는 한 푼도 줄 수 없어."

그러자 탁발하는 스님이 눈을 감더니 서 있는 채로 금방 죽은 송장이 됩니다. 그러더니 금방 썩어 자취가 없어졌습니다. 부인이 놀라서 남편을 불렀습니다.

"얻어먹는 스님이 오더니 금방 죽어서 자취가 없어졌어요. 어디로 갔는지 찾아보면 있을 거예요."

남자가 장검과 활을 가지고 죽이려고 한참 찾아다니다 길가에 앉아 있는 스님을 보았어요.

"네가 나의 처를 놀라게 하고 강제로 무엇을 달라고 했다며?"

칼로 내려치려고 하니 몸을 둥그렇게 감아 수정알처럼 만들어 버렸어요. 아무리 칼로 베려고 해도 안 돼요.

"네가 아무리 그래도 내 안에는 들어올 수 없다."

"어떻게 하면 그대 안에 들어갈 수 있나?"

"칼과 활을 버리면 내 안에 들어올 수 있다."

그래서 칼과 화살을 버리고 이번에는 주먹으로 쳤는데 전연 들어갈 수 없어요.

"칼과 활을 버리면 들어갈 수 있다고 했는데 왜 안 되지?"

"손에 있는 칼과 화살을 버리라고 한 것이 아니라 그대 마음속에 있는 활과 칼을 버리라고 한 것이다."

그 인색한 처사가 마음의 칼과 활을 버린 후에 물었습니다.

"어떻게 하면 부처님처럼 그런 몸이 될 수 있습니까?"

"나는 무진겁 동안 『대반야바라밀경』을 설하는 곳마다 가서 한 자도 빠뜨리지 않고 항상 듣고, 들을 때마다 어떻게 하면 『대반야바라밀경』에서 이야기한 것처럼 될 수 있나 의심을 하고 공부를 하였기 때문에 오늘 이러한 몸이 되었다."

"그럼 저도 공부를 하면 그렇게 되겠습니까?"

"그렇게 되고 말고! 이 세상의 모든 중생은 모두가 그런 것을 다 가지고 있으니 그것을 꺼내어 쓰려고 노력해라."

여러분이 반야바라밀을 다 가지고 있고 최상승의 진리의 법을 다 가지고 있는데, 밖으로 꺼내어 쓰지 못할 뿐입니다. 자유를 얻지 못했기 때문에 노력을 해야만 합니다. 요즈음처럼 물건 배급 주듯이 죽은 화두를 주어서는 안 됩니다. 발심하지도 않고 신심도 없이 맹하니 있는 사람에게 자꾸 참선하라고 권하거나, 화두 달라고 할 때 쉽사리 "이뭣고 하시오!" 하면 안 됩니다. 수천 번을 찾아오고 발길로 채여 턱이 깨져도 "스님! 저 화두 하나만 내려 주십시오." 그렇게 간절한 마음이 일어나 화두를 못 받는 것이 철천지한이 되었을 때 비로소 말해 주어야 언하에 깨칠 수 있고, 설령 언하에 깨치지 못할지라도 의심이 불길같이 일어날 수 있습니다.

과거에는 납자가 오면 무조건 냉대를 했습니다. 소요태능(逍遙太能, 1562~1649) 스님이 서산 스님을 찾아갔지만 서산 스님이 어디 받아 주었습니까? 안 받아 주었습니다. 냉대를 받았지만 소요 스님은 서산 스님 밑에서 공부하게 해달라고 집 주위를 돌면서 나무도 해오고 불도 때면서 서너 달 버텼습니다. 그제서야 서산 스님이 기연이 조금 있나 보다 생각하고 절에 머물게 했습니다. 그러나 6년이고 7년이고 있는 동안 달달 볶았습니다. 복장이 터지고 터져 못 참고 가면 그만이고, 그놈이 삭고 삭아 아주 물러 빠져 내려앉았을 때 가르쳐야 한다고 생각했던 것입니다.

무서운 시어머니 밑에서 꾸준히 참고 배겨난 며느리가 나중에 그 가문을 이어 갈 수 있는 며느리가 됩니다. 오늘날 사회 풍토가 마음을 다스리는 수행을 전혀 안 합니다. 공부라고 하는 것이 그냥 맹한 정신으로 화두를 가지고 한다고 되는 것이 아닙니다. 정말로 공부를 하려면 발 벗고 생명을 걸고 달려들어야 합니다.

공한 것을 모르면 육근이 육적입니다. 눈으로 보면 탐하고, 입으로 맛보면 더 먹고 싶고, 몸으로는 더 부드러운 촉감을 좋아하고, 뜻으로는 모든 이익을 헤아리고 좋은 것만 탐하는 것이 육적입니다. 육근, 육진, 육식이 그대로 중생계의 지옥인 것입니다. 십팔계 이십오유가 공하여 일체가 없는 그 자리가 천당이며 본래 법신 자리입니다.


▌‖ 주해 ‖▐

본래 법신을 보고자 하는가? 눈에 있으면 본다고 하고, 귀에 있으면 듣는다고 하며, 코에 있으면 냄새를 맡는다고 하고, 혀에 있으면 담론한다고 하고, 손에 있으면 잡는다고 하고, 발에 있으면 움직인다고 한다. 온몸이 움직이면 온몸이 다 법신이다. 그러나 육근과 사대, 오온이 보고 듣고 지각하는 것이 아니니 삼가고 조심하며, 사대와 육근을 오인하여 자기라 여겨서는 안 된다. 『금강경』에서는 "무릇 있는바 상은 다 허망한 것이다."라 하였고, 도가에서는 "깨달은 자는 생각을 잊고 참에 돌아가고, 어

리석은 자는 모습에 집착하여 근본을 잃는다."고 하였다. 이것(육
근, 사대, 오온)은 다 거짓된 이름으로, 중생을 인도하는 것일 뿐, 알
아서 바로 요달하게 하지는 못한다.

要見本來法身麼 在眼曰見 在耳曰聞 在鼻曰臭[25] 在舌談論 在
手拈掇 在足運奔 全體起用 全體法身 非是六根四大五蘊見聞知覺 切
忌休認四大六根爲己 金剛經云 凡所有相 皆是虛妄 道云 悟者忘念歸
眞 迷者著相失本 盡是假名引導衆生 不可知得便了

### ▌▌강설 ▌▌

법신자리는 일체를 통해서 씁니다.

### ▌▌주해 ▌▌

법신을 친히 보고자 하다가 만일 친견하게 되면 범부가 바
뀌어 성인이 된다. 다른 이의 말을 듣거나 문자상으로 알고 이해
하는 것은 그림 속의 떡이 굶주린 배를 채워 줄 것이라는 기대와
같고, 술이라는 말 한 마디에 목마름이 그친다는 말과 같아서 결
국은 일을 해결하지 못한다. 허실은 "화단의 울타리(청정법신)이니
속지말라. 저울의 눈금[星]은 저울대에 있는 것이지 물건을 올리
는 저울쟁반에 있는 것이 아니다."라고 하였다. 그래서 중양 조사

는 "정반성을 잘못 알지 말라."고 하였다.

須是親見法身 若得親見 轉凡成聖 若聽人言說 或文字上知解
如畫餠充饑 似說酒止渴 終不濟事 虛實云 華藥欄莫顢頂²⁶⁾ 星在秤弓
²⁷⁾不在盤 重陽祖師云 休敎錯認定盤星

■ 강설 ■

　문자나 이론 그리고 생각으로는 들을 수 없고 볼 수도 없
습니다. 이 『반야심경』을 들을 때는 이해하려고 하지 말고 법신
과 본성자리를 깨닫기 위해서 들어야 합니다. 제 말을 듣고 지식
이나 학식으로 머리에 넣으면 큰 짐이 되고 공부하는 데 오히려
병통이 됩니다. 중생의 견문각지는 법신자리가 아닙니다.

　속세의 삶은 시시비비를 가리고 질투심이나 탐심으로 가득
차 있습니다. 자신의 본성을 내던져 버리고 사는 것이지요. 그런
상태에서는 『반야심경』은 꿈에도 들을 수 없고 볼 수도 없으며
전연 계합이 되지 않습니다. 여러분은 오늘 이 자리에서 법문을
들으면서 여러분의 모든 살림살이를 내던져 비워야 합니다. 또
'나는 공부를 하여 뭔가 나름대로 깨달은 것이 있다' '나는 일가
견을 얻었다'고 하는 나름대로의 나라고 하는 주관이 있어도 법
신의 반야자리를 보지 못합니다. 나라는 주관을 여지없이 부수
어 본래 한 물건도 없는 그 자리에 들어가야 깨달을 수 있는 기

연이 됩니다.

나에게 있는 재산은 가짜입니다. 참선하는 사람은 혹 경계를 보고 헛된 기운이 돌아서 천지에 겁나는 것이 없을 때가 있습니다. 그럴 때 선지식을 만나지 못하면 정신이상자가 되고 미친 사람이 됩니다. 그래서 선지식을 만나는 것이 제일 중요합니다.

만공(滿空月面, 1871~1946) 스님도 공부를 하다가 경계를 보아 "천하에 내가 제일이고 천하에 겁나는 것이 없고 내가 부처다." 하면서 다닐 때 경허 스님을 만났습니다. 경허(鏡虛惺牛, 1846~1912) 스님이 죽비를 딱 치면서, "이 소리가 안에서 났느냐? 밖에서 났느냐?" 물으시고, 또 "네 말대로 모든 것이 부처다. 천하가 오직 나뿐이라면 어째서 눈이 있는 돌사람이 눈물을 흘리고 말 없는 동자가 탄식을 했느냐?"라고 물으셨고, 그 물음에 허기 돋은 것이 일시에 몰록 끊어졌다고 합니다.

고암(古庵祥彦, 1899~1988) 스님께서도 3년 동안 잠을 자지 않고 낮에는 좌선을 하고 밤에는 돌아다니셨습니다. 어느 날 법주사를 가다가 천지가 무너지는 좋은 경계가 나타났는데, 맛을 보니 하늘과 땅을 삼키고 허공을 부수고 대천세계가 한 털끝 속에 들어가듯하며 의기가 천하를 뒤덮는데, 겁나는 것이 없었다고 합니다. 그때 용성 큰스님을 만나서 모든 것을 낱낱이 점검을 받아 전법제자가 되었습니다. 선지식을 만나지 않고 나름대로 알아서 설친다든지 선지식을 불신하고 내가 제일이라고 하는 것은 천하의 외도입니다.

　여러분이 오늘 이 자리에 온 것은 지식을 넣으려고 오는 것도 아니고, 산승의 말을 배우려고 오는 것도 아니며, 다만 말하는 의지, 낙처落處를 알아 여러분이 가지고 있는 잘못된 생각, 살림살이를 일시에 무너뜨리고 여러분의 본래 면목자리를 깨닫기 위해서 온 것입니다. 문자나 언어, 견문각지로 알려고 하는 사람은 그림의 떡을 먹는 것과 같고 말로만 술을 마시는 것과 같은 것입니다.

　저울대에 보이는 눈금이 성性입니다. 저울대의 눈금은 절대로 움직이지 않습니다. 저울추만 왔다 갔다 하지요. 정반성은 저울의 기준이 되는 첫 번째 눈금을 말합니다.


### ▌▌주해 ▌▌

자, 말해 보아라! 이 문구는 무엇을 말하는가?

　말하자면 저울 쟁반은 (가볍거나 무겁거나) 모든 물건이 다 같다. 가볍고 무거운 것을 아는 것은 저울 눈금에 있다. 조사는 사람들이 저울의 첫 번째 눈금인 정반성을 잘못 오인하여 기준으로 삼을까 두려워한 것이다. 정반성은 죽은 물건이라 물건의 가볍고 무거움을 알지 못한다. 그러므로 정반성을 잘못 오인하면 안 된다. 일반적으로 모두가 이 눈금인데 이 눈금을 쓸 수도 있고 쓰지 못할 수도 있다. 이것이 다 법을 비유한 것이니, 자세하고 면밀하게 관찰해야 하며 한 면에 집착해서는 안 된다.

且道 此句如何說 謂盤只可等物 知輕別重者 皆在星上 祖師又
恐人 錯認定盤星討準 定盤星是死物 不知輕重 是以休教錯認定盤星
一般都是星 有用得著底 有用不著底 此皆喻法 精細審察 休執著一邊


**▋ 강설 ▋**

만인이 공평무사하기 위해 저울을 씁니다. 이것은 마음을
비교해서 하는 말입니다. 부동하고 불변한 마음을 의지하여 일
체를 판별합니다.

반은 가르쳐 줬습니다. 이 자리의 여러분은 다 깨달았겠지
요. 못 깨달았으면 내일 아침밥을 먹을 자격이 없는 사람입니다.
깨닫지 못한 분은 내일 아침 굶으세요!


**▋ 후송 ▋**

자, 말해 보아라! 이 이치가 어떠한가?

진성과 식성, 진신과 식신은 모두 같이 머무른다. 하나가
거짓이면 하나는 진이 된다. 한번 용감하게 착안해 보라!

하얀 백로가 눈 속에 숨어 있다가 날아가니 그때서야 겨우 알
더라.

且道 此理如何 眞性與識性 眞神與識神 一般同住止 一假一成
眞 牢著眼 鷺鷥藏雪內 飛起却纔知

여섯 개 문에 하나의 관문이여!
다섯 문은 다시 울타리를 칠 필요가 없도다.
저 세상의 일을 따라 분분히 어지럽지만
집 안의 아버지는 언제나 편안하도다.

六箇門頭一箇關 五門不必更遮欄
從他世事紛紛亂 堂上家尊鎭日安


■ 강설 ■

석상경저(石霜慶諸, 807~888) 스님이 열반을 하셨습니다. 전
법제자도 두지 않고 돌아가셨어요. 700명 대중은 대중공사를 하
여 일좌로 계신 스님을 방장으로 모셨어요. 새로운 방장 스님이
법상에서 개당설법을 하는데 13세 사미가 묻습니다.

"선사가 가르친 도리 가운데 '향로의 다 타고 남은 재처럼
하고 죽은 고목같이 하라'가 있습니다. 이것이 어떤 도리입니
까?"

수좌 스님이 대답했습니다.

"한 빛깔의 일을 밝혔느니라[明一色邊事]."

"선사의 도리는 꿈에도 보지 못했습니다."

"내가 꿈에도 보지 못했다면 향 연기가 일어나는 곳에서 이 몸이 벗어나지 못하리라."

향 하나를 꽂은 후 그 향이 삼분의 일도 타기 전에 좌탈입망했습니다. 그때 구봉도건九峰道虔이 톡톡 치면서 말했습니다.

"생사는 임의자재하나 선사의 의지는 꿈에도 보지 못했습니다."

이에 대해 굉지정각宏智正覺 스님은 다음과 같이 평했습니다.

달집[月巢]에 학이 천년의 꿈을 꾸고 있고
눈 쌓인 집에서 사람이 한 색의 공功을 미했다.
앉아서 시방을 끊는 것은 이마에 점을 찍는 것과 같으니
다시 밀밀히 한 걸음 나아가야 비로소 날아가는 용을 보리라.

月巢鶴作千年夢 雪屋人迷一色空
十方坐斷唯点額 密移一步看飛龍

후송에 있는 무구자 도인의 게송은 참으로 깊습니다. 참선을 많이 하여 무르익은 사람이라면 탁 하니 깨달을 것입니다. 여기에 이 말을 붙이면 아는 분은 깨달을 수 있을 것입니다.

한 마리의 독수리는 땅을 차고 하늘 높이 날고
두 마리의 원앙새는 못가에 홀로 섰다.
옛길에 토끼가 누워 있는데
푸른 매는 산 채로 잡아가고
뒤에 사냥하러 온 개는 냄새만 맡는다.

# 무색성향미촉법
## 無色聲香味觸法

⬤

**▌ 주해 ▐**

이것은 육진이다. 모두 한 뿌리에서 일어나니 다만 한 뿌리가 어디에서 일어났는가를 반조해 보라. 만약 일어난 곳을 알면 처음 일어난 곳에서 도리에 맞지 않는 것은 싹트지 못하게 해야 한다. 선진仙眞은 "찬 물을 들어 올려 끓는 물에 붓는 것보다는 가마솥 밑의 땔나무를 꺼내는 것이 낫다."고 하였고, 불가에서는 "나무를 베고자 할 때 먼저 뿌리를 잘라내면 가지는 저절로 제거된다."고 하였다.

此乃六塵也 皆從一根上起 但去一根上反照從何而起 若識起處 從根本生起處 是妄休敎生苗 仙眞云 揚湯點沸 不如釜底抽薪 釋云 要伐其樹 先去其根 枝稍自墜

색안경을 끼면 모든 것이 잘못 보이고 눈을 비비면 헛것이
보이듯이, 우리는 있는 것을 없는 것으로 보고 없는 것을 있는
것으로 보기 때문에 전체를 보지 못하고 일면만 봅니다.

이미 근본을 알면 거짓을 버리고 참 속으로 돌아가 나의 몸
이 있는 것이 아님을 알 것이다. 나의 몸이 없으니 만법이 모두
공해져 자연히 청정하다. 몸을 관해 보니 몸이 없고, 법을 관해
보니 법도 또한 그러하여 모두 공적한 데로 돌아간다. 다시 가
서 고요히 앉아 과거에 지었던 여러 가지 색성향미촉법이 어디
에 있는지를 관해 보라. 이미 있는 바가 없다면 마치 어젯밤 꿈
과 같다. 나의 마음이 본래 공하여 죄와 복의 주체가 없으니 어
떤 것이 죄이고, 어떤 것이 복인가? 경에서는 "마음을 자세히 살
펴보니 죄가 본래 공하므로 이것이 곧 진정한 참회라 이름한다."
고 하였다.

旣識根本 棄假歸眞 識得我身非有 我身尙無 萬法皆空 自然淸
靜[28] 觀身無身 觀法亦然 都歸空寂 更去靜坐 觀過去所作多種色聲香
味觸法 在於何處 旣無所有 還如昨夢 我心本空 福罪無主 何者是罪
何者是福 經云 諦觀心罪本來空 是則名爲眞懺悔

**▋▋후송 ▋▋**

자, 말해 보아라! 참懺은 무엇이고 회悔는 무엇인가?

참은 이전의 잘못된 것을 뉘우치는 것이고, 회는 두 번 다시 범하지 않는 것이다.

돌!

이미 모든 뿌리가 끊어짐을 얻었거늘 어느 곳에 다시 싹이 날 수 있겠는가. 다만 허공만이 있을 뿐이다. 허공을 보고자 하는가! 보려고 해도 보지 못하고, 찾으려고 해도 찾지 못한다. 대면하면 평상시와 같이 반짝반짝 빛이 난다.

알아 얻었는가?


且道 懺箇甚麼 悔箇甚麼 懺則懺其前非 悔則再不重犯 咄 旣得諸根斷 何處可生苗 只有虛空在 要見虛空麼 看不見 模²⁹⁾不著 對面如常光爍爍 認得也未


만법이 다 공하여 죄도 복도 없으니
다시 고요히 앉아 묵묵히 하라.
갑자기 비로자나의 손을 잡아 머무르니
한 사람의 남아 대장부가 되었도다.


萬法皆空罪福無 更須靜坐嘴羅都
驀然拿住毗盧手 做箇男兒大丈夫

이것은 공부하여 안목이 열렸기 때문에 나오는 것이지 안목이 없으면 이런 소리가 안 나옵니다.

죄는 자성이 없는 것이니 마음으로부터 일어난 것입니다. 만일 마음이 멸하면 또한 죄도 없어집니다. 죄도 없고 마음도 없어져 함께 공해야 이것을 진참회라 할 수 있습니다.

앞에서 '뿌리가 없어짐을 얻었다'고 한 부분에서 '얻었다'고 하는 말이 허물이 있으나 '알아 얻었는가?'에서 그 허물을 쓸어 버렸습니다.

# 무안게내지무의식게
## 無眼界乃至無意識界

**॥ 주해 ॥**

만일 눈[眼界]이 깨끗하면 마침내 식도 편안해져, 십팔계가 자연히 편안하다. 이 십팔계는 눈이 있다고 집착함으로 말미암아 십팔계에 연결이 되어 편안하지 않은 것이다. 다만 눈에서 돌이켜 궁구해 보면 헛되고 거짓된 것이다. 그래서 고덕은 "눈은 도를 장애하는 마군이며, 경계에 집착하면 스스로 돌아오는 길을 어둡게 한다."고 하였고, 선진仙眞은 "눈으로 보기 때문에 마음이 일어나고, 사물에 집착해 진을 미혹한다."고 하였다.

若眼界淨竟[30]識安 十八界自然平安 此十八界 因執有眼界 連累十八界不安 但去眼根反究虛假 古德云 眼是障道魔軍 著境自迷回路 仙眞云 眼觀心動 著物迷眞

여러분은 본성을 떠나 중생의 세계로 뛰어들어와서 여러분의 본성자리로 돌아가는 길을 잃어버렸습니다.

흔히 존재냐 비존재냐를 두고 시비를 합니다. 존재를 주장하는 사람은 존재라는 주견을 가지고 있고, 비존재를 주장하는 사람은 비존재라는 주견을 가지고 있습니다. 가지고 있는 주장이 다르면 서로 다투고 시비를 합니다. 시비하면 마음을 잃어버립니다.

'어떻게 하는 것이 시비에 떨어지지 않는 일구입니까?' 하자 이를 세 번 딱! 딱! 딱! 하고 부딪칩니다.

만일 알아채지 못했다면 다시 공부를 해야 할 것입니다.

나의 몸이 육근에 들어가지 않으면 대개 무너져서 사라져버리며, 사대를 조용히 살펴보면 참으로 옳은 것이 없다. 오직 진공묘성만이 존재하는데 이는 무량한 시간 동안 무너지지 않는 채로, 고요하고 깨끗하여 항상 존재하므로, 크게 닦을 것도 증득할 것도 없다. 불가에서는 "나가는 오랫동안 선정에 들어 있었으며, 선정에 들지 않은 때가 없었다."고 하였고, 선사先師는 "선정 속의 경계이고, 고요함 속의 하늘과 땅이니 그대로 그러한 것이지 인위적으로 만들거나 한 것이 아니다."라고 하였다.

吾身非入六根 皆歸敗壞 靜審四大 都無實義 惟有眞空妙性 長劫
不壞之體 湛然常在 亦無修證 釋氏云 那伽長在定 無有不定之時 先師
云 定中境界 靜裡乾坤 自然而然 做作又不是也

**▋▍ 강설 ▍▋**

불법이 깨달음을 얻는 것이라면 틀립니다.

나가정那假定은 아라한과 부처님의 정을 말하는 것으로 조
작이 없는, 자연스럽고 영원한 정을 말합니다.

부처님 당시에 어느 여인이 선정에 들었는데 부처님이 오
셔도 문수보살이 와도 정에서 깨어나지 않았어요. 심지어 문수
보살이 신통을 발하여 손가락을 튕겨도 일어나지 않고 33천을
흔들어도 일어나지 않았습니다. 그때 석가모니 부처님이 문수
보살에게 지하 10만억 국토를 지나는 곳에 있는 초지 망명網明
보살이라야 이 여인을 정에서 나오게 할 수 있다고 가르쳐 줍니
다. 이 말씀이 끝나자마자 망명보살이 용출하여 이마를 살짝 건
드리니 바로 일어났습니다. 문수보살은 과거칠불의 조사인데
초지 보살이 일어나게 할 수 있는 것을 왜 하지 못했을까요?

정에 있으면서 어떻게 말하는가 하고 묻자 상나화수(商那和
修, 제3조) 존자는 정에 있지만 출입은 자재하다고 했습니다. 이
말이 매우 특출합니다. 정에 있다는 것은, 말도 끊어지고 누가
말을 붙여도 상대도 하지 않고 죽은 것같이 고요히 있는 것을

말하는 것이 아닙니다. 육조 스님도 생활 그 자체가 삼매이며 정이라 했습니다. 달리 삼매나 정을 구하거나 별도로 정에 들고나는 것은 조작입니다.


**▌ 주해 ▐**

이미 선정의 힘을 얻었는데 마음에 무슨 산란함이 있겠는가? 마치 가을 하늘에 떠 있는 밝은 달과 같이 둥글고 빛이 나서 온 천지에 가득해 비추지 않는 곳이 없다. 이 비추는 것을 말하자면 또한 자연적인 것이지 일부러 생각하여 비추는 것이 아니다. 습득은 또 "나의 마음을 달에 비유하지 말라. 달에 비유할 것 같으면 달도 차고 기울어짐이 있다. 한 등잔에 기름 없는 등불이 켜져 있어 시방을 환히 비춘다."고 하였다. 산하대지가 있어도 막히거나 걸리지 않으며, 광명이 환하게 빛나니 일체의 근진에서 멀리 벗어나 항상 참된 실체가 드러나 크게 물듦이 없다. 단지 모든 인연을 떠나면 그것이 바로 부처이다.


旣得定力 有甚散亂 如同秋月 圓陀陀光爍爍 普天匝地 無有不照著處 說箇照著 亦是自然非安想故 拾得又云 吾心不比月 比月有圓缺 一盞無油燈 照得十方徹 山河大地 不能隔碍 光明洞耀 迥脫根塵 體露眞常 太無染汚 但離諸緣 便是仙佛

가을달이 밝게 비추는데 무슨 파도가 있겠습니까. 이 말은 허공의 달을 이야기하는 것이 아니라 우리의 마음 달을 비유한 것입니다.

여기에 앉아 있어도 마음은 찰나에 미국도 중국도 왔다 갔다 걸릴 것이 없습니다. 여러분의 한 생각 속에 무수겁의 역사가 들어 있습니다. 그러나 한 생각이 없어지면 무수겁의 역사도 사라져 흔적조차 없습니다.

백장 스님의 문손인 고령신찬古靈神贊 스님이 은사인 계현戒賢 스님을 모시고 공부할 때의 일입니다. 계현 스님은 매일 독경만 하고 참선이나 마음을 닦는 직접적인 수행을 하지 않았습니다. 공부에 진전이 없다고 여긴 신찬 스님은 백장 스님을 찾아갑니다. 거기서 8년 동안 공부를 하여 심지心地를 깨달은 후 다시 은사 스님이 있는 절로 돌아왔습니다.

그때까지 스님은 경전만 읽고 있어요. 인사를 하자, "네가 내 문하를 떠나 보니 뭐 특별한 것이 있더냐?"라며 상좌를 나무라셨습니다. 그때 마침 벌이 날아 들어 왔는데 활짝 열려 있는 창문으로는 나가지 않고 창호지에 자꾸 부딪치자 신찬 스님이 말을 합니다.

"문이 비어 있거늘 그 문으로 나가지 않고 창에 부딪치니 크게 어리석도다. 백 년 동안 앉아서 책만 뚫어지게 본들 언제 뛰쳐 나가리오."

계현 스님은 상좌가 하는 말에 마음이 걸렸지만 자존심이 상해 대꾸를 할 수 없었습니다.

그 후 목욕탕에서 목욕을 하는데 은사 스님의 등을 밀어 주면서, "법당은 좋은데 부처가 영험이 없도다. 그런데도 늘 광명을 놓는구나." 합니다. 그때서야 은사 스님은 법상을 차리고 상당上堂법문을 청합니다.

신찬 스님이 그때 하신 법문이 백장 스님의 "광명이 훤하게 밝아 때 묻고 더러운 의식에서 멀리 벗어나 체가 드러나니, 참되고 영원하며 문자에도 걸리지 않는다. 마음 성품은 물듦이 없어서 본래 스스로 둥글고 밝으니 다만 거짓된 반연만 여의면 그대로가 여여한 부처이다[光明洞耀 逈脫根塵 體露眞常 不拘文字 心性無染 本自員明 但離妄緣 卽如如佛]."라는 사구게입니다. 원래는 영광독요靈光獨耀인데 여기서는 광명통요光明洞耀라고 했습니다. 큰스님들이 이 사구게에서 '불佛'자에 문제가 있으니 이 글자를 떼고 읽으라고 하는 분들이 더러 있습니다만, 공부를 하여 심지를 깨달은 분은 대구가 바로 나오게 되어 있습니다.

오늘 여기 모인 대중 가운데에도 참선하는 사람은 참선만 하면 되었지 『반야심경』 강의가 왜 필요한가 하는 분도 있을 것이고, 또한 있다, 없다, 공했다 하는 소리를 계속 듣다 보면 황당무계한 이야기같이 여겨져 그러한 것들이 우리들의 실생활에 정말 필요한가 하고 생각하는 분도 있을 것입니다. 즉 현실에 맞는 것, 눈에 보이는 것, 이러한 것들이 중요한데 있다, 없다, 전부 공했다 이런 것들을 논하여 뭐하자는 것인가, 당장 우리 생활의 어디에 해당되는 것인가 하고 생각하는 사람도 있을 것입니다.

그러나 그것은 어리석은 마음[愚癡]에서 나온 편견입니다. 깨달은 자리는 여여하여 오는 것마다 비출 뿐입니다. 거울이 시비를 합니까? 거기에는 시비가 끊어져 있습니다. 대개의 사람들은 그렇지 못하기 때문에 옳다거나 그르다거나 하는 시비가 일어납니다.

우리가 이 자리에 모인 것은 저 언덕에 건너가기 위해서입니다. 여러분이 말 끝에 몰록 깨달아 심성이 계합되어 한 점 의심이 없어지면 더 논할 바가 없겠지요. 여러분은 그 길이 멀게 느껴져서 우리가 정말 깨달을 수 있을까 하고 생각할 수도 있습니다. 그러나 그것은 그렇지 않습니다. 『반야심경』은 불교 경전 중에서도 최상의 진리이고, 불교 경전을 떠나서도 이 세상 최고의 진리이고 최상의 신주神呪라고 했습니다.


어느 날 일타 스님께서 어두운 산길을 가다 멧돼지와 마주쳐서 꼼짝 못하게 된 적이 있었습니다. 멧돼지가 정면 공격할 태세를 갖추는 것을 보고, 스님은 일심으로 마음을 관하면서 『반야심경』을 외웠습니다. 그러자 공격하려고 태세를 갖추었던 멧돼지가 순한 양처럼 변하여 그대로 돌아갔다고 합니다.

또 신의주 어떤 고을에서는 용이 못된 이무기가 있어서 해마다 처녀를 제물로 바쳐야만 했답니다. 그걸 면할 길이 없었지요. 어느 해 제물로 바쳐질 처녀가 큰스님을 찾아가 가르침을 받았어요. 큰스님은 "오늘밤 일심으로 『반야심경』을 외워라. 『반야심경』을 외우는 곳에서는 마군의 머리가 모두 깨질 것이요, 어떤 귀신도 흔적조차 없이 녹아 버릴 것이며, 일체 요괴는 풀잎의 이슬처럼 말라서 없어질 것이다." 하고 가르쳐 주었습니다.

처녀는 밤중에 집채만큼 큰 이무기가 몸을 덮치는 두려움 속에서도 『반야심경』을 일심으로 독경했습니다. 그러자 이무기의 몸이 부서지고 머리가 깨졌어요. 게다가 이무기는 그냥 죽은 것이 아니라 몸이 흩어지는 동시에 천도가 되었습니다.

불교는 쫓아내고 죽이고 박대하는 것이 아니라 섭수하여 거둬들이는 것입니다.

오늘날 이 사회에는 건너야 할 강이 참으로 많습니다. 사람들 개개인마다 많은 걱정을 지니고 있으며, 팔만 사천 번뇌의 강이 흐르고 있습니다. 저는 많은 사람을 접하면서 그런 것을 보면 가슴이 참 아픕니다. 또한 사람들은 나름대로 소망도 많고 소망을 이루기 위해 노력하고 때로는 노력한 만큼 소망을 성취하기도 합니다. 그러나 그 소망을 이루는 것은 겨우 나뭇잎이나 따는 것과 같습니다. 나무 뿌리나 둥치에 병이 들어 이상한 현상이 나타날 때마다 왜 이럴까 하며 그 아픔을 그냥 당하면서 잎사귀만 따고 있는 것입니다. 그것은 이루고자 하는 욕망을 순간적으로 이룬 것일 뿐입니다. 따라서 병통은 계속 이어집니다. 왜냐하면 속세의 반야바라밀만 성취했기 때문입니다. 뿌리를 완전히 캐 내 버려야 합니다. 그렇게 해야만 모든 것을 한꺼번에 성취하게 되는 것입니다.

　오늘 여러분이 이 자리에 와서 이렇게 『반야심경』을 듣는 일 자체가 여러분이 건너야 할 강을 몰록 없애 이 자리가 바로 저 언덕이 되게 하는 것입니다. 『반야심경』을 듣고 독경하는 자 체가 최상의 신주가 되고 최상의 진리가 되는 것이지요. 호랑이 를 만났을 때 소설책을 읽으면 피해갈 수 있겠습니까? 부처님께 서 말씀하셨습니다. "이 경은 최상의 신주요 진리이니, 후대 말 세 중생은 항상 독경하고 설법을 들으라. 들으면 깨달을 수 있고 깨닫지 못하여도 반드시 큰 씨앗이 되리라."

　그 씨앗이 여러분의 생활 자체를 개혁하게 합니다. 그리고 『반야심경』을 들을 때에는 의심하지 말아야 합니다. 먼저 열의 를 다하여 다른 일을 제쳐 놓고 이것만큼은 들어야 한다는 신심 이 있어야 합니다. 그래야 속세의 바라밀도 성취하고 깨달음의 저 언덕에도 갈 수 있습니다. 그래야 본래 색도 공도 아니면서 색이기도 하고 공이기도 한 이 양변을 융합하여 양변을 뛰어난 중도실상의 도리, 즉 진공묘유의 도리를 바로 보고 쓸 수 있습니 다. 소반에 구슬 굴리듯 말입니다.

알았는가?

광명은 모자람이 없지만, 다만 구름이 일어나 막을까 두렵
도다.

理會麼 〇 光明無少欠 只怕起雲遮

경계를 만나 마음이 없으면 바로 눈이 밝아지니
자기를 돌이켜보고 앞길을 바로 보라.
신령스런 빛이 장안의 길을 비추고 통과하여
홀로 봉래산을 향해 길을 떠나도다.

遇境無心眼便明 反觀自己見前程
靈光射透長安道 獨向蓬萊路上行

■■ 강설 ■■

안계가 없는 소식입니다. 눈도 없고 코도 없는 그 자리가
아니고, 일체 모든 것에서 진성자리가 홀로 드러나서 모든 경계
에 무심하기 때문에 눈이 밝습니다.

◉

## 무무명
### 無無明

◉

무명이 없다고 하는 것은 온갖 인연이 생겨나지 않는다는 의미이다. 무명은 어둡고 멈추지 않는 생각이다. 모든 중생에게는 다 무명이 있으며, 무명이 있기 때문에 여러 가지 차별된 생각을 일으킨다. 온갖 번뇌가 다 어리석은 마음으로 인한 까닭에 그와 같다고 하였다. 도가에서는 "어둡고 사리에 맞지 않은 마음을 멈추지 않는 것이 지옥, 축생의 근원이다."라고 하였고, 불가에서는 "무명 때문에 보리의 길을 보지 못하며, 자기도 모르는 사이에 몸을 불구덩이에 던진다."고 하였다. 유가에서는 "한 치의 마음이 어둡지 않으면 만법이 모두 분명해진다."고 하였고, 또 광성자는 "나무에 불을 없애면 재가 되지 않으며, 사람에게 망정을 없애면 죽지 않는다."고 하였다.

無無明者 萬緣不生也 無明是黑暗不停之念 一切衆生 盡有無明
因有無明 起多種差別 百般煩惱 皆是暗昧之心 故令如是 道云 暗昧
心不止 地獄畜生本 釋云 無明不見菩提路 不覺將身落火坑 儒云 寸
心不昧萬法皆明 又廣成子云 木去火則不灰 人去情則不死

### ▌강설 ▌

생사의 고통과 이별의 고통, 그리고 육도 윤회 등 모든 문
제가 무명에서 비롯됩니다.

만 가지 인연이 한 생각 일으키는 데서 일어납니다. 마음이
일어남으로써 만 가지 법(인연)이 생기고 한 생각 마음이 없어지
면 만 가지 법이 멸합니다.

보리의 길을 보지 못해 어두운 것은 마치 캄캄한 밤중에 불
도 없이 급하게 달려 나가는 것과 같아서 앞에 함정이 있는지
없는지 알지 못합니다. 중생들이 그렇습니다.

### ▌주해 ▌

대전 조사는 "마음이 육정, 즉 육근에 머무르는 것은 새가
그물 속에 몸을 던지는 것과 같으며, 죄악의 업을 짓는 것은 나
방이 등불에 달려드는 것과 같다. 껍질에서 나왔다가 다시 껍질
로 들어가 윤회하면서 잠시도 멈추지 않고 자기도 모르는 사이

에 오랜 세월 동안 유랑하니 이것은 모두 무명 때문에 일어난 것이다. 무명이 있음으로 인해 행이 있고, 행으로 인해 식이 있고, 식으로 인해 명색이 있고, 명색으로 인해 육입이 있고, 육입으로 인해 촉이 있고, 촉감으로 인해 받음[受]이 있고, 받음으로 인해 애착이 있고, 애착으로 인해 취함이 있고, 취함으로 인해 존재[有]가 있고, 존재로 인해 태어남이 있고, 태어남으로 인해 늙음, 죽음, 근심, 슬픔, 고뇌가 있으니 이 모든 것이 무명 때문에 시작되는 것이다. 여기에서 자신이 무명을 보고 무명을 항복받아 없어지게 하며, 없어진 가운데 다시 없어지게 하면 다시는 다른 사람을 속이지 않을 것이다. 모든 번뇌가 저절로 다하여 영원히 끊어지면 욕심내고 성내고 어리석은 마음이 저절로 사라지고, 악의 뿌리가 저절로 제거된다. 여기에서 모름지기 뿌리를 절단해야 하며 가지와 꽃과 잎을 돌아보아서는 안 된다. 만약 뿌리가 바로 끊어지면 꽃과 잎은 저절로 죽으며, 마음을 깨끗하게 청소하면 그 몸을 보지 않게 된다. 몸이 다하면 무명이 다 없어지고 때도 다하며, 만겁의 티끌수와 같은 많은 죄가 한꺼번에 없어지며, 생사에 윤회하는 고통도 일시에 벗어난다."고 하였다.


大顚云 心處六情 如鳥投網 造罪惡業 如蛾赴燈 出殼入殼 轉轉不覺 流浪經劫 皆因無明而起 因有無明有行 因行有識 因識有名色 因名色有六入 因六入有觸 因觸有受 因受有愛 因愛有取 因取有有 因有有生 因生有老死憂悲苦惱 皆因無明爲始 於此親見無明 降伏

令死 死中更死 欺人不得 諸漏自盡 煩惱永斷 三毒自滅 惡根自除 須
是直裁根源 莫顧枝稍³¹⁾華葉 根若截斷 華葉自死 掃除心地 不見其身
身盡無明盡 塵垢亦盡 萬劫塵沙數罪一時頓息 輪廻生死一時脫兔³²⁾

**▌ 강설 ▌**

　　사람들은 아침에 기뻐했다가도 잠시 후 성을 내며 자기의
소유욕이 만족되면 좋아하고 그렇지 않으면 미워합니다. 그러
한 마음을 가지고 사는 세상이 중생세계입니다. 아침에는 부인
에게 사랑한다고 이야기했지만 밖에서 마음이 가는 사람을 만
나면 또 그곳으로 마음이 갑니다. 그러다 집에 오면 부인이 사랑
스럽지 않은데 어떡하겠습니까? 부인 역시 자기에게 잘하는 사
람이 있으면 그 사람이 좋아질 것입니다. 그래서 마음속으로는
사랑하지 않으면서 억지로 "여보, 사랑해."라고 거짓말을 합니
다. 이렇다 보니 속에서는 스트레스가 쌓이고 불만이 생겨 그것
이 오래 되면 속병이 생기고 오장이 상합니다.

　　어느 보살님이 있는데 이분은 말을 하다 잘 웁니다. 가슴에
한이 많이 맺혀서 그렇다고 합니다. 스물한 살에 남편이 병이 나
서 과부가 되었는데, 그 후 함께 살자는 사람도 많았지만, 옛날
이라서 그렇게 수절하고 살면서 남몰래 눈물을 흘리며 참고 또
참아 그것이 한이 되었다는 것입니다. 그것이 병이 되어 몸이 많
이 아프고 스님이 법문을 해주거나 이야기를 해주면 그만 눈물

이 난다는 것입니다. 다행히 말년에는 마음을 쉬고 자꾸 공부를 하여 가슴에 쌓여 있던 것을 녹여 괜찮아졌습니다.

중생의 세계는 믿을 수 없습니다. 부처님 자리를 참으로 알아야 진실로 행복할 수 있습니다. 그 자리야말로 믿을 수 있고 진정한 의지처로 삼을 수 있습니다. 마음속의 부처님 자리를 등지는 분에게는 믿음이 없습니다. 그런 분이 믿는다고 한다면 그것은 새빨간 거짓말입니다. 법당에 와서 여러분의 진실한 부처님 자리를 조금이라도 돌이켜보고 찾아서 현실에서 실현시켜 나가야 합니다. 그럴 때 그 가정도 진실한 가정, 서로 믿을 수 있는 가정이 됩니다. 그것이 오랜 세월을 두고 허공처럼 담연상적하여 변하지 않는 여러분의 진실한 마음입니다. 그것을 알아야 편안하게 됩니다. 그러기 위해서 마음의 『반야바라밀경』을 찾아야 하고 그대로 실행해야 됩니다.

딸을 둔 한 친구가 퇴계 선생에게 찾아와, "사윗감 하나만 골라 주게." 하고 부탁했습니다. 그 후 어느 날 퇴계 선생이 자기가 가르치는 학생들에게, "오늘 점심은 내가 줄 터이니 집에 가지 말아라."고 했어요. 그런데 점심을 차려왔는데 밥상을 보니, 방아를 반만 찧어 보리털이 그대로 남아 있는 꽁보리밥에다 소태같이 짠 김치, 소금을 많이 넣어서 먹지 못할 정도로 짜디짠 시래기 국이었어요. 학생들이 밥을 한 숟갈 떠먹다 뱉고, 국을 먹어 보고는 기절초풍하여 게워내고, 또 김치 한 조각 먹어 보고 얼굴을 찡그리면서 수저를 놓고 모두 가만히 앉아 있었습니다. 그런데 그 가운데 학생 하나가 아무 말 없이 김치도 먹고 국도 먹으면서 얼굴 표정 하나 변하지 않았습니다. 그것을 보고 퇴계는 저 정도면 친구의 사윗감으로 알맞겠다고 생각했습니다. 그래서 친구에게 "사윗감 잘 골라냈네!" 하고 전했습니다. 퇴계 선생의 친구는 높은 벼슬을 하고 있는 분으로 딸이 바보여서 사윗감을 욕심내서 골랐던 것입니다.

나중에 그 사위가 높은 벼슬에 올랐는데, 부인이 밥을 하면 반은 타고 반은 설어서 보리밥인지 돌덩이인지 모르게 해놓고, 김치를 담그면 이것이 김치인지 곤죽인지 모르게 해 놓았어요. 이렇게 먹을 수 없게 해 놓아도 그 양반은 아무런 말없이 잘 먹어요. 어느 날 부인이 버선을 만들어 주었는데 큰 자루같이 만들었어요. 버선을 신었는데 헐렁거리자 버선 위로 끈을 동여매고 조회에 나갔는데 사람들이 기절초풍하고 웃습니다.

"그것이 무엇인가?"

"보다시피 버선일세!"

"이 사람아! 그것이 자루이지 버선인가! 생전 처음 보겠네."

"그런 소리하지 말게. 이건 우리 집사람이 정성스럽게 지어준 것일세. 우리 집사람을 모독하지 말게."

그러던 어느 날 할아버지 제삿날이 되어 제사 음식을 진설하고 있는데 부인이 쫓아와서는, "여보! 나 저 대추 하나 줘!" 하는 겁니다. 그러자 얼른 대추를 하나 집어 주었습니다. 집안의 어른들이 놀라 눈을 위로 떴다 아래로 떴다, 얼굴이 푸르렀다 붉었다 하다가 종친회 공사를 붙였습니다.

"조상 제사를 지내려고 차려놓은 다과상의 신성한 음식을 어떻게 먼저 손을 댈 수 있는가? 사서삼경의 『예기』도 보지 못했는가? 등과하여 벼슬까지 하는 사람이 어떻게 제사 지내기 전에 먼저 음식에 손을 대었는가?"

추상 같은 호령을 합니다. 그러자 그가 말했습니다.

"다 옳으신 말씀입니다. 그러나 제가 만약 그것을 주지 않으면 저 철부지 집사람이 막 집어서 다 가져갈 텐데 그리되면 어떻게 제사를 지낼 수 있겠습니까? 얼른 한 개 주어 달래서 보내는 것이 상책이기 때문에 그렇게 했습니다."

주위의 종친들은 아무런 말도 못하고 과연 집안의 인물이며 대단한 군자라고 인정했습니다. 그가 바로 김집입니다.

이러한 이야기는 조금 부족하다고 하여 그것을 딴 곳에서 채우려고 하고 자기에게 주어진 것을 버리려고 하는 요즘 사람들에게 큰 교훈을 줍니다. 마음의 육정만을 좇아 사는 사람은 올바르고 보람된 삶을 살지 못합니다. 일반 세속인의 마음도 그렇거늘 반야를 배우는 불자들이야 더 말해 무엇 하겠습니까? 좋다고 달려들어 집착하면 안 한 것보다 못해 자기의 마음과 몸을 망칩니다.

십이인연, 육정 등을 가지고 사는 마음은 진실하지 못합니다. 부처님은 이 세상에서 탐진치 삼독이 가장 독하다고 했습니다. 그 독은 무서운 독이라 한 번 물리면 다시 헤어나기 힘듭니다. 그 독은 점점 퍼져서 마침내 사람을 죽게 합니다. 독을 취하지 않고 자기 마음을 잘 운전해 나가는 사람은 가정에서는 올바른 가장, 올바른 부인 노릇을 할 것이고, 나라의 지도자라면 나라를 위하여 임무수행을 잘할 것입니다. 그러나 삼독심을 지닌 채 살아간다면 희로애락에 휘말리게 되어 올바른 가정과 사회를 건설하기 힘듭니다.

육정 가운데 살면서 기뻐하지도 않고 성내지도 말아야지 하면서 하나하나 하지 않으려고 그러지 말고 근본 육정이 어디에서 나왔는지 근본 마음을 들여다보아 애초에 근본 마음이 없다는 것을 깨달으면 모든 것이 없어집니다.


■ **후송** ■

자, 말해 보아라! 이러한 것은 무엇인가?

애 - !

쇠똥구리가 똥무더기를 떠나고, 껍데기에서 벗어나 금매미로 변했다.

알았는가?


且道 似個什麼 嘎 蜣蜋離糞彈 脫殼化金蟬 會麼

마음속이 매하지 않아 성품이 둥글고 밝으며
온 세계가 공하고 공하며 한결같이 평탄하도다.
풀 한 포기 나지 않다가 그 흙마저 다하니
커다란 둥근 해가 바다 속에서 나오도다.

心間不昧性圓明 徧界空空一坦平
寸草不生塵土盡 一輪日向海中生

▌ 강설 ▌

생사윤회를 벗어난 자리가 무엇인지 말하라고 하자 이 소
리도 저 소리도 아닌 목쉰 목소리를 냈어요. 생각해 볼 일입니다.

# 역무무명진

## 亦無無明盡

---

**▌주해▌**

이미 마음을 다 쓸어 버려 십팔계가 모두 청정해졌다. 몸도 잊었는데 다시 무슨 무명이 다할 것이 있겠는가? 미혹하면 전도되어 망상을 하게 되니 이것이 무명의 업심이다. 깨달으면 범부를 바꾸어 성인이 되니 이것이 둥글고 밝은 깨달음의 성품이다. 모두 하나의 마음이지만 다만 밝히고 밝히지 못함의 차이가 있을 뿐이다. 태상은 "나오는 것은 같지만 이름이 다르다."고 하였고, 영가현각 스님은 "무명의 참 성품이 그대로 불성이요, 환화의 빈 몸뚱이가 그대로 법신이다."고 하였다.

既掃除心地 十八界必然淸淨 身尙忘却 更有甚無明盡 迷則顚倒妄想 是無明業心 悟則轉凡成聖 是圓明覺性 都是一般心地 只曾明與不明 太上云 同出而異名 永嘉云 無明實性卽佛性 幻化空身卽法身

■ 강설 ■

유가에서는 기가 나올 때 이치가 함께 실려 나온다[氣發理乘]고 하고, 불교에서는 진여심眞如心과 생멸심生滅心을 이야기합니다. 생멸심은 중생의 마음을 이야기하는 것이고, 진여심은 각성覺性자리를 말합니다. 같은 자리에서 때에 따라서는 순수한 마음이 나오기도 하고 어떤 때는 갑자기 돌변하여 무서운 독기가 나오기도 합니다. 그것이 한곳에서 나오지만 각기 이름이 다릅니다.

영가永嘉 스님은 어린 나이에 육조 스님을 찾아가 육환장을 짚고 당당하게 육조 스님의 주위를 세 바퀴를 돌고 섰습니다. 그러자 육조 스님이 묻습니다.

"사문은 삼천 가지 위의와 팔만 가지 세행을 갖추어야 하거늘 대덕은 어디에서 왔기에 그렇게 큰 아만이 있는가?"

"나고 죽는 생사가 크고 무상이 빨라서 위의를 갖출 겨를이 없습니다."

무상이 번개가 번쩍하는 것과 같이 빠르다는 말이지요. 육조 스님이 다시 말씀하셨습니다.

"참으로 나고 죽는 것이 본래 빠른 것이 없음을 체득하지 않느냐?"

"깨달으면 무생이요, 요달하면 본래 빠른 것이 없습니다."

"옳다!"

영가 스님이 위의를 갖추어 절하고 떠나려 하자 육조 스님이, "너무 빠르지 않는가?" 하니 영가 스님이, "본래 움직이지 않거늘 빠름이 있겠습니까?"고 합니다.

문답은 계속됩니다.

"누가 움직이는 줄을 아느냐?"

"스스로 분별할 뿐입니다."

"그대는 남이 없는 도리를 얻었구나!"

"남이 없는데 어찌 뜻이 있겠습니까?"

"뜻이 없으면 누가 분별하느냐?"

"분별하는 것도 뜻이 아닙니다."

육조 스님이, "선재라, 하루 저녁 자고 가거라!" 하여 하루저녁을 자고 깨달음을 얻었다고 해서 일숙각―宿覺이라고 합니다.

『증도가』에 나오는 말입니다.


**▌ 주해 ▌**

만약 허깨비와 같은 몸이 나라고 집착하면 무명이 있게 되고, 무명이 있으면 삼독이 생겨나고 삼악업을 일으킨다. 삼업이 너무 어두워 육근이 안으로 눈멀게 되며, 이로 인해 보지도 못하고 알지도 못해, 깨달음을 등지고 세상살이에 영합해 삼악도에 떨어진다.

만약 지혜가 있는 사람이라면 아끼고 탐내는 마음을 돌이켜 기쁘게 보시하는 마음이 일어나게 하고, 화내는 마음을 돌이 켜 즐거운 마음이 되게 하며, 어리석고 집착하는 마음을 돌이켜 원융하게 하고 벗겨져 깨끗한 마음이 되게 하며, 다시 육적(육근)을 바꾸어 육신통이 되게 한다.

若執幻身是我卽有無明 有無明卽生三毒 起三惡業 三業昏暗 六根內盲 因此不見不知 背覺合塵 墮三惡道 如有智慧之人 能轉慳貪心 爲喜捨心 轉瞋怒心爲歡喜心 轉愚痴執著心 爲圓融脫洒心 更改六賊 爲神通

██|강설|██

삼독은 신·구·의 삼업이고, 삼악은 지옥·아귀·축생입니다. 『반야심경』에 대해 말씀드리면서 곁들여 여러 가지를 말씀 드리니 들을 때는 여실하게 들으셔야 합니다. 책에 있는 것 누가 강의 못하나 하는 생각으로 들으면 안 됩니다. 그런 생각을 가지고 듣는 사람은 자신이 중생의 견해를 가지고 있다고 자인하는 것이 됩니다. 이 세상에는 모순이 없고 무엇을 봐도 허물이 없어야 합니다. 어느 것을 봐도 시시비비가 없어야 합니다. 그렇지 못한 사람은 환화공신幻化空身을 곧 나[我]라고 고집하는 사람입니다.

부처님 말씀은 깨닫고 보아야 바로 볼 수 있습니다. 깨닫기 전에는 절대로 바로 보지 못합니다. 눈이 열린 사람이 해석해 놓은 것을 볼 때는 '아!' 하고 무릎을 칩니다. 자기의 눈이 열린 것과 부처님의 뜻이 하나가 되기 때문입니다.

과거에 어느 스님이 『반야심경』을 강의한다고 큰소리를 쳤습니다. 강의가 끝난 다음 왜 질문을 안 하느냐고 큰소리를 치자 봉우 처사가 물었습니다.

"『반야심경』의 공空과 무無가 같습니까, 다릅니까?"

그때 그 스님이 대답을 못했어요. 같다고 하면 허물이고 다르다고 하면 『반야심경』을 잘못 본 것이기 때문입니다. 자기의 눈이 열렸다면 질문한 즉시 전광석화와 같이 대답이 나올 것입니다. 이렇게 눈이 트인 사람이 강의를 해야 옳은 강의가 됩니다. 깨닫지 못한 사람이, 안목 없는 사람이 강의하면 그 자신도 죽는 것이고 상대방도 죽이는 것입니다.

고암 스님은 과거에 일생 동안 수행을 잘하여 용성 큰스님에게 인가를 얻으신 분입니다.

용성 스님이 "무자無子 십종병에 걸리지 않는 한 글귀를 가지고 오너라." 하자 고암 스님이 "다만 칼날 위의 길로 갑니다."라고 대답했습니다. 용성 스님이 또 물었습니다.

"영산회상에서 석가모니 부처님께서 꽃을 들었을 때 가섭이 미소를 지었는데 여기에 대한 의지가 어떠한가?"

"사자굴 속에는 다른 짐승이 있을 수 없습니다."

그때 용성 스님이 고개를 끄떡끄떡 했습니다. 열 가지 이상 질문을 했지만 고암 스님은 명쾌하게 즉시즉시 답하여 용성 스님으로부터 정식 인가를 받았습니다.

사자산 법흥사에서 수좌 스님들이 정진을 하고 있을 때의 일입니다. 그때 어느 과부가 절 땅을 부치면서 대신 산을 지켜 주었습니다. 당시만 해도 다른 산에는 나무가 없고 절 주위에만 풍치림이 빽빽하게 있었기 때문에 마을에서 나무를 하러 절이 있는 산으로 올라오곤 했습니다. 주로 소나무를 베어 가는데 저도 청암사, 남장사, 봉암사에 있으면서 도벌꾼들하고 싸움을 많이 했습니다. 본의 아니게 어떤 때는 지게도 부수고 그랬는데 그럴 때는 참으로 마음이 많이 아팠습니다.

그때 그 보살이 산을 지키는데 얼마나 억척스러운지 그 많은 도벌꾼들이 당해내지를 못했어요. 하도 극성맞고 지독해서 도벌꾼들이 얼씬도 못했어요. 그러다가 어느 날 갑자기 세상을 마쳤는데 보살이 죽고 나서도 도벌꾼들이 나무를 베러 오지 못했어요. 왜냐하면 어디서 나타났는지 큰 독사가 기어 나와서 물기 때문에 도벌꾼들이 범접을 못했던 것입니다. 법흥사 스님들은 물지 않는데 꼭 도벌꾼들이 나타나면 비호같이 물고 달아나니 사람들은 참 이상하다고 생각했습니다.

보살이 죽자 49재를 절에서 지내 주었는데 6재 지나고 난 후 어떤 스님이 꿈을 꾸었습니다. 꿈속에서 독사가 몸을 변신하여 나타나는데 그 산지기 보살이었어요. 얼마나 악을 품었던지 죽어서도 독사가 되어서 산을 지키고 있었던 것입니다. 그런데 그 독사가 꿈에 나타나서 말하는 것입니다.

"마지막 재는 다가오지만 나는 천도가 되지 않아!"

"그럼 어떻게 해야 천도가 되지요?"

"나를 천도해 줄 만한 스님은 이 절에도 없을 뿐 아니라 어디에도 없어! 그러나 3일이 지난 후에 한 스님이 오실 텐데 그 스님이라야 나를 천도해 줄 수 있어! 그분 외에는 어느 누구도 안 돼."

대중들은 궁금했습니다. 3일 후에 온다니 하루하루 기다렸지요. 사흘 후에 저녁을 먹고 양치질한 후에 예불하려고 하는데 객스님 한 분이 오셨습니다. 그분이 누구인가 했더니 고암 스님이셨어요. 대중이 반갑게 맞이했습니다. 다음날 가시려고 하는 스님께 한 대중이 간곡하게 부탁을 했습니다.

"스님, 보살 49재가 있는데 법문할 스님이 없으니 스님이 봐주고 가십시오."

"다른 큰스님을 청해서 하시지요."

"선몽을 받았는데 스님이라야 천도가 되지 다른 스님은 안 된다고 했습니다. 스님이 해 주십시오."

고암 스님께서 49재를 지내고 법문을 한 뒤에 천도가 되어 독사가 없어졌습니다. 진심瞋心을 한 번 내면 그와 같이 무서운 업을 남기게 됩니다.

또 치심癡心이라는 것은 지혜가 없어서 어리석은 짓을 많이 하는 겁니다. 결국 탐·진·치라는 것은 신구의 삼업으로부터 근본이 되어 거기에서 업을 짓는 것입니다. 이 세상에서 탐·진·치 삼독이 제일 무서운 독입니다. 이 독은 중생에게 지옥·아귀·축생을 만들어 주는 독입니다.

이러한 삼독심을 보시하는 마음, 기뻐하는 마음 등으로 돌이켜야 합니다. 설산 동자가 중생을 위해 목숨을 아끼지 않고 몸을 던졌듯이 모든 것을 중생들과 함께 회향하기 위한 목적으로, 즉 '중생들에게 내 몸을 던지오니 중생들은 보리도에 회향하여지이다' 하는 마음으로 모든 것을 던져 보시해야 합니다.


**▌▌주해▐▐**

여기에서 하나하나 돌이켜 바꾸면 자연히 범부를 바꾸어 성인이 될 것이므로 범부가 곧 성인이다. 만약 돌이키지 못하고 바꾸지 못하면 성인이 곧 범부이다. 어째서 범부는 사물의 굴림을 당하며, 성인은 자신이 사물을 굴리는가. 사람들은 날마다 쓰면서도 알지 못하고 하루 종일 바쁘게 치달리며 사물에 끄달림을 당한다. 날이 가고 달이 가도 자기 집에서 점점 멀어져 자기 고향으로 돌아오지 못하고 진성을 미하고 근본마음 자리를 잃어버린다.

於是一一轉得改得自然轉凡成聖 凡夫卽是聖人 若轉不得改不
得聖人 卽是凡夫 如何凡人被物轉 聖人能轉物 百姓日用而不知 終日
忙忙 被物所引 日久月深 離家漸遠 不得還鄕 迷眞失本也


**▌강설▐**

　범부는 밖의 물건이 그의 마음과 몸을 부려서 본 마음에 돌
아오지 못하고 항상 바깥 세상에 끄달려 전전긍긍하면서 윤회
의 여행길에 돌아다닙니다.

　무심無心이 되면 다 되었다고 생각한다든지 무심이 부처라
고 생각한다면 그 또한 큰 허물이 됩니다. 무심이라는 한 생각은
구름과 같아서 자성을 어둡게 합니다. 깨달아서 성인이 된다 해
도 사실 범부와 한치 차이가 없습니다. 깨달으면 멀리 뛰어난 굉
장한 경지에 있다고 상상하겠지요? 그러나 그렇지가 않습니다.
티끌은 더러운 것이 아니라, 그 자체가 반야이자 티끌입니다.


　남악회양 스님이 육조 혜능 스님을 찾아뵙고 인사를 하자,
"무슨 물건이 이렇게 왔느냐?" 하고 물었습니다. 남악회양 스님
은 대답하지 못했습니다. "마음이 옵니다." "회양이가 옵니다."
"자성이 옵니다." 하는 등 대답할 수도 있겠지요. 또는 주먹을 들
어 보일 수도 있지만 눈 밝은 이에게는 통할 리 없습니다. 그 자
리에서 꽉 막혀 대꾸할 생각 자체가 없어진 것입니다. 전후좌우

제단前後左右際斷하여 망연자실茫然自失이라. 앞뒤, 좌우의 분별이 끊어져 망연히 일체를 잃어버린 것입니다.

그 후 남악회양 스님은 8년 동안 앉아서 참구했습니다. '마음도 물건도 부처도 아닌 이것이 무엇일까?……' 그러다가 어느 날 홀연히 깨닫고 육조 스님을 찾아갑니다.

"설사 한 물건이라 해도 맞지 않습니다."

"여시여시如是如是. 그렇다면 닦아 증득하는 것이 있느냐?"

"깨달아 증득하는 것이 없지 않으나 물드는 것은 없습니다."

바로 이 대목입니다. 그래서 한 번 뛰어남에 바로 여래의 경지[如來地]에 들어간다고 하는 것입니다.

육조 스님이 어느 날 모든 대중을 모아 놓고 말합니다.

"나에게 한 물건이 있으니 이름도 없고 글자도 없다. 모든 사람은 알겠는가?"

그러자 열세 살 된 영리한 신회 스님이 일어나서 말했습니다.

"제불의 본원이요, 신회의 불성입니다."

육조 스님께서 말씀하셨습니다.

"이름도 없고 글자도 없다 했는데 어찌 본원, 불성이라는 말을 붙이는가? 너는 후대의 지해종사知解宗師는 될 수 있을 것이다."

그리고 이어 남악회양 스님이 대답합니다.

"설사 한 물건이라고 해도 맞지 않습니다."

남악회양 스님은 육조 스님의 적자가 되었고, 하택신회 스님은 적자가 되지 못했습니다.

무심이라는 생각이나 깨달았다는 생각이 있으면 눈을 가려 버립니다. 조그마한 싸라기라도 금이 눈에 들어가면 병이 되듯이. 근본적으로 해결하려면 자신이 실제로 앉아서 깨달아야 합니다.

세간에서는 신이나 부처, 보살, 허공을 신격화해 의지해서 무엇인가를 얻으려고 합니다. 자성을 본 사람은 그렇지 않습니다. 모든 것이 공해서 털끝만한 견해도 없어 의지하는 것이 없습니다. 자기 자신이 천상천하의 제일 높은 성인이요, 부처인데 무엇에 의지하겠습니까? 그 자리에서는 어디에 의지해 있는 중생이 아니며 근기를 따라서 일체만물에게 이익을 주며, 일체중생을 이끌어 제도해 함께 피안에 이르게 하는 자리입니다.


■∥ 주해 ∥■

만일 만물이 자기에게 돌아가는 것을 안다면 어찌 미혹하여 진성을 잃겠는가. 야보도천 스님은 "종일토록 바쁘고 바쁘더라도 그 무엇도 방해되지 않으며, 해탈을 구하지도 않고 천당을 좋아하지도 않는다. 다만 한 생각이 무념에 돌아갈 뿐이며, 비로자나 부처님의 높은 이마 위를 활보한다."고 하였다. 다시 말해서 "종일토록 밥을 먹었지만 곧 쌀 한 톨 씹은 적이 없고, 종일토록 옷을 입었지만 일찍이 실오라기 하나 걸치지 않았다."고 하였다. 도가에서는 "세상 속에 살지만 세상에 물들지 않고, 욕심 가운데 있어도 욕심이 없다."고 하였다.

若是會萬物歸於自己 豈得迷失眞本矣 川老云 終日忙忙 那事無妨 不求解脫不樂天堂 但能一念歸無念 高步毘盧頂上行 又云 終日吃飯 不曾咬著一粒米 終日著衣 不曾掛著一縷絲 道云 居塵不染塵 在慾而無慾

■ 강설 ■

장사하는 사람은 장사 하느라 바쁘고, 정치하는 사람은 정치하느라 바쁘며, 교직에 있는 사람은 강의하느라 바쁩니다. 그러나 만물이 자기에게 돌아가는 것을 아는 사람은 무슨 일이든 어떤 것에든 방해를 받지 않습니다. 이렇게 되어야 살맛이 나고 멋지게 사는 것이라 할 수 있습니다.

무념이라고 했을 때 마음이 없다면 도대체 어떻게 된 것인가 하고 의심이 갈 것입니다. 간략히 말하자면, 무념이라고 하는 것은 육적이 무너진 당체를 말하는 것입니다. 중생의 생각이 없어진 육바라밀의 진실한 마음입니다. 이것은 생각이라고 말하지 않습니다. 중생의 생각은 너와 내가 있고, 조그마한 생각에 집착해 시시비비가 생기지만 그것을 뒤집으면 무념의 염이 되니, 이 것이 우주만유와 동체로 진실로 몸을 던질 수 있는 마음인 것입 니다. 공한 것을 깨달아 비로소 사상四相이 없어진 마음이 무념 입니다. 중생이 생활하면서 이 몸 그대로 마음 하나 바꿔 버리면 이 몸 자체가 불신佛身이 됩니다. 공했다, 없다, 무념이다, 무심이 다 했을 때 없다는 생각이 들면 안 됩니다. 중생의 생각과 중생 의 마음이 뒤바뀌어 엎어졌기 때문에 '없다.'고 한 것입니다. 그 렇기 때문에 엎어져서 바뀐 자성자리를 드러내어 쓸 때 능소가 없고 무명심이 없어져 육바라밀을 잘 행하는 보살이 된다고 한 것입니다.

지금의 여러분은 육바라밀을 행하려고 해도 잘 안 됩니다. 중생의 소견이 있기 때문입니다. 중생의 소견이 무너져야 합니다.


주장자를 세 번 치니 모든 격산隔山이 무너지고
일체가 공적해져 취모리검이 허공에서 빛난다.


■ 주해 ■

몸과 마음[身心]이 일여하고 안과 밖이 다름이 없다. 모름지 기 하나가 되니 공겁 이전과 같아 모양도 그림자도 없으며 본성 의 체가 당당히 드러난다. 조그마한 티끌이라도 있게 되면 온 세 계에 부질없이 태어나 전전하다 문득 생사에 떨어지게 된다. 다만 자기의 몸을 돌이켜 관해 보면 나의 몸은 실다운 것이 아니며 나머지도 다 공한 것이다. 나의 몸도 거짓인데 다시 무슨 무명이 있겠는가?

　身心一如 內外無餘 須是打成一片 與空劫齊 形影不存 體露堂堂 纔有纖塵 徧界空生 便墮生死 但去反觀己身 我身不實 餘者皆空 我身尙假 有甚無明

**▌ 강설 ▐**

그 경지가 하나의 수정알과 같고 둥근 허공과 같습니다.

눈에 티끌이 들어가면 허공꽃이 피고 눈병이 생기듯이, 조그마한 티끌 하나로 중생들의 깨끗한 마음이 흐려져 착각을 해 윤회에 떨어집니다.

**▌ 후송 ▐**

자, 말해 보아라! 미혹하여 진실된 도를 잃어버린다는 것은 무엇인가?

에잇!

내리는 눈이 나무꾼이 다니는 길을 없애고, 구름이 약초꾼의 길을 막았도다.

且道 如何迷失眞道 咦 雪迷樵子路 雲遮採藥人

앞길이 너무나 캄캄하고 질척질척하여
강과 시내가 끝이 없고 만산이 높이 솟았다.
만약 몸을 굴리는 조그마한 힘을 안다면
당당한 대도가 평평하고 넓게 펼쳐져 있을 것이다.

前途路逕黑漫漫 無限江河萬嶺巑
若解轉身些子力 堂堂大道坦然寬

# 내지무노사
## 乃至無老死

◉

‖ 주해 ‖

　이미 (무명이) 없어졌는데 다시 무슨 근심 걱정·괴로움·늙고 죽는 것이 있겠는가? 수행하는 사람은 몸뚱이도 잊고 모양도 잊어야 한다. 나의 몸이 없는데 무슨 무명이 있겠는가? 무명이 이미 없으므로 생사도 또한 끊어진다.

　태상은 "안으로 마음을 보면 마음에는 그 마음이랄 것이 없고 바깥으로 형체[形]를 보면 형체에는 그 형체랄 것이 없으며 멀리 사물을 보면 사물에는 사물이랄 것이 없다. 이 세 가지를 깨달은 사람만이 오직 공을 본다."고 하였고, 『금강경』에서는 "아상·인상·중생상·수자상이 없다."고 하였다. 세 가지가 이미 없어지고 네 가지 상이 모두 공해졌는데 여기에 다시 무슨 무명이나 늙음, 죽음이 있겠는가? 만법이 저절로 공해지니 이것이 바로 부처이다. 이 부처라는 두 글자도 많으며, 또한 억지로 이름을 붙인 것이다.

既得無 更有甚憂苦老死 修行之人 須要忘形忘體 我身既無 有
何無明 無明既無 生死亦斷 太上云 內觀其心 心無其心 外觀其形 形
無其形 遠觀其物 物無其物 三者既悟 惟見於空 金剛經云 無我相 無
人相 無衆生相 無壽者相 三者既無 四相皆空 有何無明老死 萬法自
空 即是仙佛 只這仙佛兩字 也是多了 亦乃强名

마음에는 말머리가 끊겼기 때문에 마음이라고 할 것이 없
습니다. 마음이라 하면 벌써 십만 팔천 리나 틀린 것입니다.

당나라 때의 문장가였던 한퇴지韓退之는 나름대로 도덕이
높다고 여긴 자로 불교를 꺾어 없애 버리려는 속셈으로 10년 동
안 축령봉에서 내려오지 않는 태전 스님에게 홍련이라는 기생
을 올려 보냈습니다. 홍련에게 3개월의 말미를 주면서 태전 스
님을 파계시키면 큰 상을 주고, 파계를 못 시키면 홍련의 목숨을
내놓기로 약속을 하고 올려 보냈습니다. 홍련은 태전 스님이 얼
마나 대단한 스님인지 모르지만 석 달이면 충분하다고 장담을
하면서 올라갔습니다. 축령봉으로 올라간 홍련은 석 달 동안 다
리도 주물러 주고, 태전 스님이 앞개울에서 목욕을 하면 등도 밀

어 주면서 석 달을 보냈는데 파계시키지 못했습니다. 이젠 꼼짝 없이 죽게 되었다고 눈물을 흘리고 있으려니 스님이 홍련의 치마폭에 게송을 써 줍니다.

> 10년 동안을 축령봉을 내려가지 않고
> 색을 보고 공을 보니 곧 색이 공했다.
> 어찌 조계의 물 한 방울을
> 홍련의 치마폭에 떨어뜨릴 수 있겠는가?

十年不下鷲靈峰 觀色觀空卽色空
如何曹溪一滴水 肯墮紅連一葉中

홍련이 한퇴지에게 치마폭의 게송을 보여 주자 기절초풍을 하였습니다. 홍련을 죽일 수가 없었지요. 이번에는 한퇴지가 태전 스님을 찾아갔는데 3일 동안 만나 주지 않았습니다.

### ‖ 주해 ‖

또한 중생들은 가치가 전도되어 눈앞의 허깨비와 같은 경계에 현혹된다. 습성에 끄달려 모양과 그림자가 바뀌며, 주인이 되지 못하고 물질을 따라 유전한다. ‘나’라는 것이 있다고 집착하기 때문에 망령된 마음이 없어지지 않고, 인·아 등 사상四相을 제거하지 못하여 소리와 색에 집착해 생사에 떨어진다.

만일 성품을 본 사람은 눈앞에 법이라는 것이 없다. 또한 중생도 없고, 본래 마음·부처·중생이 차별이 없다. 평등하고 진실한 법계를 한몸으로 똑같이 보기 때문에 만법이 하나로 돌아간다.

且衆生顚倒 被目前幻境所惑 習性所牽 形影變動 不能作主 隨物流轉 因執有我 妄心不滅 人我不除 執著聲色 墮落生死 若是見性之人 目前無法 亦無衆生 心佛及衆生 本無差別 平等眞法界 一體同觀 萬法歸一

■ 강설 ■

미워하고 사랑하는 두 가지 모양, 내가 제일이라는 모양, 일정한 수명을 가지고 있다는 모양, 이와 같은 자만심의 모양이 중생의 사상四相에 속합니다.

중생은 모든 것을 바로 보지 못하므로 길을 가다가 새끼줄을 보고 뱀이라고 착각합니다. 눈을 비비고 허공을 볼 때 허공꽃이 보이는 것과 같습니다. 진실이 아닌 것을 진실한 것으로 보는 것이 전도입니다. 그림자나 모양이 움직이는 것은 물속의 달을 건지려고 하는 것과 같습니다.

법이 있고 부처가 있고 조사가 있고 성인이 있다고 한 것은 성불하지 못한 중생들에게 보여 주기 위해 임의로 이름을 붙인 것입니다.

**▌ 주해 ▌**

자, 말해 보아라! 왜 똑같이 본다고 하였는가.

선진仙眞은 "비록 나무 위 가지가 나누어져 나뭇가지의 끝이 다르나 결국 모든 잎은 뿌리로 돌아가 끝난다."고 하였다. 그것은 곧 물의 줄기가 여러 갈래로 나뉘고 흐르는 모양도 다르지만 결국에는 모든 강물이 바다로 돌아가는 것과 같다.

또 태극이 나누어지기 전에는 뒤섞여 하나의 대기였는데 어찌하여 둘이 되었는가? 천지가 이전에 나누어져 높고 낮음이 있어 하나는 둘을 낳고, 둘은 셋을 낳고, 셋이 만물을 낳고 모두가 하나여서 교파할 바가 없다. 하늘이 도이며, 땅이 도이며, 사람이 도이다. 유정 무정이 다 도의 기운을 받아 태어난 것이다. 나뭇가지의 끝을 보면 모든 가지가 같지 않으나 근본을 알면 하나일 뿐 다를 것이 없다. 불가에서는 "이 법은 평등하여 높고 낮음이 없다."고 하였고, 선진은 "평등하여 둘이 아닌[不二] 노인이 온전히 참된 장부"라고 하였다.

且道 怎地同觀爲 仙眞云 雖則枝分稍[33]異 到了萬葉歸根 然則派列流差 必竟百川還海 且太極未判 混然一氣 豈有二耶 天地旣分而

有高下 一生二 二生三 三生萬物 皆一無所化 天也是道 地也是道 人
也是道 有情無情 皆受道氣所生 觀梢末則萬彙不等 知根本則一槩無
殊 釋云 是法平等 無有高下 仙眞云 平等不二老 是全眞之丈夫

만약 이 도리를 알면 태어나매 그것으로부터 태어나고, 늙
으매 그것으로부터 늙고, 병들매 그것으로부터 병들고, 죽으매
그로부터 죽어 생로병사가 일찍이 장애되지 않는다. 나에 집착
하여 거품이 생겼다가 없어진다. 파도가 치고 물결이 일렁거려
도 물은 본래부터 언제나 그대로이다. 대전 조사는 "집에 도달한
사람이라면 생사가 있음을 보지 않으며 또한 생멸이 없음을 보
지 않는다. 천당, 지옥 등 육도와 사생, 모든 환화를 철저히 본 사
람[徹底人]에게는 모두 교섭하지 못하며 자연히 온몸을 다 놓아
버리게 된다."고 하였다. 옛사람은 "모든 법은 영원하지 않으며
일체가 다 공하다. 이 자리가 곧 부처님의 대원각의 경지."라고
하였다.

若識破這個道理 生則從他生 老則從他老 病則從他病 死則從他
死 生老病死不曾碍 著我漚生漚滅○ 波飜浪㶁 水本常然 大顚云 到
家底人不見有生死 亦無生滅 天堂地獄六道四生一切幻化 於徹底人
總無交涉 自然全身放下 古云 諸行無常一切空 卽是如來大圓覺

대전을 가면 대전을 만나고, 서울을 가면 서울을 만나고,
미국을 가면 미국을 만나듯이 바깥 경계는 변하지만 만나 보는
놈은 이놈 한 놈이 보는 것입니다.

방하착이 되면, 단박에 공한 도리를 아는 것입니다.

자, 말해 보아라! 죽으면 어디로 가는가?
알았는가?
한 개의 그림자 없는 둥근 해가 태허 속에 단정하게 있다.

且道 死了向其³⁴⁾處去 會得麼 一輪無影日 端在太虛中

이윽고 큰 집착에서 몸을 떼어 내니
무명의 헛된 경계가 다한다.
공하다고 관하는 것 또한 공이니
나고 죽는 생사가 가까울 까닭이 없도다.

旣太執分身 無明幻境盡
觀空亦是空 生死無由近

크고 작은 성상을 논리적으로 다투는 것은 공의 세계에 접
근하지 못한 소리입니다. 이것을 싹 쓸어서 공의 세계로 갈 때
일미로 돌아가는 진실한 세계를 알게 될 것입니다.

# 역무노사진

## 亦無老死盡

**▌ 주해 ▌**

처음부터 늙고 죽음이라는 것이 없어서 무수한 겁이 다 여여한데 어찌 '다한다'고 할 것이 있겠는가? 다함이 있는 것은 이 허깨비 같은 경계의 색신이고, 늙고 죽음이 없는 것은 진공의 법상이다. 이미 '있음'에도 집착하지 않고 또한 공에도 막히지 않으니, 물고기처럼 활발발한 자리이며 수레바퀴처럼 잘 굴러가는 자리이며, 둥글고 아름다운 자리이며, 빛나고 빛나는 자리이다. 어찌 '다한다'고 할 것이 있겠는가.

처음 수행을 하는 사람은 먼저 정결하게 해야만 비로소 조금 상응하는 것이 있을 것이다. 태상은 "덜어내고 또 덜어내면 함이 없는 경지[無爲]에 이르니 함이 없으되 하지 않음도 없다."고 하였다.

既無老死 常劫如然 豈有窮盡 有盡者 是幻境色身 無老死者 是
眞空法相 既不著有 亦不滯空 活鱍鱍地 轉轆轆地 圓陀陀地 光爍爍
地 豈有盡耶 且初行行人 先要打當乾淨 方有些兒相應處 太上云 損
之又損之 以至於無爲 無爲而無不爲

**▌강설▌**

　마음속의 좋지 못한 생각을 소멸하는 것이 덜어내는 것이
고, 그것이 백척간두입니다. 무엇 하나 붙일 수 없고 손해와 이
익도 없는 것, 그 자리가 백척간두입니다.

**▌주해▌**

　대전 조사는 "도를 배우는 사람은 파초를 벗기는 것과 같아
서 한 겹을 벗겨 내고 다시 한 겹을 벗겨 내면 바로 다 벗겨져 더
이상 손댈 것이 없는 곳에 다다른다. 자연히 근본을 돌이켜 본래
의 근원에 돌아가면 오온이 공함을 얻어 태어나기 이전과 같고,
모든 것을 태운 것과 같다. 공하되 공하지 않은 곳에 이르게 되
면 이 몸을 벗어났다는 것마저 모두 잊으므로 자취를 두지 않을
뿐 아니라, 온몸과 손과 눈에 티끌 하나 세우지 못한다. 이름도
붙이지 못하는데 더군다나 다른 것은 말하여 무엇하겠는가. 십
이인연과 육바라밀행, 만행, 두타고행을 일시에 한꺼번에 벗어

나니 마치 고목 같고 식어 버린 재와 같고 백 가지 중 한 가지도 알지 못하는 사람과 같다."고 하였다.

大顚云 學道之人 如剝芭蕉 一般去一層 又去一層 直至去盡 無
下手處 自然返本還源 得五蘊空 如未生相似 燒了 一般 到空不空處
脫體全忘不存踪跡 要通身手眼 不立纖塵 名字猶不可得 何況其他
十二因緣 六度萬行 頭陀苦行一時頓脫 如枯木死灰 如百無一會底人

## ▌▌ 강설 ▌▌

파초의 잎을 벗기면 다시 한 꺼풀이 나오고, 계속 벗기다 보면 마지막에는 아무것도 없습니다.

없는 곳에서 공함을 본 자는 누구인가!

## ▌▌ 주해 ▌▌

옛사람은 "마음을 쉬거나 망상을 제거하지 않고 모두 반연하나 사량하는 일이 없다."고 하였으니 어찌 다시 삶을 말하고 죽음을 말하며, 인을 말하고 과를 말하며, 마음을 말하고 성품을 말하겠는가. 영가현각 스님은 "마음은 뿌리요 법은 티끌이니 이 두 가지는 마치 거울에 묻어 있는 때의 흔적과 같다. 흔적이 다 제거되면 광명이 비로소 나타나니, 마음과 법 두 가지가 다 잊혀져야 비로소 생사가 없는 경지에 이르게 된다."고 하였다.

古云 不是息心除妄想 都緣無事可思量 若更說生說死說因說果
說心說性 永嘉云 心是根 法是塵 兩種猶如鏡上痕 痕垢盡除光始現
心法雙忘 方到無生死之地

■ **강설** ■

일체 모든 인연을 생각할 것이 없지만, 다시 생사와 인연을
말하고 있습니다.

여덟 모난 맷돌이 허공에서 돌아간다, 수레바퀴처럼.

■ **후송** ■

자, 말해 보아라!
사람과 법을 모두 잊으면 다시 어떤 물건인가?
알았는가?
재는 날아가고 연기는 사라지니 집이 어느 곳인가?
물은 깊고 하늘은 높으니 가을이 일색이로다.

且道 人法俱忘 復是何物 理會麽 灰飛烟滅家何處 水遠天長一

色秋

사람과 법을 둘 다 잊으니 만 가지 일이 쉬어지고
모든 냇물과 사방의 바다가 원류를 만난다.
맹렬히 솟아오르는 하늘의 고요한 달은
하늘과 땅, 사대해를 비춘다.


人法雙忘萬事休 百川四海會源流
猛然迸出寥天月 照徹乾坤四大川

# 무고집멸도

## 無苦集滅道

이미 모양을 잊고 생사가 끊어져 더는 다할 것이 없는데 어찌 고집멸도라 할 것이 있겠는가? 선사先師는 "몸과 마음이 있기 때문에 많은 고통을 부르는 것이다. 마음과 몸을 잊으면 무슨 고통이 생기겠는가."라고 하였고, 불가에서는 "몸은 모든 고통의 근본이며, 마음은 악업의 뿌리이다. 만약 몸과 마음을 놓아 버리면 문득 보리의 저 언덕에 오를 것"이라고 하였다.

既忘其形卽得生死斷 更無窮盡 有甚苦集滅道 先師云 因有身心 招衆苦 能忘心體苦何生 釋云 身是衆苦之本 心是惡業之根 若能放下 身心 便登菩提彼岸

고苦와 집集은 세속의 중생들이 사는 세계요, 멸滅과 도道는 공부를 해서 성인의 세계로 들어가는 것입니다.

번뇌와 애욕은 혹惑에서 나옵니다. 집제도 혹업惑業에서 나옵니다.

과거에 측천무후가 섭정을 할 때 신수(神秀, 606~706) 대사와 혜안(慧安, 642~709) 국사를 왕궁으로 초청했습니다. 공양을 올린 후에 왕비는 목욕을 하게 하면서, 천하일색인 궁녀 둘을 시켜 옷을 벗고 들어가 시중들게 했습니다. 그러고는 위에서 구멍을 뚫어 놓고 엿보았습니다. 측천무후가 보니, 신수 대사는 마음이 조금 움직이고 불안한 것이 있었으나 혜안 국사는 조금의 미동도 없이 목욕하기 전이나 목욕할 때나 여여했습니다. 그것을 보고 측천무후는 물에 들어가 보아야 키 큰 사람을 알 수가 있고 산에 올라가봐야 다리가 길고 짧은 것을 알 수 있다고 하였습니다.

조선조는 역사를 전도해서 주로 불교를 좋지 못한 쪽으로 매도했습니다. 어떤 방법으로든 불교에 먹칠을 하고 유교에도 그만한 인물이 있다는 것을 드러내 보이려고 무던히 애를 썼던 시대입니다. 지족 선사와 서경덕의 이야기가 바로 그런 일례입니다. 황진이를 시켜 서경덕과 지족 선사를 유혹했는데 서경덕은 몸과 마음이 미동이 없었다고 하여 박연폭포, 서경덕, 황진이를 송도삼절이라 하며 뛰어난 인물로 평하고 지족 선사는 계를 저버린 인물로 폄하했습니다. 그러나 그것 역시 부처님과 조사 스님의 법으로는 맞지 않습니다.

　　전해오는 이야기에 따르면, 황진이가 지족 선사에게 올라
갔습니다. 비를 맞아서 속옷을 벗어 버리고 살이 비치는 치마
를 입고 법당에 앉아서 공부하는 스님을 유혹한 것이지요. 한 달
동안 유혹해도 지족 대사는 거기에 일체의 미동이 없었습니다.
한 달이 지난 후 황진이가 하자는 대로 옷을 홀딱 벗고 황진이
를 업은 채로 마을로 내려갔습니다. 그러한 행동은 깨달은 경지
에서 할 수 있는 것이라 중생은 알지 못합니다. 10년, 20년이라
도 미동하지 않을 수 있지만 그것은 이 법에서는 하나밖에 모르
는 것입니다. 못을 박았으면 뺄 줄 알아야 되고, 팔을 뻗었으면
구부릴 줄도 알아야 합니다. 팔을 뻗고 며칠을 있다고 하여 옳은
것이 아닙니다. 마음대로 펴고 구부리고, 올 줄 알고 갈 줄 아는
자유자재한 법을 보인 것입니다.

　　'보리의 피안에 올랐다'고 하는 것은, 본래면목 자리를 알
면 당처에서 능소능대 능활능살能小能大 能活能殺이어서 자유자재
한 마음을 수용하여 마음대로 쓰는 것을 말합니다. 참선하는 것
도 이것을 이루기 위하여 하는 것입니다. 생각 생각이 바르며,
삿됨과 바름이라는 구별이 없습니다. 공 가운데는 밝고 어두운
것이 없듯이 두 가지 대립이 없습니다. 말하자면 성품 가운데에
는 삿된 것과 바름의 다툼이 없습니다.

대전 조사는 "소승의 법을 닦는 사람은 밤낮으로 부지런히 정진을 하고 육도만행을 하며 마음 밖에서 법을 구해 이 사제를 면하고, 삼계를 벗어나 윤회를 면하고자 하나 그렇게는 되지 않는다. 모든 부처님은 일대사인연을 위해 세상에 오셨으며, 절대로 소승의 법으로 중생을 제도하지 않으셨다.

大顛云 小乘之人 日夜精進 六度萬行 心外求法 免此四諦 出三界 免輪廻 無有是處 諸佛爲大事因緣 出現於世 不以小乘法濟度於衆生

■ 강설 ■

신선은 오래 살려고 집착하고, 나한은 멸진정滅盡定에 들어가 생사가 없는 가운데 조용한 낙을 즐기고 있습니다. 이것을 방망이로 친 것입니다.

■ 주해 ■

대승의 법을 닦는 자는 함이 없는 법無爲法을 배운다. 단정히 앉아 실상을 생각하니 많은 죄가 마치 서리나 이슬 같아서 지혜의 해[日]가 모두 녹여 제거한다. 고요한 곳에 머물면서 마음을 거둬들여 굳건히 해, 단정히 앉아 움직이지 않고 일체의 법

을 관해 보니 모두 있는 바가 없고, 사대로 이루어져 있는 몸을
관해 보니 깨달음의 체[覺體]가 아니다. 모양이 없어져야 진실된
것을 밝히며 스스로 공적한 줄을 안다. 일시에 관함까지도 청정
해지니 그것은 공력[功]이 없는 공력이며, 그것은 무수한 겁을
지내어도 무너지지 않는 것이며, 함이 없이 하되 하지 않는 것이
며, 여여부동하고, 맑고 깊어 늘 고요한 것이다.


　　大乘之者 學無爲法 端坐念實相 衆罪如霜露 慧日能消除 存於
閑處 收攝其心 端坐不動 觀一切法 皆無所有 及觀四大有身非覺體
無相乃明眞 自知空寂 頓觀淨盡 無功之功 長劫不壞 無爲之爲而不爲
如如不動 湛然常寂


■ 강설 ■

　　1974년 해인사에 살 때의 일입니다. 대구에 사는 윤도사라
불리는 보살의 딸이 죽었습니다. 딸의 49재에 해인사 선방의 유
나를 보시던 지월 스님을 법사로 청하였습니다. 지월 스님이 큰
방으로 올라오시더니 제 앞에 오셔서, "이번 윤도사 딸의 49재
에 스님이 가셔서 법문도 하시고 천도도 좀 해 주세요." 하고 부
탁하셨습니다.

　　"저는 못 나갑니다."

　　"아닙니다. 스님이 가셔야 합니다."

그리고 대중을 향해 물었습니다.

"대중은 어떻게 생각하십니까?"

대중이 박수를 치면서 가라고 하여 할 수 없이 제가 갔습니다. 대구에 가 보니 그 자리에 청화 스님이 계셨어요. 윤도사라고 하는 보살의 추종 세력이 얼마나 많던지 처사들도 무릎을 꿇고 절을 합니다. 가만히 보니까 좌우에 보살 둘이 시봉을 하는데 하늘같이 받들어요. 찻잔 하나 밥상 하나 가져가는데 상궁이 왕비에게 밥상을 바치듯이 했습니다. 그런데 그 보살이 스님에게 절을 안 해요. 지월 스님이 거기 안 가려고 하는 이유를 알 만했어요. 스님이 왔으면 절을 하고 정중히 천도를 청해야 되지 않겠어요. 거기에서 40대 중반 정도 된 스님이 부전을 보고 있었는데, 부전 스님 말이 윤도사 말을 거스르면 다리가 부러진다는 것이에요. 산신기도를 수십 년 했는데 산을 훨훨 날고, 검을 배우지 않았는데도 비호같이 검술을 잘한다는 것입니다. 검도장 사람들도 그 보살을 하늘같이 떠받든대요. 전에 산신기도 갔다가 물을 먹으려고 암자에 들어가서 물을 마시는데 비구니 노장 스님이 물을 상탕에서 떠먹는다고 뭐라 했답니다. 그러니까 그 보살이, "좋게 이야기하지, 공부하시는 분이 그렇게 화를 내요!" 해서 비구니 스님이 다시 뭐라고 하니까 윤도사라는 보살이, "신장은 저걸 그냥 놔두나!" 하는 말을 했답니다. 그랬더니 비구니 스님의 다리가 부러졌다는 것이에요. 설설 기는 것이 왜 그런가 했더니 그것 때문이었어요. 부전 스님이 그런 말을 하기에 큰 소리로 "어디 저런 고약한 마군이 있어! 나 해인사로 돌아갈란다. 윤 보살은 당장 이리로 나와라." 그랬더니 보살이 나왔는데 번쩍번 쩍하는 옷 위에 도포를 입고 보관을 썼어요.

"고약하다. 뭐 이런 잡된 귀신이 있어! 네가 벌을 그렇게 잘 줘. 신장! 이런 보살은 절단을 내라." 하고 혼을 냈더니 들어와서 3배를 했어요.

"아직까지 스님께 인사를 드린 적이 없는데 오늘 처음입니다."

그래 물어보았습니다.

"보살이 뭐 아는가 한 번 물어 보자. 돈 잃고 죄를 받는 실 전조죄失錢遭罪가 무엇이냐?"

"잘 모르겠습니다."

"다시는 이따위 짓거리 하지 마라. 나는 해인사로 돌아갈란 다."

"스님, 잘못했습니다. 제발 제 딸을 천도해 주십시오."

"그래, 무엇이 잘못인지 아는가?"

"예, 잘못했습니다."

그래서 딸이 다니던 학교에 법상을 차리고 선생님들과 학 생들이 있는 곳에서 법문을 하였습니다.


밤에 청화 스님이 주무시지 않고 앉아 계시기에 말씀을 나 누어보니 그렇게 박식하실 수가 없었습니다. 경에 대하여 그렇게 해박하게 밝으시고, 걸림이 없이 이야기하시는 분은 처음이었어요.

　이튿날 청화 스님이 법문을 하셨습니다. 아미타불 몇 번 부르고 짧게 하셨습니다. 법문이 끝나고 교장 선생님이 저에게 와서 말을 걸어요.

　"오늘 법문을 크게 하실 줄 알았는데 짤막하게 하시네요. 그래서 그런지 어렵습니다."

　"그렇습니까?"

　"저는 가끔 불경을 보아서 조금 안다고 생각했었습니다."

　"어떻게 알고 계십니까?"

　"불도는 적멸지도 아닙니까?"

　"적멸지도는 무엇을 말하는 것입니까?"

　"일체가 없어져서 고요해 아무것도 없는 것 아닙니까?"

　"상자적멸상常自寂滅相이란 글귀는 보신 것 같군요. 그러나 그 경지는 꿈에도 보지 못했습니다. 선생님도 화장해서 없고, 나도 화장해서 없어, 본래 고요하다고 할 때 그때를 만나면 누가 어떻게 대답하겠습니까?"

　아무런 말도 하지 못해요.

　"선생님께서 잘못 알고 계셨습니다."

　"그럼 가르쳐 주십시오."

　"선생님이 묻고 제가 대답하는 이대로가 적멸상입니다. 물체가 없고 몸이 없어져서 고요하다는 것이 아니라. 물건 하나 움직이지 않고 있는 그대로가 적멸상입니다."

"스님, 오늘 좋은 법문 잘 들었습니다."

아공, 법공 그리고 구공을 하면, 즉 마음의 본성을 깨달아 알면 그 자리가 바로 적멸상입니다. 모든 만물 그대로가 적멸의 자리이고 낙입니다.

'내세득작불來世得作佛'은 앞으로 올 세상에서 성불하는 것이 아닙니다. 현재 온 세상에 성불하리라는 의미입니다.


**▐ 주해 ▐**

『묘법연화경』에서는 '모든 법은 본래부터 언제나 스스로 적멸한 모양이다. 불자가 진실한 수행을 하면 온 세상에서 부처가 되리라'고 하였다. 선정과 지혜의 힘으로 장엄되니, 미혹함도 없고 깨달음도 없고 고통도 없고 즐거움도 없고 고통의 원인[集]도 없고 고통의 소멸[滅]도 없다. 고통을 소멸하는 방법[道]도 없고 그것을 얻을 것도 없고 지혜도 없고 잃을 것도 없다. 본래 한 물건도 없어서 밝은 거울도 또한 받침대도 아니다. 이 경지에 도달하게 되면 "닦아 증득할 것도 없고 물들거나 더럽혀짐도 없으며, 한 번 뛰어 곧바로 여래의 경지에 들어간다."라고 하였다.

蓮經云 諸法從本來 常自寂滅相 佛子行道已 來世得作佛 定慧力莊嚴 無迷無悟 無苦無樂 無集無滅 無道無得 無慧無失 本來無一

物 明鏡亦非臺 到這裡 修證卽無 染汚不得 一超直入如來地

## ▌강설 ▌

'본래 한 물건도 없다[本來無一物]'는 것은 육조 혜능 스님이 오조 홍인 스님에게 바친 오도송입니다.

남악회양(南嶽懷讓, 677~744) 스님이 육조 스님에게 찾아가자, "무슨 물건이 이렇게 오느냐?" 하고 묻습니다. 이때 남악회양 스님이 전후좌우가 단박에 끊어져 오직 망연자실하고, 그저 앞이 캄캄할 뿐이었습니다. 그 후 8년간 의심을 하여 깨쳤습니다.

육조 스님 전까지는 그렇게 오랫동안 공부를 한 것이 아닙니다. 33조사가 내려오면서 서로 만나서 언하에 주고받는 곳에서 서로 계합하여 이심전심으로 내려왔습니다. 공부를 하는 것은 남악회양 스님으로부터 내려왔습니다. 남악회양 스님도 아직 언하에 깨칠 수 있는 근기가 되어 있지 않았기 때문에 8년을 한 것입니다.

8년 동안 공부한 끝에 홀연히 깨닫고 육조 스님에게 찾아가서, "한 물건이라 해도 맞지 않습니다."라고 합니다. 그러니까 육조 스님이, "옳다! 그럼 닦아 증득하는 것이 있느냐?" 하고 묻자, "예, 닦아 증득하는 것은 없지 않으나 이 자리는 다시 물들이지 못합니다." 하고 답합니다. 그러자 육조 스님은, "그렇다. 이 자리는 물들일 수 없다. 이 자리를 잘 호지하여 일체중생을 잘

호지하라.”고 격려합니다. 그래서 육조 스님의 전법제자가 되었
습니다.

여래를 보고자 하는가?

여래는 온 것 같으나 온 것이 아니며, 간 것 같으나 간 것이
아니다. 보낼 수도 없으며 머물게 할 수도 없다.

알았는가?

대나무가 **빽빽**이 우거져 있어도 흐르는 물은 막힘이 없으
며, 산이 아무리 높아도 흰 구름을 막지는 못한다.


要見如來麼 如來似來不來 似去不去 送之卽不得 留之亦不住
會麼 竹密不妨流水過 山高豈碍白雲飛


고집멸도가 없어서 깊고 고요하다.

일시에 다 깨끗해져 보는 것이 여래이나

어리석은 사람은 32상을 밖에서 찾는다.

너와 함께 동행하는 것을 의심하지 말라.


無苦集滅道幽哉 頓然淨盡見如來

愚人外覓三十二 共汝同行你不猜

# 무지역무득

## 無智亦無得

◉

**▌주해▐**

　자기의 몸도 거짓된 것인데 어찌 얻을 것이 있겠는가? 도가에서는 "실제로는 얻을 바가 없지만 중생을 교화하기 위하여 도를 얻는다[得道]고 일컫는다." 하였고, 불가에서는 "사람도 없거니와 부처도 또한 없다. 삼천대천의 모래알같이 많은 세계는 바다 가운데 거품이며, 일체 모든 성현들도 허공의 번갯불과 같다."고 하였고, 또한 "마음도 아니요 부처도 아니요 물건도 아니다."라고 하였다. 대전 조사는 "이와 같은 (무소득의) 경지에 이르면 마치 도둑이 아무도 없는 빈 집에 들어갔는데 훔칠 물건이 없는 것과 같다."고 하였으며, 『도경』에서는 "갖가지 입장을 떠난 것을 묘도라 이름한다."고 하였고, 불가에서는 "자성이 청정하여 참으로 한 법도 마음에 거리낄 것이 없다."고 하였다.

自身尙假 豈有得乎 道云 實無所得 爲化衆生 名爲得道 釋云 亦
無人 亦無佛 大千沙界海中漚 一切聖賢如電拂 又云 不是心 不是佛
不是物 大顚云 到這般田地 如賊入空室 無物得偸 道經有云 離種種邊
名爲妙道 釋又云 自性淸淨 實無一法可當情

천하의 선지식인 남전보원 스님과 백장회해 스님이 만났습
니다. 두 분이 차를 마시면서 이야기를 합니다. 백장 스님이 남
전 스님에게 물었습니다.

"부처님도 말로 설하지 못한 법이 있습니까?"

"있습니다."

"부처님도 말로 설하지 못한 법이 어떤 것입니까?"

"마음도 아니고 부처도 아니고 물건도 아니다[不是心 不是佛
不是物]라는 것인데 부처님께서도 말씀하시지 못했습니다."

이 대화야말로 일목요연하게 말을 잘하신 것입니다. 그러
나 이것이 다는 아닙니다. 남전 스님이 반대로 물었어요.

"화상께서는 어떻게 생각하십니까?"

"나는 선지식이 아니라서 알지 못합니다."

남전 스님이 대답한 이 말도 뛰어난 말이지만 이분 역시 잘
드러내서 말씀하셨습니다. 이쯤 되면 여기서 이 두 분의 이야기
를 듣고 짐작을 해야 되고 깨달아야 됩니다. 그러나 여기서도 한

가지가 빠졌습니다. 그 점은 차후에 일러줄 것입니다.

지식, 학식, 상식, 나름대로의 주견, 62가지의 도에 대한 견해 이런 것들을 눈 밝은 도둑놈은 상대방이 알지 못하게 훔쳐갑니다. 모든 것이 하나도 없을 때는 무엇을 훔쳐갑니까?

회교도들이 인도의 나란타 대학을 침범해서 경전을 불살랐는데 3년을 태워도 다 태우지 못했다고 합니다. 중국의 많은 스님들이 나란타 대학에 가서 공부했고 우리나라에서도 신라 시대에 혜초 스님이 먼 길을 걸어 나란타 대학에 가셨습니다. 그런데 나란타 대학에서 입교를 시켜 주지 않아서 마룻장 밑으로 숨어 들어가서 강의를 들었습니다. 어느 날 스님이 마룻장 밑에서 강의를 듣고 있는데 선지식인 교수 스님이 말했습니다.

"이제 내가 해 줄 것은 다 해 주었다. 마지막 해 줄 것은 아주 중요한 것이니 조용히 정좌하여 일체 생각을 다 비우고 오직 '내가 무엇인가' 살펴보아라."

그러고는 마루 밑에 있는 스님에게는 아무 소리도 들리지 않았지요. 귀를 기울여도 들리는 것이 없었습니다. 훔치러 간 사람이 훔칠 것이 없더라! 여기서 바로 알아들으면 인생에 대한 멋진 맛을 본인이 직접 볼 것입니다. 그 후 오랜 세월을 고생고생하여 인생사를 해결했을 때 혜초 스님은 비로소 그 교수가 가르친 것을 깨달았다고 합니다.

정情을 없애야 합니다. 정이 있으면 많은 고통이 생기고 도리어 업을 짓습니다. 공부를 열심히 하면 마음의 빛이 드러나고 중생의 견해가 없어집니다. 과거에 어느 스님이 『금강경』을 십만 번 읽으니까 어느 날 시방대천세계가 아무것도 없이 밝은 빛 덩어리가 되어 눈에 들어왔습니다. 조실 스님에게 그 말을 하니, "깨달은 경지는 아니나 그만큼 공부를 하여 경계가 나타난 것이다. 그런 경계도 아무도 나타나는 것이 아니다." 비로소 좋게 푹 쉬는 조짐이 나타났던 것입니다.

**▌주해▐**

본래 법이 있어 부촉한 것이나 부촉한 뒤에는 법이 없다. 각자 마음을 스스로 깨달아야 하니, 깨닫고 나서 보면 법이 없다고 하는 것조차도 없다.[35] 얻음도 없고 잃음도 없으며 나아감도 없고 닦음도 없다. 가슴속에 털끝만큼이라도 '얻은 것이 있다' '잃은 것이 있다' '나는 능하다' '나는 알았다' '나는 깨달았다' '나는 통달했다' '나는 총명하다' '나는 지혜가 있다'는 등의 생각이 있으면 이것은 모두 증상만增上慢이다. 인상과 아상 등 사상四相을 버리지 못했으므로 모두 생사에 떨어져 버린다. 만일 진실한 도인이라면 모두 이와 같지 않으며, 스스로 모든 속박을 벗어나는 방법이 있다.

本來付有法 付了然無法 各各心自悟 悟了無無法 無得無失無進無修 胸次纔有絲毫有得有失 我能我會 我悟我達 我聰明我智慧 盡是

增上慢 人我不除 皆墮生死 若是眞實道人 總不如是 自有出身之路

**‖ 후송 ‖**

자, 말해 보아라! 어떤 것이 속박을 벗어나는 방법인가?
동서남북 사방을 깨끗하게 하고 스스로 기꺼이 앞을 향해
갈지어다.

且道 如何是出身之路 打教四邊淨 自好向前行

여기에는 본래 작은 티끌도 없으나
다만 세상 사람들이 진실을 잘못 알까 두렵다.
놓아 버리면 명백하게 한 물건도 없으니
어느 곳인들 무릉도원의 봄이 아니겠는가.

本來這箇沒纖塵 只怕時人錯認眞
放下了然無一物 何方不是武陵春

**‖ 강설 ‖**

사자師子는 교인咬人이요 한로韓獹는 축괴逐塊입니다. 개나 여
우가 되지 말고 사자와 같이 앞을 보고 곧바로 나아가야 합니다.

⋮ 무지역무득 ⋮

공부를 하다 보면 선지식을 만나서 바로 짚어 나가야 하는데 요즘은 어찌된 일인지 조실방에 가서 물어 보지를 않습니다. 그러고는 자기가 한 소식했다고 큰소리를 칩니다. 정작 물어 보면 점검을 받은 적도 없으면서 자꾸 드러내려고 합니다. 보통 문제가 아닙니다. 잘못 알면 그 사람은 사기꾼이나 도적놈입니다. 선지식이 그런게 아니라고 해도 말을 듣지 않습니다. 도리어 우격다짐으로 당신이 모르니까 나를 몰라보는 것이 아니냐면서 몽둥이를 휘두르며 목을 조르려고 합니다.

전에 힘이 장사인 사람이 깨달았다고 주장자를 들고 오는데 기세가 대단했습니다. 공부를 하다가 정말 깨친 기세라면 좋은데, 헛된 기운이 나돌아 자기가 제일인 것처럼 여기며 온 것이지요. 오자마자 몽둥이로 나를 내리치길래 '됐다'고 말해 주었습니다. 그러니까 만족해서 하하하! 하고 웃으며 되돌아 갔습니다. 돌아서서 가는 등 뒤에 대고 "30년 후에 돌아올 날이 있을 것입니다." 했습니다. 몽둥이를 들고 우격다짐하는 사람하고 같이 맞설 일이 없었거든요. 요즘도 그렇게 무턱대고 대드는 사람이 참 많습니다.

육조 스님은 "한 물건도 없는데 어느 곳에 때가 있겠느냐?"고 말씀하셨는데, 어느 선지식은 "나에게 공부하는 사람이 와서 '한 물건도 없는데 어느 곳에 때가 낄 수 있겠습니까?' 한다면 나는 그 사람을 인정해 줄 수 없다."고 했어요. 그럼 어떻게 생각하겠어요. 여기에서 눈이 있는 사람은 분명하게 해결이 될 것입니다.

# 이무소득고
## 以無所得故

◉

얻었지만 얻은 바가 없어서 일체가 공허하다. 수행하는 사람은 여기에 이르면 대승의 지위에 들어가는 것이다.

중생은 어찌하여 윤회하면서 윤회를 쉬지 못하는가? 일찍이 성품을 보지 못했기 때문에 지혜가 적어, 무량한 공의 의미를 깨닫지 못하여 자기에게 집착하면서, 가슴속에 배워서 아는 것이 있으므로 도리어 본심을 그르친다. 대전 조사는 "밖에서 들어온 것은 집안의 진귀한 보배가 아니다."라고 하였고, 선진은 "다른 사람의 마음속 말을 배우는 것은 결국 다른 사람의 말이다."라고 하였다.

得無所得 一體空虛 修行人 到這裡入大乘之位 衆生因甚輪轉
不能休息 因不曾見性 尠於智慧 不能廣悟無量空義 執著自己 胸次學

解 誤却本心 大顚云 從外入者不是家珍 仙眞云 學他心內言 終是別
人語

'버리려고 해도 버릴 수 없고 취하려고 해도 취할 수 없다'
그 차원의 세계가 대승의 진리에 들어가는 것입니다.

중생들은 자기 자신에 너무 집착하여 시비가 생깁니다. 그
럴 때마다 자신을 돌이켜서 깨달아야 됩니다. 공부를 열심히 했
다면 나라는 존재가 없어져서 화합이 잘 되어야 합니다.

실 꾸러미를 풀어 실패에 감을 때 안에서부터 풀어야 잘 풀
리지, 밖에서부터 풀면 엉키기 쉽습니다. 이렇게까지 이야기하
면 척하니 깨달아야 됩니다.

마음 안에 무슨 말이 있는지 한 말씀해 보세요. '판치생모板
齒生毛라!' 즉 앞 이빨에서 털이 난다. 이 세상에 이런 말은 어디
에도 없어요. 아주 특별한 말 아닙니까? '마른 똥막대기이니라!'
이 지구상에 그런 말은 하나뿐이에요.

▌ 주해 ▌

중생은 얕은 지혜를 가지고 이해하기 때문에 널리 열람하
여 그것이 마음에 쌓이면 결국 아만이 된다. 옛사람은 "만일 조

금의 티끌이라도 마음에 있으면 그것은 곧 허물"이라고 하였으니 만약 티끌을 제거하지 못하면 다만 전해져 내려오는 일만 알 뿐이다. 티끌이 다 제거되면 모든 경계를 친히 보고 모든 일을 친히 알게 되니, 마치 눈 밝은 사람이 높은 산에 올라가면 보이는 바가 없는 것과 같다. 수행인은 결국에는 공겁에 도달해야 하며, 제2견에 떨어져서는 안 된다. 근본으로 돌아가 뜻을 얻어야 비로소 상응한다.

衆生被乾慧學解廣覽 積習在心 遂成我慢 古云 若有絲毫便是塵 塵若不消 只知傳說事 塵若消盡 諸境親見 諸事親知 如明眼人 登高山無所見 修行人 須是究竟到空劫齊[36] 不落第二見 歸根得旨 方有相應

■ 강설 ■

박사학위를 따면 '나는 박사'라는 상이 생깁니다. 그러나 문학을 해서 학위를 받으면 문학박사만 될 뿐, 의학박사는 되지 못합니다. 겨우 하나의 배움을 가지고 있으면서도 아만을 지니게 된 것입니다.

어느 날 교수님 20~30명이 왔기에 "글 장사 그만 하세요." 하니 기분이 상한 듯, 아주 싫어해요. 물론 그 가운데에는 "경책해 주셔서 감사합니다." 하는 분도 있었습니다만, 대부분 싫어합니다. 마음속의 아만 때문이지요.

주장자를 치면서 "일러라!" 했을 때 공부를 해서 뭐라고 대답을 하면 어떤 선지식은 일구를 물었고, 그 일구에 응답을 하면 잘 했다고 그럽니다. 그러나 어떤 선지식은 이것을 두고 둘 다 멱살을 쥐고 진흙 바닥에서 뒹군 것이라고 했습니다. 이럴 때 여러분은 어떻게 판단해야 하겠습니까? 여기에서 확실한 자기의 안목이 나와야 합니다.

■▌ 주해 ▐■

만약 아상과 인상에 집착하면 증상만이 제거되지 않아 문득 가벼이 여기는 마음이 생겨난다. 선성 비구는 『유마경』을 강의했지만 증상만이 있어 인상과 아상을 제거하지 못해 산 채로 지옥에 떨어졌고, 운광 법사는 강의를 할 때 하늘에서 꽃이 어지러이 떨어졌지만 탐심과 진심을 고치지 못해 연못가의 소로 태어났다. 만약 부처님을 초월하고 조사를 초월하고자 할진대 모름지기 생각이 다 공적해야 한다. 세간은 환화이며 일체는 객진이다. 오직 태허공의 체만 있으니 그 자리에는 형색과 소리를 두지 못하며 털끝만큼의 먼지도 세우지 못한다. 마치 허공과 같으니 이런 사람을 일컬어 일을 완전히 다해 마친 청정하고 안락한 도인이라고 한다.

若是執著人我 便生輕易 善星比丘講得維摩經[37] 增上慢人我不
除 生陷地獄 雲光法師講得天華亂墜 貪瞋不改 墮落堰牛 若要超佛越
祖 須是念念空寂 世間幻化 一切客塵 惟太虛之體 聲色不存 纖塵不
立 如虛空相似 便是了事清淨安樂道人

지금까지의 『반야심경』 법문은, 사람의 몸에 비유하자면
가죽과 살까지 드러났다고 할 수 있고 이제부터는 뼈가 드러나
기 시작합니다. 이 『반야심경』을 끝까지 들으면 '아하!' 하고 느
끼게 되고 나아가 열심히 공부하면 깨닫게 되며 설령, 깨닫지 못
하더라도 나름대로 확신은 서게 됩니다.

실로 개탄스러운 것은 오늘날 대개의 사람들이 근기가 약
하고 실천이 얕아 깊이 있는 법문을 멀리하고 듣지 않으려 하는
것입니다. 그러나 신심이 있어서 공부하려는 사람은 생사를 바
쳐서 수천 리, 수만 리 떨어진 곳이라도 찾아가 인생 최대의 진
리를 듣는 것이 이 세상에서 할 일 가운데 가장 요긴한 일이라
고 생각할 것입니다. 이 법문을 듣고 깨달으면 더 말할 것이 없
겠지만 그게 안 되면 새롭게 발심을 하여 더욱 열심히 공부해야
합니다.

『반야심경』을 밝게 뒤집어서 밖으로 드러낼 수 있는 분은
참으로 드뭅니다. 부처님 법문 가운데에서 골수이니까요. 학술

적으로 이러저러한 이야기를 할 수는 있겠지만 정말 부처님 말씀에 깊이 상응할 정도가 되려면 공부하여 나름의 안목이 나와야 합니다.

바로 보려면 부처님처럼 혜안이 열려야 되지만, 그렇지 못한 중생의 입장에서 보면 한계가 있습니다. 물론 근기에 따라서 단번에 깨달을 수도 있습니다. 본래 부처님이나 조사 스님의 말씀이 바로 그대로 깨닫게 해주기 위한 말씀이니까요. 그런데도 그 말씀을 듣고 깨닫지 못한다면 그 허물은 그 사람에게 있습니다. 우리들의 심천이 얕아서 확실한 마음의 정안이 열리지 못했기 때문이지요.

그러면 정안이 없다고 하여 부처님 말씀을 듣지 말아야 하고 전해주지도 말아야 하는 것일까요? 그렇지는 않습니다. 공부한 것만큼은 이야기 할 수 있습니다. 산에 오르는 것에 비유하자면 중턱쯤 올라간 사람은 중턱에 간 만큼 이야기를 할 수 있습니다. 그렇게 해서라도 서로 이야기하여 공부를 해야 합니다. 신심을 돈독히 하고 분심과 용맹심을 일으켜 공부할 수 있도록 북돋아 주기 위해 소참법문을 하는 것이지요. 이런 가운데 법문을 듣고 깨달으면 보답을 하는 것이 됩니다. 그러나 법문을 아무리 잘해도 우주법계에 가득한 부처님 말씀, 조사 스님 말씀을 다 덮을 수는 없습니다. 오랫동안 공부하여 어느 날 홀연히 깨달아 게송을 지어놓고 보니 조사 스님 말씀에 그대로 있습니다. 그래서 내놓기가 부끄러워집니다. 아무리 제가 별소리를 다해도 조사 스님, 부처님 말씀을 능가할 수 있는 말이 나올 수가 없습니다.


### ▌후송▌

청정하고 안락한 도인을 보고자 하는가?
실오라기 하나 걸치지 않았고, 모든 것에서 저절로 서로 만
난다.


要見淸淨安樂道人麽 不掛一縷絲 頭頭自相遇


붉은 몸 위 어디에도 실오라기 하나 걸치지 않았으니
같이 걷고 같이 앉아도 누가 알겠는가.
다만 장씨가 셋 이씨가 넷이라는 것을 알 뿐
그대가 뉘 집 아이인지 아무도 모른다.


赤膊條條不掛絲 同行同坐阿誰知
只認張三幷李四 不識你是甚家兒

# 보리살타

## 菩提薩埵

'보리살타'는 인도말이며, 중국에서는 '인공' '법공'이라 번역한다. 대전 조사는 "아견이 공함을 깨닫는 것을 보리라 하며, 법견이 공함을 깨닫는 것을 살타라 한다. 아견과 법견이 함께 공해진 것을 묘각이라 한다."고 하였다.

아라한, 아나함, 사다함, 수다원 4과의 소승들은 상에 집착하여 수행하고, 정진하고 고행하며, 무루지를 닦아 티끌과 모래알처럼 많은 번뇌를 끊어 과행이 원만해지면 제4과인 아라한을 얻는다고 한다. 이는 마치 노루가 홀로 뛰노는 것과 같아 신통이 크지 않고 수승하지 않아, 성문·벽지불과에 떨어져 중생을 만나도 그다지 이롭게 하지 못한다.

菩提薩埵者 西天梵語也 東土翻爲人空法空 大顚有云 了得人空

名曰菩提 了得法空 名曰薩埵 人法俱空 名曰妙覺 若四果小乘 著相修
行精進苦行 及至修無漏 斷塵沙惑 果行圓滿 得四果阿羅漢 如獐獨跳
神通狹劣 墮在聲聞辟支佛果 不能接物利生

묘각 자리는 55위 가운데 가장 마지막에 해당되는 깨달음
의 단계입니다. 아라한은 빗방울 숫자의 세계를 볼 수 있습니다.
그러나 자기 혼자뿐입니다.

만일 견성하지 못하면 원돈의 지위에 들어가지 못한다. 원
돈의 지위에 들어가고자 하면 견성해야 하며, 견성하고 나면 손
바닥을 뒤집는 사이에 범부를 돌이켜 성인이 된다. 근기와 인연
을 부처님의 삼매로 깨달아 대도의 근원을 알며, 오직 '스승이
없이 혼자서 얻은 지혜[無師智]'인 '자연지'만 있게 된다. 여러 가
지 방편으로 모든 미오迷悟들을 모두 제도하여 함께 피안에 올라
다시는 생을 받지 않는다. 교 밖에 따로 전하여 한치의 칼날도
수고롭게 하지 않고 바로 원돈의 걸림 없는 법문에 들어간다.

若不見性 不得到圓頓之位 須是見性 若見性已 反掌之間 轉凡

成聖 自然機緣 悟佛三昧 知大道根源 惟無師智 自然智 多種種方便
度諸迷悟 同登彼岸 更不受生 教外別傳 不勞寸刃 入圓頓無碍法門


**▌ 강설 ▐**

　　말로는 설명할 수 없으니, 언어나 동작 이전에 눈을 마주치
면 계합됩니다. 굳이 설명이 필요 없습니다. 부처님께서 연꽃을
드니 가섭이 미소 짓는 바로 그것입니다.

　　노나라 때 온백설자溫伯雪子와 공자孔子가 있었는데 두 분 다
도덕이 높았습니다. 공자에게는 많은 제자와 사람들이 따라다
녔지만 온백설자는 항상 혼자 다녔습니다. 그러나 많은 사람을
제도하는 공자나 한 사람이라도 깨우쳐 주려고 혼자 다니는 온
백설자나 이름은 똑같이 퍼졌습니다. 안회가 온백설자를 따라
다니다가 많은 제자가 따르는 공자가 도덕이 더 높지 않나 하여
공자에게로 갔습니다. 어느 날 공자가 일산을 받치고 길을 가는
데 저쪽에서 온백설자가 걸어 왔습니다.

　　"저쪽에 오시는 분이 스승님이 만나 보고자 하는 온백설자입
니다."

　　두 성인이 만나면 얼마나 멋진 대화가 오고갈까? 제자들은
한껏 기대를 했습니다. 드디어 온백설자가 가까이 오자 공자는
일산을 젖혔고 온백설자는 앞만 보고 갔습니다. 그래서 안회가
묻습니다.

"그렇게 보고자 하시더니 왜 아무 말씀도 하지 않으셨습니까?"

그러자 공자가 말하였습니다.

"군자는 척 보면 안다[目擊道存]!"

그런데 공자가 일산을 젖힌 것에 대해 말이 많습니다. '공자가 한 방망이 맞은 것이다' '일 없이 왜 일산을 젖히고 지나갔는가?' 등등.

바다 밑의 진흙소가 달을 보고 달아나고
바위 앞의 돌호랑이가 아기를 베고 존다.

海底泥牛 含月走
岩前石虎 胞兒眠

이것을 물어 보면 아는 사람이 적습니다. 교외별전敎外別傳은 소리 이전의 소식입니다. 선가에서는 이 점에 중점을 두고 공부를 합니다.

■‖ 후송 ‖■

다시 말해 보아라! 어떠한 것이 무애한 법문인가?
멀고 평평하고 동일하여 사방팔방으로 통한다.

且道 如何是無碍法門 緬平一等 七通八達

많은 물이 서로 합해지니 어느 것이 더 맑은지 가릴 수 없고
많은 불이 서로 모여 있으니 똑같이 밝을 뿐이다.
결국에는 반드시 집에 돌아갈 뿐 다른 길이 없으니
평평한 대도는 모두가 동일하게 평평하다.

衆水相合不分淸 衆火相聚一同明
果必到家無異路 坦然大道一般平

### ▌강설▐

'보살'은 보리살타를 줄여 부르는 것입니다. 보리는 지혜를
말하고 살타는 사람입니다. 아공, 법공, 구공의 지혜를 갖춘 사
람입니다. 아공, 법공, 구공을 통하여 지혜가 갖추어져 일체에
걸림이 없는 것입니다.

먹고 살기 위해 돈을 벌고 명예를 드날리고 권력을 잡고 서
로 위치를 확보하는 것이 사바세계의 도입니다. 그러나 권력을
누리고 소유하는 것은 업만 짓고 가는 것입니다. 성불할 수 있는
길이 열려 있지만 사람들은 그 길로 나아가기를 싫어하며 그 길
로 나아가는 방법조차 듣기 싫어합니다. 이 사바세계의 중생으
로 태어나는 것은 그냥 오는 것이 아닙니다. 석가모니 부처님께

서도 사바세계의 중생은 그냥 오는 것이 아니라 반드시 목적이 있어서 오는 것이라고 하셨습니다. 지금 우리에게는 이 사바세계에서 결판을 내 지혜를 밝혀서 보살이 되느냐 아니면 퇴보하느냐 하는 두 가지 길이 놓여 있습니다.

보살에는 실實보살과 권權보살이 있습니다. 권보살은 문수보살, 관세음보살, 지장보살, 대세지보살 등입니다. 이미 과거에 성불하셨지만 중생을 제도하기 위하여 보살로 몸을 나투신 것입니다. 실보살은 4과를 닦고 10지를 닦는 보살입니다. 초지만 되어도 일체 번뇌가 없습니다. 4지가 되면 법집이 없어져 구공이 되며, 모든 경계에서 사람을 만나면 자비심을 일으킵니다. 어떤 경우에도 조금의 두려움이나 거리낌이 없고 공포심도 없습니다. 항상 열반 속에 있으며, 동시에 공에 머물러 있기 때문에 막히지도 않습니다. 지혜가 있으므로 항상 생사를 떠나지 않으며, 중생 속에서 있으면서도 죽고 태어나는 일체의 번뇌에 물들지 않습니다. 번뇌, 열반, 아我와 법法 두 가지 물건에 절대 간섭을 받지 않습니다. 일체 모든 보살이 자재합니다. 척 보면 알고 처처에 계합합니다. 어디 관세음보살만 그렇겠습니까? 실제로 닦아 나아가는 여러분이 보살입니다.

옛날 어느 절에 주지 스님과 상좌가 살았습니다. 상좌 스님은 애꾸눈이었습니다. 옛날에는 객생활을 하게 되면 주지 스님을 찾아가 거량을 하여 이기면 자고 가고 지면 쫓겨났습니다. 어느 날 객스님이 찾아왔습니다. 주지 스님이 귀찮으니까 상좌 스님을 내려 보냈습니다. 내려가니 객스님이 손가락 한 개를 척 보였습니다. 애꾸 스님이 손가락 두 개를 펴 보였습니다. 다시 객스님이 손가락 세 개를 펴 보였습니다. 그러니까 애꾸 스님이 주먹을 들어 보였습니다. 객스님이 주지 스님에게 가서 절을 한 후에 말했습니다.

"제자를 잘 두셨습니다."

"무슨 일이 있었습니까?"

"제가 손가락 하나를 들어 보이면서 부처님이다 하니까 그 상좌 스님이 부처와 법이 있다 하고 손가락 두 개를 들어 보였습니다. 그래서 승보도 있다 하고 손가락 세 개를 들어 보였습니다. 그러니까 상좌 스님이 불·법·승 삼보가 하나의 깨달음 속에서 나온 것 아니냐는 뜻으로 주먹을 들어 보였습니다. 더 이상 대답할 것이 없었습니다. 제가 졌으니 걸망지고 가겠습니다."

조금 있으려니까 상좌 스님이 씩씩거리면서 들어왔습니다.

"에잇! 나쁜 중!"

"왜 그러느냐?"

"제가 들어가니까 손가락 하나를 들어 보이지 않겠습니까?"

"그래, 그것이 무엇이냐?"

주지 스님이 물었습니다.

"제 눈이 하나라는 말 아닙니까? 그래서 너는 눈이 두 개다

하고 손가락 두 개를 들었습니다. 그랬더니 그가 손가락 세 개를 들어 보였습니다. 제 눈과 자기 눈을 합해 눈이 세 개다 하고 놀리지 않겠습니까? 그래서 화가 나서 주먹으로 치려고 하니 도망을 갔습니다."

두 사람의 생각이 동과 서입니다. 그래서 부처님과 조사 스님 말씀에도 서로 손잡고 웃을 수 있기가 힘들다 했습니다. 그러나 뜻을 두고 공부하는 데서 이 자리를 깊이 보고 깨달으면 처처가 다 맞아 하나도 어긋남이 없습니다.

◉

# 의반야바라밀다고

依般若波羅蜜多故

◉

■┃주해┃■

이 가운데 여섯 글자 '반야바라밀다'는 앞의 갖가지 해설을 의지해 수행하면 큰 지혜를 얻을 것이다. 원래 지혜가 있으므로 반드시 피안에 올라 태허로 돌아간다. 이 지혜는 가장 높고 가장 수승하며, 성품을 깨달은 지혜로서 천상이나 천하에 이것을 따를 만한 것이 없다. 도가에서는 "하루 동안 함이 있음이 잠깐 동안 함이 없는 것만 같지 못하다."고 하였고, 또 "일 년 동안 배우고 가르치는 것이 하루 동안 도를 닦는 것만 못하다."고 하였고, 고덕은 "천일동안 지혜를 배우는 것이 하루 동안 반야를 배우는 것만 같지 못하다." 하였다.

此中間六箇字 依前涅槃[38]解說修行 得大智慧 旣有智慧 必登彼岸而復太虛 最尊最勝 悟性般若 天上天下 無有及之 道云 一日有爲

不如一時無爲 又云 一年學教 不如一日修道 古德云 千日學慧 不如
一日學般若

**▌강설▌**

　　흔히 화두를 든다고 말합니다. 그런데 화두를 들면 오래 가
지 않습니다. 많이 가야 3분에서 5분입니다. 생각을 내서 화두를
들면 잠시 후에 없어집니다. 계속해서 없어지는 화두를 들고 애
를 쓰다 보니 항상 그날이 그날이고 생멸심에 허덕거리게 됩니
다. 그렇다면 어느 세월에 이 공부를 해 마치는가? 이 공부는 하
다가 뭔가를 깨달아야 합니다. 그러면 화두가 계속 이어지는 항
장恒長입니다. 번뇌가 더 이상 번뇌가 아닙니다. 공부하는 수행
자는 떨어진 동전닢이나 흘린 이삭을 거두어서는 안 됩니다. 한
생각 뒤집어지면 화두에 힘이 생기게 되어, 일부러 드는 것이 아
닌 24시간 여여부동하게 이어지는 항장의 세계가 됩니다.

　　이 공부는 말로 못하는 박대를 당했을 때 오히려 공부의 힘
이 생깁니다. 저 역시 처음 절에 들어와서 훌륭한 스님들 아래에
서 말로 표현하기 어려울 정도로 호된 수련(?)의 시기를 거쳤습
니다. 하지만 오늘날 선방의 풍토는 스님이나 거사님들이나 나
름의 조그만 알음알이를 가지고 주먹을 들이대곤 합니다. 나름
대로 공부하다가 한 생각 돌이켜 알았다고 하면 아공, 법공, 구
공은 되겠지만, 어찌 일체처 일체시에 걸림이 없겠습니까? 작두

갖다 놓고 대중을 위해 목을 바치라고 하면 정말 사심 없이, 아무런 공포심 없이 그 자리에서 목을 내놓을 수 있겠습니까?

예전에 봉암사에 있을 때 10·26사태가 났었습니다. 전국의 절에 군인을 투입시켜 스님들을 잡아갈 때 사북의 토굴에 잠깐 가 있었는데 부인도 없고 자식도 없는 사람들이 웬 겁이 그렇게 많은지 이해할 수 없었습니다. 보안대에 끌려가서 취조를 당하면 사실은 그런 일이 없었으면서도 대개 인정을 해 버려요. 수행자라면 아무리 칼날 앞이라도 그렇게 겁이 많아서야 되겠습니까? 그리고 스님을 받드는 신도들은 어떻게 했습니까? 왜 당당하지 못합니까? 부처님 말씀에 보면 스님이 잘못하여 감옥을 가더라도 재가불자가 당당히 나서서 그 스님을 도와 도를 닦는 길로 나갈 수 있게 해야 한다고 했습니다. 모두 경계에 닥쳐 확실하게 자유자재하지 못하기 때문이겠지요.

절에서는 스님들이 나름대로 공부를 합니다. 세속에서도 처처에 선방을 만들어 놓고 처사들이 가르친다고 합니다. 그러나 선지식이 뭐라고 하면 아주 싫어합니다. '나'라는 자존심이 꽉 차 있기 때문에 그렇습니다. 사명 대사나 소요 스님이 서산 대사를 찾아갔을 때 왜 자꾸 쫓아냈겠어요. 내치면 돌아서서 다시 들어가고 또 들어가고 했습니다. 그 정도로 서산 스님에 대한 믿음이 철저했기 때문에 공부가 이루어진 것입니다. 법을 배우는 불자는 믿음으로 공부해야 합니다. 그런데 오늘날의 풍토는 공부하는 데에서도 믿음이 부족합니다. 한다는 생각을 가지고 상을 내지 말고 잠깐이라도 함이 없는 공부를 해야 합니다.

▍▍ 주해 ▍▍

대전 조사는 "반야를 통찰해 보니 대광명이 숨겨져 있다. 마치 사람이 바다에 들어갈 때 들어가면 들어갈수록 깊어지는 것처럼, 부처님의 지견을 열고 부처님의 지견을 깨달음에 큰 신통과 변화, 수많은 방편이 있으므로 갖가지 모양을 나투어 근기에 따라 중생을 이롭게 한다. 그래서 제2견에 떨어지지 않고, 일체를 똑같이 관하여 평등하고 진실한 법계이니 중생을 제도할 것도 없고 또한 부처를 이룰 것이 없다."고 하였다.

大顚云 般若通透大光明藏 如人入海 轉入轉深 開佛知見 悟佛知見 有大神通變化多般方便 應現種種相 隨機利物 不落第二 一體同觀 平等眞法界 無衆生可度 亦無佛可做

▍▍ 강설 ▍▍

과거 부처님 당시에는 텔레비전, 비행기, 전화기 같은 것들도 없었지만 웬만큼 공부를 하면 천이통이 열렸습니다. 앉아서 다 들을 수 있었으므로 모든 중생의 소리를 다 들었습니다. 그러나 그것을 잘못하면 큰일납니다.

얼마 전에 공부하는 보살님이 저에게 와서 이런 말을 합니다. 산에서 봉두난발한 이를 만났는데 스님인지 거사인지는 모르겠지만 공부인임에는 틀림이 없었다고 합니다. 여러 차례 만나보고 이야기를 들어 본 결과 상당히 감명을 받았다는 것입니다. 그 동안 집안일이다 뭐다 하여 쌓인 스트레스가 그분의 이야기를 듣는 것으로 녹아 버렸답니다. 집에 돌아와서도 감명 깊게 들은 말이 생각났고, 잠을 자면서도 머릿속에서 그 말이 떠나지 않았답니다. 자다가 일어나서 거실에 앉아 정좌를 하고 있는데, 부인이 옆에 없는 것을 보고 이상히 여긴 남편이 거실로 나와 놀라 묻더랍니다.

　　"뭐하는 거야!"

　　"마음이 산란할 때 이렇게 하면 마음이 안정된다고 해서 공부하고 있는 거예요."

　　"쓸데없는 짓 그만하고 자라."

　　남편의 말을 거역할 수가 없어, 할 수 없이 방에 들어가 누웠는데 남편이 그만 보기 싫어지더라는 거예요. 그러고는 그 비승비속의 거사 생각이 나고 너무 보고 싶어 미칠 지경이었답니다. 그래서 집에 아무도 없으면 맛있는 것도 해다 주고 그렇게 여러 차례 다니면서 이야기를 하다 보니 공부에 대한 깊은 이치가 터득되는 것 같았고 그래서 그 사람에게 자꾸 위안을 받다보니 급기야 정이 가더라는 겁니다. 서로 편지가 오고가고, 나중에는 떨어질 수 없는 정도가 되어 말할 수 없는 고통을 당했다고 해요.

웬만큼 공부해서는 자기가 아닌 제2의 중생의 정이 앞서게 마련입니다. 그것이 제2입니다. 이 문제가 보통 큰 것이 아닙니다. 그러나 보살은 항상 일체중생을 대하여 제2에 떨어지지 않습니다.

과거에 거의 견성했다고 큰 소리 치던 어느 스님이 있었습니다. 몸이 몹시 아파 다 죽어 가게 생겼는데 아무도 돌봐줄 사람이 없었습니다. 마침 그때 45세 정도의 보살이 자기가 살리겠다고 하고 열심히 병구완을 했습니다. 다 나은 후 "보살님! 나하고 같이 삽시다." 그래서 속퇴해서 같이 살았습니다.

웬만큼 공부해서는 제2에 떨어지지 않기가 힘듭니다. 확실히 공부하여 아공, 법공, 구공을 하여 반야 지혜를 써야 제2에 떨어지지 않습니다.

▌ **후송** ▌

알았는가?

물이 여러 갈래로 달리 흐르지만 바다에 이르면 같은 근원이다.

하하하!

다만 어지러이 흩어져 결국에 수습하지 못하게 될까 두려울 뿐이다. 깨진 거울은 다시 비추지 못하고, 떨어진 꽃잎은 나뭇가지에 다시 붙이지 못한다.

理會得麼 水流異派 到海同源 呵呵 只怕漫散了 收拾不來 破鏡
不重照 落華難上枝

반야바라밀을 요달하면
숨어 있는 본성을 조화하여 다 하나로 돌아간다.
하나가 어디로 돌아가는지 묵묵히 참구하여 꿰뚫어 보라.
한밤중에 허공이 대낮과 같이 밝으리라.


了得般若波羅蜜 調和種性皆歸一
默然參透一何歸 半夜虛空如白日


**❚ 강설 ❚**

흩어지면 정이 가 얽어매어 소유하려고 합니다. 소유하지
못하면 시비와 투쟁이 생깁니다.

여기에는 깊은 도리가 있습니다. 그래서 조주 스님은 급류
라고 했습니다. 이 자리에서 본래면목을 보지 못하면 공부가 아
직은 먼 것입니다. 수천, 수만 개의 밀을 빻아 반죽하여 뭉치면
하나가 됩니다. 모든 만물 속에 그것이 들어 있으면서 조화를 이
룹니다.

지금은 컴퓨터 시대이고 정보화 시대입니다. 앉아서 컴퓨
터로 수백여 리 떨어진 사람을 죽일 수도 있습니다. 이렇게 물

질이 발달하면 할수록 반야 지혜를 밝히는 공부는 안 하게 됩니다. 이것이 세기말입니다. 정법 · 상법시대만 해도 내면의 공부를 했는데 이제 점차 세상의 관심은 자꾸 물질로만 집중되어 가고 있습니다.

인도의 라즈니쉬 명상센터에 가면 독일인이 방장으로 있습니다. 그곳에는 '자신이 알았다' '자신의 자성을 발견했다'고 하는 사람이 많이 옵니다. 그런 이들이 오면 그는 조그만 확대경으로 눈을 들여다본답니다.

"당신은 깨달았다고 하지만 아직 못 깨달았어."

"이유가 뭐요?"

"당신은 지금 무슨 생각을 하고 있지요?"

"몸이 왜 아픈가 그걸 생각하고 있습니다."

"왜 몸이 그렇게 아프다고 생각합니까?"

대답을 못해요.

"당신은 30년 전에 어떤 여인을 범한 뒤 버려서 그 원한이 박혀 있소."

"그런 일이 있었습니다."

그것을 눈을 보고 안 것입니다. 라즈니쉬가 깨달았다고 하니까 라즈니쉬의 뇌를 해부해 조직검사를 해 보자고 하는 시대입니다. 물질을 외형적으로 연구하고 추구해 나가는 시대가 오늘날인 것입니다. 이런 시대에 과거의 부처님 말씀을 논해 뭐하냐고 생각할 것 아닙니까? 그런데 결코 그렇지 않습니다. 확실하게 반야의 눈을 갖추면 확대경을 들이대지 않아도 모든 행동 자체가 반야 지혜를 쓰고 있는 줄을 아는데 깨치지 못한 사람은 그것을 모릅니다. 반야의 눈을 딱 닫아 놓고 밖에 나타난 모양만 추구해 나갑니다. 그래서는 영원한 안심입명처는 절대로 얻을 수 없습니다.

확대경을 가진 방장에게 물어 봤습니다.

"당신은 영원한 안심입명처에 도달했는가?"

"아직 안 되었습니다."

"그렇다면 당신의 마음이 편안한 데로 확 돌아갈 수 있게 하는 그런 확대경은 없습니까?"

"그것은 안 됩니다."

"그럼 그 확대경은 뭐하는 것인가? 이것으로 점쟁이 노릇 하는 것 아닙니까? 그렇다면 나에 대해서도 한 번 맞춰 보시죠!"

그랬더니 내 손을 한 번 보자고 하더니 그래요.

"나는 더 이상 말 못합니다."

"틀렸소! 이 자리에서 분명 한 마디 할 수 있어야 합니다!"

"스님, 여기 계시면서 선에 대해 지도해 주십시오."

"차후에 시간이 있으면 또 오지요."

외형적으로만 흘러가는 오늘날 정보화, 컴퓨터 시대에 이런 것들을 가지고 반야 지혜를 개발할 수 있겠는가 하는 것입니

다. 그것은 할 수도 없을 뿐 아니라, 도리어 이 시대를 망치게 됩
니다.

# 심무가애
## 心無罣碍

반야바라밀다를 의지하여 수행하면 마음에 걸림이 없어서 바로 진여의 묘한 도리를 깨닫는다. 마음이 탁 트여 태허에 통하며, 그대로 청정본연의 상태여서 항상 자재함을 얻는다. 선사仙師는 "마음은 태허와 같아 한 물건도 물들이지 못한다."고 하였고, 불가에서는 "마음은 허공계와 같아서 허공과 같은 법을 본다. 허공을 증득할 때 옳은 법도 없고 옳지 않은 법도 없다."고 하였다. 이미 허공과 혼연일체가 되었는데 여기에 무슨 옳고 옳지 않다고 하는 차별이 있겠는가?

안팎이 다 청정할 뿐 아니라, 안이 공하고 밖이 공하니 당체가 곧 공한 것이다. 하늘과 땅이 있기 이전에 먼저 이 공이 있었는데, 태상은 "혼돈상태에 있다가 천지에 앞서서 생긴 물物이 있다."라고 하였고, 또 "이름이 없는 것은 하늘과 땅의 시작이요

이름이 있는 것은 만물의 어머니이다."고 하였다. 태시와 태초
는 보려고 해도 보지 못하고, 들으려 해도 듣지 못한다. 붙잡으
려 해도 잡지 못하고, 맞아들이려고 해도 그 첫머리를 볼 수 없
고, 따라가 그 뒤를 보려고 해도 볼 수가 없다. 눈이 다섯이어도
그 자취를 볼 수가 없고, 두 귀로 들어도 그 메아리조차 들을 수
가 없다.


    依此般若波羅蜜多修行 卽得心無罣碍 卽悟眞如妙理 廓徹太虛
淸淨本然 常得自在 仙師云 心若太虛 不染一物 釋云 心同虛空法[39]
示等虛空法 證得虛空時 無是無非法 旣然與虛空混爲一體 有何差別
是與不是外淸淨 內淸淨 內外淸淨 外空內空 當體卽空 未有天地 先
有此空 太上云 有物混成 先天地生 又云 無名天地之始 有名萬物之
母 視之不見 聽之不聞 搏之不得 迎之不見其首 隨之不見其後 五目
不覩其蹤 二聽絕聞其響


■ 강설 ■

    여러분이 반야 지혜를 가지고 있다고 하여 상대방의 마음
을 훤히 알고 천리 밖도 환히 아는 것이 아닙니다. 착각하면 안
됩니다. 반야 지혜를 갖추면 일체처 일체시에 조금도 주저하는
바가 없이 대하는 찰나에 해결됩니다. 그럼으로써 일체에 처하
여 안심입명처를 얻게 됩니다. 그것이 반야 지혜입니다.

활연대오는 몰랐던 것을 갑자기 안 것을 말합니다. 그러나 활연대오는 구름이 벗겨졌다가 다시 덮이는 것처럼 덮일 수 있습니다. 반면 확철대오는 태허공에 구름 한 점 없이 맑은 것처럼 더 이상의 여지가 없이 밝은 것을 말합니다. 마음의 반야자리는 절대로 물들일 수 없습니다.

**▌ 주해 ▌**

야보도천 스님은 "당당한 대도는 대단히 밝고 분명하여 사람마다 본래 구족해 있고 각자 원만히 이루어져 있다. 다만 한 생각 그르침으로 인해 만 가지 모양을 나타낸다."고 하였고, 육조 스님은 "나에게 한 물건이 있어 위로는 하늘을 떠받치고 아래로는 땅을 버티고 있지만 아는 사람이 없다."고 하였다. 몸소 직접 한 번 보게 되면 부처와 조사를 뛰어넘고 삼계를 벗어나 윤회에 떨어지지 않을 것이다. 다른 사람을 위해 스스로 수긍하고 스스로 믿어 스스로 보호하면 걸림이 없는 법을 얻어 결정코 방해됨이 없을 것이다.

川老云 堂堂大道 赫赫分明 人人本具 箇箇圓成 只因差一念 現出萬般形 六祖云 我有一物 上拄天 下拄地 無人識得 若親見一面 超過佛祖出三界 不墮輪廻 爲人自肯自信自能保養 得無碍法 決定無碍

한 생각 그르친 것이 무엇일까요? 도가 있다고 하면 도가 있는 것을 생각하고, 도가 없다고 하면 도가 없는 것을 생각합니다.

지식과 학식, 중생의 관념을 가지고 이것이다 저것이다 하면 크게 어긋납니다. 불조를 초과해야 제대로 본지풍광을 바로 본 사람이고 깨달은 사람입니다.

걸림이 없다는 소리는 때에 딱 맞게 반야 지혜를 잘 쓰는 것, 처처에 계합하여 어깨동무를 하고 희희낙락하는 것을 말합니다. 그것이 관세음보살입니다.

알았는가?

하늘을 덮은 그물을 찢어 제거해 버리니 바로 앞에서 부른다.

理會麼 扯破幔天網 去了當頭召

허공에는 물건을 두기 어려운데
무슨 걸리는 것이 있겠는가?
새까맣게 어두운 칠통 속을 타파하니

곧바로 보는 것이 관자재이다.

虛空難著物 有甚罣與碍
打破沐桶底 便見觀自在

# 무가애

## 無罣碍

생각이 끊어지지 않은 것을 '걸린다[罣]'고 하며, 경계에 집착하여 돌이키지 못하는 것을 '장애[碍]'라고 한다. 두 번씩이나 '걸림이 없다'고 말한 것은 안과 밖이 청정하고 모든 반연이 벗겨져 깨끗해진 것을 말한다. 마치 저 하늘의 밝은 태양빛이 대천세계에 가득 차 비추지 않는 곳이 없는 것처럼 일체의 허망한 경계에 전혀 장애됨이 없다. 동쪽으로 가도 다함이 없고, 서쪽으로 가도 다함이 없으며, 종횡으로 자유자재하고, 허깨비 같은 경계에 구속됨이 없다. 본원 자성은 천진하여 무수한 세월을 지내더라도 무너지지 않는 체體이며 감도 없고 옴도 없고 변함도 없고 달라짐도 없다.

想念不斷謂之罣 著境不回謂之碍 重說無罣礙者 内外淸淨 諸緣

脫洒也 如麗天杲日 光滿大千 無所不照 一切虛妄境界 總無罣碍 東
去無窮 西去無極 縱橫自在 幻境不能所拘 本源自性天眞 長劫不壞之
體 無去無來無變無異


■| 후송 |■

헤아릴 수 없는 세월이 지나도 무너지지 않는 체를 보고자 하
는가?

안개가 벗겨지면 비로소 해가 보이고, 티끌이 없어지면 거
울이 저절로 밝아진다.


要見長劫不壞之體麼 霧散暘初見 塵盡鏡自明


본래 공하여 걸릴 것이 없으나
모양에 집착하여 스스로 미한 것이다.
만약 사람이 돌이켜 바꾼다면
부처와 같아질 것이다.


本來空沒碍 著相自家迷
若人回得轉 偃佛一般齊

어떤 경계에 부딪쳤을 때 얼른 돌이켜 화두를 참구할 수 있는 마음, 그것을 지속하면 할 일이 없는 참사람이 됩니다.

십지보살이 성품을 보았다고 했을 때의 경계는 비단을 쳐 놓고 바깥의 해[日]를 본 것과 같은 경지입니다. 십지보살의 경계는 아공, 법공의 경지입니다. 과거, 현재, 미래의 삼세三世가 없습니다. 화엄의 원돈문圓頓門에서 10지까지 가려면 무수겁을 닦아야 합니다. 선방에 화두를 참구하는 사람은 부처의 본성자리를 바로 짚어서 깨닫고자 하는 사람입니다. '이뭣고!'라고 할 때 이미 그것은 전후좌우제단前後左右際斷입니다. 바로 눈앞에 진리를 갖다 대 주었어요. 여기에는 한 생각만 돌이켜 깨우치면 됩니다. 이렇게 가르쳐 주어도 말세 중생들은 안 되고, 가만히 앉아서 억지로 하다 보면 금방 화두가 없어져 망상이 시작되어, 한두 시간이 금방 가 버립니다. 생각으로 하는 염화두는 중생의 기멸심起滅心을 가지고 하는 것이기 때문에 없어졌다 생겼다 합니다. '이뭣고!' 할 때는 기멸심으로 하는 것이 아닙니다. 이 자리는 말과 생각을 붙일 수 없는 자리입니다. 상상上上근기는 거기에서 언하에 깨우칩니다. 거기에서 애를 써보십시오.

◉

# 고
### 故

◉

**∥ 주해 ∥**

'고故'라는 한 글자는 원만하고도 지극한 법칙이며, 또한 참되고 항상한 이치이므로 말로 설명할 수가 없다. 설명할 수 없기 때문에 '고故'라고 하였다. 『금강경』에서는 "법을 가히 말할 수 없기 때문에 그 이름이 설법이다."라고 하였다. 유가에서는 "도는 본래 말이 없다. 말로 하게 되면 이치가 사라진다."고 하였고, 선사仙師는 "도는 말로써 설명하기 어려우니 마땅히 스스로 깨달아야 한다."고 하였다.

故之一字 圓滿極則 亦是眞常之理 不可言說 因說不得故曰故 金剛經云 無法可說 是名說法 儒云 道本無言 言生理喪 仙師云 道難說 須當自悟

자, 말해 보아라! 어떻게 깨닫는가?

에잇!

한 번 금종을 치니 그 메아리가 꿈꾸고 있는 사람들을 놀라
게 해 깨운다.

且道 如何得悟 咦 一撞金鐘響 驚醒夢中人

참되고 영원하고 원만하고 한계가 없는 법칙이므로
가는 곳마다 두루 원만하여 물들이기 어렵다.
근기에 따라 천만 가지로 변화에 응하나
평안하고 느긋하게 소요하면서 항상 홀로 거닌다.

眞常圓滿極則故 到處周圓難染活[40]
應變隨機有萬千 坦蕩逍遙常獨步

# 무유공포
## 無有恐怖

▌ 주해 ▐

이미 마음에 걸림이 없어 참되고 영원하고 부족함이 없이
저절로 여여한데 새삼스럽게 무슨 두려워하는 마음이 있겠는
가? 만약 이러한 경지에 이르러 성품자리가 공한 것을 깨달으면
동서를 분별할 수 없고 남북을 나눌 수도 없으며 밝고 어두운
것에 속지 않는다. 방우에 맞닥뜨리지 않고, 음양에도 구애받지
않으며, 조화에도 영향을 받지 않는다. 이와 같은데 무슨 근심과
고통을 두려워하며, 어찌 생사를 두려워하겠는가?

旣心無罣碍 眞常自然圓滿 更有甚麼恐怖之心 若到此地 悟得性
空 東西不辨 南北不分 不被明暗所瞞 不被坊隅所當 不被陰陽所拘
不被造化所役 似此有甚憂苦可怕 有甚生死可怖

만법과 더불어 짝하지 않고, 맞닥뜨려 스스로 홀로 가고 홀로 걷는다. 하늘에 올라 우러러보아도 다함이 없고, 땅으로 들어가 본다 해도 다함이 없다. 산과 강, 석벽, 지수화풍이 여기에 오고 가지만 모두 걸림이 없다. 손바닥을 기울이는 사이에 천 리를 가고, 발을 한 번 돌이키는 것이 마치 나는 것과 같다. 그러므로 하늘과 땅이 구속하지 못하고, 귀신도 감히 헤아리지 못한다. 이를 자유자재한 대각금선이라 한다.

不與萬法爲伴 當自獨行獨步 上天仰之無窮 入地去之無極 山河石壁 地水火風 於此往來 總無罣礙 側掌行千里 回程轉似飛 天地莫能拘 鬼神莫能測 喚作自在大覺金仙

자유자재한 대각금선을 보고자 하는가?

등불을 잡고 불을 찾으려 하지 말라. 목마르면 마시고 주리면 밥을 먹으며 항상 마주 보고 있다.

要見自在金仙麼 不須覓火把燈尋 渴飮饑飡常對面

가고 옴에 자유자재하며 여유롭게 노니니

공포도 없고 근심도 없다.
꿈 같은 경계 속에 살고 있지만 거기에 머무르지 않고
홀로 가고 홀로 걸으니 이곳이 영주로다.

去來自在任優游 也無恐怖也無愁
幻化境中留不住 獨行獨步是瀛洲


## ▌ 강설 ▌

영주는 도가에서 전해지는 신선이 사는 이상향인 삼신산의
하나로 동해안에 있다고 합니다. 이 세상 사람들이 보지 못하는
곳에서 신선이 홀로 걷고 홀로 산다고 합니다.

천상천하에 짝할 것이 없는 그 자리를 총괄하여 이야기를
한다면 다른 일은 없고 다만 집안의 일뿐이라고 합니다. 가두어
놓고 주먹을 펴고 주먹을 쥐는 것은 다만 각기 한 생각 마음에
맡겨 두고 자유자재하게 살 뿐이라는 겁니다.

자유자재가 되면 음양에도 걸리지 않습니다. 7지 보살은
입태入胎에는 어둡지 않으나 자기가 가고 싶은 곳으로 가 태어
날 때 어둡습니다. 8지 이상이 되면 입태, 출태에 어둡지 않게 됩
니다. '조금도 어둡지 않고 삼세가 무너졌다.' 오매일여寤寐一如가
되어야 이러한 경지가 됩니다. 오매일여가 되면 화두를 들 것이
없습니다.

지금 여러분은 억지로 마음을 내어 일으킵니다. 그러나 마음을 내 화두를 드는 것은 공부가 아닙니다. 일상생활이 여여하여 변함없는 화두가 스스로 되어 있어야 합니다. 이 오매일여만 되면 잠이 깊이 들어도 다른 것이 있을 수 없습니다. 잠자기 전이나 잠을 자고 깨어나도 일여가 되어 있기 때문에 삼세가 없다고 하는 겁니다. 그 당처가 8지 이상입니다. 그렇게 되면 깨칠 수 있는 곳에 가깝습니다. 말로는 쉽지만 오매일여가 되기는 쉽지 않습니다. 숙세에 선근이 많은 사람은 다시 태어나면 언하에 깨달음을 얻습니다. 언하에 요달생사 돈망생사了達生死 頓忘生死가 됩니다. 그런 사람은 과거에 엄청나게 익혀 놓아서 다 익은 상태로 태어나서 언하에 깨닫습니다. 부처님 경전, 조사 스님 말씀이 다 깨닫는 말뿐입니다.

그걸 보고 깨닫지 못하는 것은 숙세에 엉뚱한 짓만 하여 태산 같은 업의 습성이 쌓여 그 기운 때문에 공부가 안 되는 것입니다. 자꾸 저에게 찾아와서 왜 공부가 안 됩니까? 왜 일념이 안 됩니까? 그러시는 분들이 많은데 공부가 안 되는 그 원인을 알아야 합니다.

인공위성을 발사하면 대기권을 벗어나 무중력 상태로 올라가야 자재가 됩니다. 무중력 상태에 올라가기 전까지는 대기의 기운이 잡아끌기 때문에 올라가지 못합니다. 화두를 드는 것도 그와 같습니다. 오온, 십팔계의 기운을 벗어나야 되는데 그것이 자꾸 잡아당기는 것입니다.

어느 조사 스님은 우리를 잡아끄는 그 기운이 천 길이나 되는 깊은 바다 속에 단단히 박힌 만 근이나 되는 철추와 같다고 했습니다. 그 무거운 철추를 끌어올리자면 얼마나 힘이 들겠습니까? 이 몸에 힘이 다 빠져서 죽었을 때 비로소 그 철추가 빠져서 올라오게 됩니다.

말세의 근기가 미약한 중생에게는 쉬운 일이 아니지요. 이렇게 힘이 드는 것을 조사어록에 보면 힘들이지 않고 바로 깨우치는 것처럼 나오니까 쉽게 생각되는데 안 되는 그 원인이 숙세에 얼마나 다른 짓을 했는지를 가슴 깊이 뼈저리게 느껴야 합니다. 그러면 발심이 됩니다. 그렇지 않으면 그냥 수박 겉핥기입니다. 개울에 흘러가는 물이 돌을 슬쩍 넘어 간다고 하여 돌의 윗부분이 잠기는 것이 아닙니다. 다만 돌의 겉면만 물이 발라질 뿐입니다. 그와 같이 공부해서는 안 됩니다.

일체 음양의 부림을 받지 않고, 생사에도 부림을 받지 않고 시비투쟁의 부림을 받지 않아야 됩니다. 부처, 조사에 속지 않으면 집에 이른 사람이고 독행독보獨行獨步가 됩니다.

# 원리전도몽상

遠離顚倒夢想

만일 걸림이 없고 공포가 끊어지면 자연히 전도몽상을 멀리 여읠 것이다. 선사仙師는 "낮에 상념이 없으면 밤에 꿈이 적다."고 하였고, 불가에서는 "꿈은 생각[想]으로 인해 생기고, 생각은 기억함[念]으로 인해 일어난다."고 하였다. 세상 사람들은 잠을 자고 있을 때만 꿈이 있는 줄을 알지, 눈을 뜨고 있을 때도 꿈이 있다는 것을 알지 못한다. 어떤 것이 눈을 뜨고 꿈을 꾸는 것인가? 선사는 "설사 금은보배가 북두칠성보다 높이 쌓여 있더라도 수명이 다할 때는 하나의 꿈속일 뿐이다."라고 하였으니, 어찌 이것이 눈을 뜨고 꿈을 꾸는 것이 아니겠는가.

만약 꿈에서 깨어나려면 무상함을 기다려야 하며, 그래야 비로소 생전에 지은 바 행위와 애착, 탐냄 등 일체의 모든 인연이 일장춘몽이며 다만 자기 한 몸뿐임을 깨닫는다. 관직을 돌아다 보아도 여기에 이르지 못하며, 깨달을 때는 이미 때가 늦어 버린다.

만약 지혜가 있는 사람이라면 문득 무상함을 스스로 깨닫고, 탐욕과 애락은 윤회의 종자이자 지옥의 원인임을 알고 전도됨을 멀리 여의며, 성품이 본래 공한 것임을 깨달아 이 몸 자체가 필경에는 없는 것임을 알게 될 것이다.

若罣碍無 恐怖絶 自然遠離顚倒夢想 仙師云 日間無想念 夜後少夢寐 釋云 夢因想生 想因念起 世人只知合眼有夢 不識開眼也有夢 如何是開眼有夢 先師有云 假饒金銀過北斗 大限來時一夢中 豈不是開眼也做夢 若要夢覺 直待無常 方省生前所作所爲所愛所貪一切萬緣 盡是一場春夢 只是自己一身也 顧官不得到 此省時晚矣 若是有智之人 忽然自省 自覺無常到來 此貪欲愛樂 盡是輪廻之種地獄之因 遠離顚倒 悟本性空 卽知此自必無

**▌강설 ▌**

대한래시大限來時는 임종에 다다른 것을 말합니다. 일생 무엇을 했는지, 언제 늙었는지, 임종에 이르러서야 한바탕 꿈이었다는 것을 느낍니다.

여러분은 평생 싸우고, 돈 벌고, 권력을 다투며 살아갑니다. 절의 스님들 중에서도 공부하지 않고, 권력이나 명예를 탐하던 스님들은 죽을 때 한탄을 합니다. 본사 주지를 하려고 싸우고, 총무원장 하려고 싸우고, 종회의장 하려고 싸우고…… 죽을 때 가서는 갈 길이 막막하다고 합니다. 다시 말해서 자신이 없다는 것입니다. 가는 길에 닥쳤는데 대통령을 지내면 대적이 되겠습니까? 아니면 재벌회장이 되어 재물을 바친다고 생사의 갈림길에서 자유자재할 수 있겠습니까? 그때에 이르러서 자기가 가는 길을 자기가 책임지지 못하는데 어떻게 합니까. 그러면 여러분은 세속의 모든 사람들이 절에 가서 도 닦고 앉아 있으면 어떡하라고 그러느냐고 묻겠지요. 제 말뜻은 가정에서 생활하면서 해야 할 일 가운데 무엇이 먼저이고 무엇이 나중인지 그걸 분명히 알고 살아가라는 것입니다. 돈 벌고 명예 드날리는 것만이 전부인 줄 알고 매달려 생명처럼 집착하지 말라는 그 이야기입니다. 무엇보다도 먼저 해야 할 일은 이 마음자리를 밝혀 생사 대사를 해결하는 것입니다. 세속에서도 철저히 수행을 해서 나고 죽는 생사에 닥쳤을 때 자신이 책임지고 갈 수 있는 힘을 기르면서 공부도 하고 교수도 하고 돈도 벌고 대통령도 하라는 것입니다.

## ▌▌ 주해 ▌▌

옛사람도 "성인은 마친다는 것도 없고, 고정된 것도 없고, 필연적이라는 것도 없으며, 나라고 하는 것도 없고, 의지하거나

기대는 것도 없다고 하였다. 어두운 것도 밝은 것도 없고, 이름이나 모양도 없고, 강함도 약함도 없다. 더러운 것도 깨끗한 것도 없고, 행동하고 그치고 유지하고 없어지는 것도 없고, 묵묵한 것도 말하는 것도 없다. 그것은 생각이 끊어진 자리이며 일체 언어가 끊어지고 마음이 일어나는 것마저 없어진 자리"라고 하였다. 태상은 "실제로는 얻는 바가 없으나 중생을 교화하기 위하여"라고 하였고, 불가에서 "도는 미묘하고 그윽하여 볼 수가 없다."고 하였다.

古云 聖人 無已無固 無必無我 無依無倚 無晦無明 無名無相 無强無弱 無穢無淨 無止無作 無任無滅 無默無言 絶思絶慮 一切語言道斷 心行處滅 太上曰 實無所得 爲化衆生 釋云 道妙幽微 不可得見

■ 강설 ■

생각과 사량분별로 자비를 베풀면 그것이 도리어 정情으로 변하여 좋지 않은 일이 생깁니다.

■ 주해 ■

대전 조사는 "죽이고 태워 버리면 배고픔도 목마름도 없다. 추위도 더위도 없으며, 일어남도 넘어짐도 없다. 앉음도 누워 잠을 자는 것도 없으며, 육근도 아홉 구멍도 없다. 사백사병四百四病 (인간이 걸리는 병 전부를 가리키는 말 - 편집자)도 팔만 사천의 벌레도 없으며, 꿈처럼 전도된 생각도 영원히 없다. 만일 이와 같이 깨닫지 못하여 청정법계 가운데 자칫 한 생각이라도 일으키면 염부제에서는 벌써 팔천 년이란 세월을 지내게 된다. 이것을 알면 잠깐 동안이지만, 모르면 모래알같이 오랜 세월이다. 세세생생토록 죽고 또 태어나기를 반복하며 잠시도 머물지 않겠지만 깨닫지 못하면, 오랜 꿈을 꾸면서도 깨어나지 못해 오랜 세월 한량없이 전도되어 끝날 날이 없다. 전도되고 또 전도되어, 죽었다가 다시 태어나고, 태어났다 또 죽고, 꿈에서 깨어났다가 다시 꿈꾸고, 잠에서 깨어났다가 다시 잠자며, 미혹한 가운데 다시 미혹하여 마침내 끝마칠 기약이 없는 것이다. 만약 어떤 사람이 바닥까지 철저하게 사무쳐서 통과하면 전도됨을 영원히 벗어나 꿈이나 허깨비를 단박에 벗어날 것"이라고 하였다.

大顚云 死了燒了 無饑無渴 無寒無熱 無起無倒 無坐無眠 無六根無九竅 無四百四病 無八萬四千蟲 永無顛倒夢想 若不如是悟去 淸淨界中纔一念 閻浮早通八千年 會得剎那間 不會塵沙劫 死死生生 展轉不覺 睡長夢而不醒 萬劫顛倒而無止 顛顛倒倒 死了又生 生了又死 夢醒又夢 睡覺又睡 迷中更迷 終無了期 若有人打得徹 透得過 永免顛倒夢幻頓脫

자, 말해 보아라! 바로 벗어나 어느 곳을 향해 갔는가?

새장을 벗어난 새매가 하늘을 박차고 날아오르면 다음은 모든 사람에게 맡겨 두고 가까이하지 않는다.

且道 頓脫了向甚處去 脫籠俊鶻撲天飛 一任諸人近不得

낮에 생각이 없으므로 밤에는 꿈도 없다.
전도된 경계에 희롱당하지 않고
한 주먹에 상두관을 깨니
몸을 뒤집어 바로 조원동에 오른다.

日間無想夜無夢 不被顚倒境物弄
一拳打破上頭關 飜身直上朝元洞

전도몽상을 여읜 자리는 독행독보로 자유자재합니다.

보현보살이 돼지의 몸을 받아 돼지 우리 안에 있었습니다. 많은 돼지들 속에서 금빛 털을 가지고 있어서 빛이 나므로 '금생이 돼지'라고 불렀습니다. 하지만 우리의 눈으로 볼 때는 그저 돼지이지요. 문수보살이 공부하는 스님을 시켜 편지를 주면서 우리 안에 넣어 주라고 했습니다. 편지를 돼지우리에 넣어 주니 금생이 돼지가 그것을 먹고 죽어 버렸습니다. 돼지 주인은 노발대발하면서 관청에 수좌 스님을 고발했습니다. 그래서 수좌 스님이 관청에 잡혀가게 되었습니다.

"네가 돼지를 죽였느냐?"

"어느 노장 스님이 '금생이 돼지'에게 편지를 넣어 주라고 하여 넣어 주었더니 돼지가 편지를 보다가 입으로 삼켜 버려 죽었습니다."

"그래! 그럼 그 돼지를 가져 오너라."

판관이 돼지의 배를 갈라 편지가 있나 없나 살펴보았어요. 편지를 보니, "보현성인이시여! 중생구제를 위해 돼지굴에 너무 오래 있지 마십시오. 본래의 일이 어두워 질 수 있습니다. 하시던 일을 멈추고 다시 진신으로 돌아오십시오." 이렇게 써 있었습니다.


이 편지를 보고 나서야 돼지를 수좌 스님이 죽인 것이 아니라 성인의 화현임을 안 것입니다. 이러한 경지가 전도몽상이 없는 경계이며, 다 떨어져 없어져 천진 본연의 마음을 가지고 육도 속을 마음대로 희희낙락해도 조금도 변치 않고 매하지 않는 것입니다.

# 구경열반

究竟涅槃

'구究'는 자기를 돌이키는 것이다. 자기 몸을 궁구해 보면 다 헛되고 거짓된 것으로 하루하루가 모두 무상해서 무너져 버리는데 그 무너짐을 지연시키거나 움직이게 할 수 없다. 이와 같이 마치면[究竟] 어찌하겠는가.

본래 이 사대란 없는 것이지만 세상 사람들이 모두 몸이 있다고 집착하기 때문에 경계[物]를 따라간다. 친근하게 해야 할 것은 버리고 멀리해야 할 것을 향하며, 도둑을 아들이라 여기고 허망한 사대 육근을 진실이라 여겨 갖가지 업을 지어 갖가지 고통을 받으며, 만겁토록 윤회하면서 그것을 깨닫지 못하고 알지 못해 해탈을 못한다.

究者反自 窮究己身 盡是虛假 一日無常 盡皆敗壞 難以留戀[41]

如是究竟則何矣 本來無此四大 因世人皆執有身 迷己逐物 棄親向疎
認賊爲子 妄將四大六根爲實 作種種業 受種種苦 輪廻萬劫 不覺不知
不能解脫

　　사람들은 현상계의 물건만 따라가지 자기의 본래 마음은
하루에 한 번도 생각하지 않습니다. 과거에 석두石頭 스님이나
설봉雪峰 스님은 선방에서 확실히 깨달은 후에 대중을 위해 공양
주를 했습니다. 그것이 진실한 공양주입니다. 예전에 중국에서
는 아무나 주지를 하는 것이 아니라 깨달은 사람이 하였습니다.
주지가 곧 방장이었습니다. 인가받을 때에 "너는 어느 산중에 머
물러서 대중을 교화해라." 하는 이야기가 나옵니다. 그것이 주지
입니다. 지금은 깨치지도 못하고 공부도 하지 않고 주지를 합니
다. 물론 원주로 살림을 살면서 화두를 놓치지 않고 공부하는 사
람도 있습니다. 그것이 남이 모르는 숨은 공부입니다.

　　중국의 호암 스님은 공양주를 했는데 어느 날 조실 스님이
입적하시며 600명 대중을 모아놓고, "오늘은 내가 한 사람을 인
가하여 조실로 추대하겠다."고 하자 대중들은 일좌에 있는 수좌
스님을 추대할 것이라고 생각하고 있었습니다. 그런데 후원의
원주 스님을 부르더니, "이 사람이 앞으로 이 산중의 납자를 제
접할 조실이다." 하고 인가했습니다. 이 원주 스님은 일을 하면

서도 소리없이 열심히 공부를 한 것입니다. 증표로 거량을 하니 조금도 걸림이 없었어요. 척척 계합이 되니 일좌의 수좌도 자기가 그에 미치지 못하는 것을 알았습니다.

침묵하며 스스로 살피고, 밤낮으로 이 한 생각을 여의지 않고, 스스로 깨닫고 스스로 비추며 세밀하게 참구해 보라. 이 육근과 오온은 아주 오랜 옛날부터 본래 없었으며, 이름과 모양도 없었으며, 또한 신선을 이룬다거나 부처를 이룬다는 것도 없었으며, 나아가 육도와 사생도 없고 가지가지가 다 없다.

默然自省 於此日夜 不離當念 自覺自照 細細參究 此六根五蘊 從塵劫已來 本自無有 名相皆不可得 亦無成僊成佛 亦無六道四生 種種皆不可得

이 공부는 철두철미하게 참구를 해야 합니다. 공부를 하다가 해제가 되면 많은 사람들이 한바탕하러 옵니다. 알았다는 것이지요. 그러나 두세 번 물으면 대답을 하지 못합니다. 공부하다가 이것이라고 생각하면 십만 팔천 리나 멀어집니다. 거기에서

참으로 아닌 것을 알고 다시 의심을 챙길 수 있는 사람은 진정
으로 공부를 지어갈 수 있는 사람입니다.

'경竟'은 다한다는 뜻이니, 여기에 이르면 모두 평등하다. 바
닥까지 다 뒤집어엎으니 만 가지 인연이 곧바로 쉬어지고 안과
밖이 다름이 없다. 야보도천 스님은 "한 타래의 실을 자르는 것과
같아서 한 번 자르면 한꺼번에 끊어진다."고 하였고, 또 "한 주먹
으로 화성의 관문을 타파하고, 한 다리로 현묘한 요새를 쓰러뜨
려 동서남북 사방을 마음대로 가고 오니, 대자대비 관자재보살을
찾으려 하지 말라."고 하였다.


老<sup>42)</sup>者盡也 到這裡一檗平等 盡底掀翻 萬緣頓息 餘<sup>43)</sup>外無餘 川
老云 如斬一握絲 一斬一齊斷 又云 一拳打破化城關 一脚趯翻玄妙塞
南北東西任往來 休覓大悲觀自在

관關을 타파한다는 것은 '무無 자' '이뭣고' '판치생모' 등의
화두를 여지없이 한 주먹으로 깨서 없애 치운다는 의미입니다.

　대전 조사는 "사구를 떠나고 백비百非를 끊어, 보되 보는 것이 없음을 아는 것이 열반에 이른 것"이라고 하였다. 또한 열반은 태어남도 없고 죽는 것도 아니다. 그것은 적멸이니 태어남도 없고 죽음도 없는 것을 말한다. 태상은 "담연상적湛然常寂"이라 하였고, 『대반열반경』에서는 "생멸이 없어지니 적멸의 즐거움만 있다."고 하였다. '적寂'은 고요하여 움직이지 않는 것을 말하고, '멸滅'은 모든 법이 생겨나지 않는 것을 말하니 실로 생사가 없는 것을 적멸이라 한다.

　大顚云 離四句 絕百非 知見無見 斯到涅槃 且涅槃無生非死也 乃是寂滅無生無死之謂也 太上云 湛然常寂 佛經云 生滅滅已寂滅爲樂 寂者 寂然不動 滅者 諸法不生 實無生死也

　사구四句는 만유와 제법을 판정하는 논법입니다. 제일구의 유有는 정립定立이요, 제2구의 공空은 반정립니다. 제3구의 역유역무亦有亦無는 있기도 하고 없기도 하다는 긍정종합이고 제4구의 비유비무非有非無는 있는 것도 아니요, 없는 것도 아니라는 부정종합입니다. 백비百非란 그릇된 모든 것을 부정하는 것입니다.

마조馬祖 대사에게 한 스님이 물었습니다.

"이사구 절백비離四句 絶百非 하고 서쪽에서 조사가 오신 뜻을 곧장 말씀해 주십시오."

"내가 오늘은 심기가 불편하니 지장 스님에게 물어보라!"

그가 서당지장(西堂智藏, 735~814) 스님을 찾아가 물었습니다. 지장 스님은 손으로 자신의 머리를 가리키면서, "오늘은 머리가 아파서 가르쳐 줄 수 없다. 백장(百丈懷海, 720~814) 스님에게 가서 물어 보아라!" 하였습니다.

다시 백장 스님에게 가서 물었습니다.

"나는 그에 대해 전혀 알지 못한다."

그가 다시 마조 대사에게 돌아가서 고하니 스님이 말씀하시기를, "지장의 머리는 희고, 백장의 머리는 검도다." 하였습니다.


여기에 계합하면 마조 스님과 지장, 백장 스님의 의지를 간파해 볼 것입니다. 그러나 아직 눈이 열리지 않은 공부인이나 어리석은 중생은 모두 제2구에 떨어져서 보기 때문에 바로 보지 못합니다. 흐르는 강줄기에 둑을 쌓아도 그 물은 어느 한 구석으로 흐르고 있음을 보는 것이 바로 보는 것입니다.


지장의 머리는 희고, 백장의 머리는 검다고 하니
눈 밝은 납자도 전혀 알지 못하네.
망아지가 천하 사람을 다 밟아 죽이니

임제도 익숙한 도적은 아니네.
사구를 여의고 백비가 끊어짐을
하늘이나 인간에게서 나만 아노라.


동림상총東林常總 스님은 이렇게 말했습니다.


사구와 백비에게 무슨 말을 끊으랴!
검고 흰 것 분명하여 정과 편을 가리니
사자의 굴속에 다른 짐승은 없고
큰 용이 다니는 큰 물결이 도도하도다.


마조 스님의 마지막 한 마디, '지장의 머리는 희고, 백장의 머리는 검다'고 하는 이 말이 모든 것의 까닭을 지었습니다. 영리한 사자가 곧바로 사람을 물듯 한 기세로 바로 여기에서 보아야 합니다.


▌후송▐

자, 말해 보아라!
생겨남도 없고 죽음도 없는데 어떻게 모양이 생기겠는가.
돌!
소리를 듣는 것도 모양 아닌 것이 없다. 허공이 바로 이와 같음을 알라.

且道 無生無死底 怎生模樣 咄 莫聽聲不是相 識得虛空還一樣

필경에는 자기의 몸이 본래 없으니
문득 놓아 버리면 우치함도 없다.
열반의 길에는 벗이 없고
대도에는 사람도 없다. 나는 누구인가?

究竟自身元不有 便須放下莫愚痴
涅槃路上無朋伴 大道無人我是誰


**▌강설 ▌**

　지금까지 누차 이야기했지만 여러분은 산승이 말하는 이 소리를 듣고 '그게 그것이구나!' 하고 알아들으면 안 됩니다. 제가 말하는 여기에서 반야 지혜를 낚아채 알아들으면 됩니다. 엉뚱한 데 끄달려 다니는 것을 꾸짖는 것입니다. 여기에서 다만 반야 지혜만 낚아 가십시오.
　이러한 경계에서 뭐라고 했는가 하면 아래와 같습니다.

　군자는 천 리를 가도 똑같은 바람이다.

동으로 가되 서쪽으로 행하는 것을 보지 못한다.
남쪽에서 천하게 사서 북쪽에서 귀하게 파는구나!
가로로 천 번, 세로로 백 번 산수를 해도 항하사라
구구가 뒤집혀 팔십이가 된다.

이러한 것을 바로 알아들으면 구경열반입니다. 부처님도 중생을 위하여 하지 않으신 일이 없잖습니까. 이 자리에 이르면 공포가 없습니다.

부처님은 전생에 금빛 털이 난 사슴이 된 적이 있었습니다. 왕이 사슴 고기를 좋아해 500마리의 사슴을 길렀는데 차례대로 잡아먹었습니다. 어느 날 새끼 밴 암사슴이 잡힐 차례가 되자 금빛 털이 난 사슴이 가서 대신 죽겠다고 청했습니다. 왕은 이 금빛 털을 가진 사슴을 잡아먹지 말라고 특별히 명령을 내린 적이 있었습니다.
"네 차례가 아닌데 왜 죽으려고 하느냐?"
"저 암사슴이 새끼를 가져서 두 목숨이 죽을 것 같아 제가 대신하고자 합니다."
"남을 위해 자신의 생명을 던지다니… 자비심이 놀랍구나! 암사슴을 살려 줄 터이니 너도 가거라."
"예! 알았습니다."
그 뒤로도 차례차례 왕에게 가서 남은 사슴을 모두 살려 주

고 날아다니는 새와 물고기까지 다 살려 달라고 하여 보살행을
했습니다.

남을 위해 몸을 던지는 것은 무유공포가 되어야 할 수 있습니다. 그렇지 않으면 안 됩니다. 깊이 생각해 보면 과연 어떻게 공부해야 하는지 알 수 있을 것입니다.

◉

# 삼세제불
## 三世諸佛

◉

▌▌주해 ▌▌

대전 조사는 "과거 장엄겁의 일천 불과 미래 성수겁의 일천 불과 현재 현겁의 일천 불을 합해 삼세三世 3천 불이 계시고, 그리고 궁겁의 부처님이 계시는데 불가설 불가설수여서 이루 다 헤아릴 수 없다."고 하였는데 이 모든 부처님들은 다 닦아서 증득한 것이다. 야보도천 스님은 "오이를 심으면 오이가 열리고 과일을 심으면 과일이 열린다."고 하였다. 또 "한 부처님, 두 부처님, 천만 부처님이 각기 눈은 가로로 놓여 있고 코는 직각으로 뻗어 있다. 지난날 일찍이 선근을 심었더니, 오늘에야 지난날을 의지해 부처의 힘을 얻었구나." 하였다. 또 『도경』에서는 "난초를 심으면 향기를 얻고 벼를 심으면 양식을 얻는다. 착한 일을 하면 복이 내리고 악행을 하면 재앙이 내린다."고 하였다.

大顚云 過去莊嚴劫一千佛 未來星宿劫一千佛 現在賢劫一千佛 三世三千佛 更有窮劫佛 不可說不可說數量不可盡 此諸佛皆從修證所得 川老云 種瓜得瓜 種菓得菓 又云 一佛二佛千萬佛 各各眼横兼鼻直 昔年曾種善根來 今日依前得渠力 道經云 種蘭得香 種粟得粮 爲善降祥 作惡降殃

■ 강설 ■

과거, 현재, 미래의 부처님은 깨달음이며, 깨달음에는 자각自覺과 각타覺他가 있습니다. 범부는 자신도 깨닫지 못했고 소승은 자신은 깨닫고 아집我執을 끊었지만 법집法執을 끊지는 못했습니다. 그러므로 남을 이끌어 깨닫게 할 수 없습니다. 각타까지 되어야 법집을 끊을 수 있습니다. 각타라는 것은 스스로 깨달은 바로 모든 사람을 꿰뚫어 보고 모든 중생을 깨닫게 해 주는 것입니다. 그런데 보살 또한 깨닫기는 했지만 대각자리를 원만하게 깨달은 것은 아닙니다[不能覺滿]. 그러나 혼미하게 잠을 잔다든가 꿈속에서 헤매는 일은 절대로 없습니다. 마치 연꽃이 활짝 핀 것과 같아 모든 곳을 다니더라도 호리毫釐도 물이 들지 않습니다.

진여자성의 마음자리를 가리켜 무심이라고 합니다. 마음이 아주 없다는 것에 집착하면 단견斷見이 됩니다. 무심 즉 마음이 없다는 것은 아주 없는 것이 아니라 범부의 마음이 없다는 이야기입니다. 진여자성의 순수한 각(覺)은 원만한 마음일 뿐입니다. 그래서 부처님의 무심도 마음이 있는 것이요, 유심도 마음이 있는 것입니다. 무심에는 마음이 없는 것이 있습니다. 유심은 범부의 마음, 즉 생멸심, 취사심, 미워하고 사랑하고 질투하고 시비하는 등 양립된 두 생각을 가지고 있는 것입니다. 무심자리는 마음이 있으나 중생의 취사심이 없이, 순수하고 진실된 깨달음의 자성의 마음입니다. 자성의 차원에서는 중생과 부처의 차별이 없어서 따질 수도 없습니다. 오직 자성자리를 밖으로 드러내어 실행에 옮길 때 취사심으로 마음을 쓰면 중생인 것입니다. 이와 같이 행동하는 데서 중생과 부처가 드러날 뿐 그 이전의 소식에는 부처나 중생이 없습니다. 다만 닦아 증득한 진실된 마음자리를 실천에 옮기면 부처인 것입니다. 마음을 쓰는 데에 따라서 이렇게 달라집니다.

▌ 주해 ▌

또 삼세의 모든 부처님은 닦지도 않으며 이루지도 않는다. 사람 몸 가운데 또한 이와 같은 모든 부처님이 계시며 신통변화가 하나가 아니다. 익혀 온 습기로 인해 어둡게 되었고, 모든 경계에 장애를 받으며 스스로 미하여졌지만 도리어 알지 못한다.

마음이 무심한 것이 곧 과거불이고, 적연하여 움직이지 않는 것이 곧 미래불이며, 상대편을 대할 때 어둡지 않고 근기를 따르는 것이 곧 현재불이다. 청정하여 물들지 않는 것이 이구불이고, 출입에 걸림이 없는 것이 신통불이며, 가는 곳마다 자유자재한 것이 자재불이다. 한 마음이 어둡지 않은 것이 광명불이고, 도에 대해 생각이 견고한 것이 불괴불이다. 각각의 모든 부처님을 자기의 본질에 갖추고 있어서 말로 다 표현할 수 없고, 그래서 신통변화가 다양하나 오직 하나의 진신일 뿐이다.

且三世諸佛 不修不得成 人身中亦有如此諸佛 變化不一 因習氣所昧 境物所障 自家迷了 却不認得 若於心無心 便是過去佛 寂然不動 便是未來佛 應物不昧隨機 又便是現在佛 淸淨無染 便是離垢佛 出入無碍 便是神通佛 到處優游 便是自在佛 一心不昧 便是光明佛 道念堅固 便是不壞佛 各各諸佛自身俱有 說亦不能盡 變化多般 惟一眞耳

다만 고요히 앉아서 관해 보면 과거와 현재, 미래가 다 하나의 체로서 마치 허공과 같다. 다른 모양도 아니고 자기의 모양도 아니며 다른 이의 모양도 아니다. 모양이 없는 것도 아니며, 모양을 가지는 것도 아니고, 이 언덕도 아니고 저 언덕도 아니며, 중간의 흐름도 아니다. 몸을 고요히 하여 적멸해진다고 끊어지거나 없어지거나 하는 일은 영원히 없다.

만약 어떤 사람이 여기에서 곧 깨달아 바로 그 자리에서 알아차리면 까마득히 멀고 먼 옛적도 모두 지금 그 자리에서 광명을 놓고 땅을 움직인다. 사람과 법을 둘 다 잊어 과거와 현재, 미래가 있음을 보지 못하고, 필경에는 다하되 다함이 없는 경지에 이르니 이것이 곧 공공空空이다. '나[我]'라는 것은 나라고 할 것이 없는 (무아의) 나이니, '나'라는 것도 얻을 수 없으며 공과 색또한 없다. 삼세가 저절로 공하니 이는 식이 멸한 것이 아니며식의 성품이 스스로 공한 것이다. 전제와 후제, 중제 또한 공하니 공이라는 견해에 떨어지지도 않는다.

　　但去靜坐觀 過去現在未來皆同一體如虛空 不異相 不自相 不他相 非無相 非取相 不此岸 不彼岸 不中流 觀其[44]寂滅 永不斷滅 若人於此頓悟 直下承當 迢迢空劫 盡在如今 放光動地 人法俱忘 不見有過去未來現在 究竟到盡無盡地 卽是空空 我無我我 我尚不可得 空色亦無 三世自空 非識不[45]滅 識性自空 前際後際中際亦空 不落空見

■ 후송 ■

삼세의 모든 부처님을 보고자 하는가?
돌!
큰 강을 따라 내려가면서 목마르다 말하지 말고, 떡을 가지고 있으면서 배고프다고 말하지 말라.

　　要見三世諸佛麼 咄 沿河休害渴 把餅莫言饑

과거, 미래, 현재가 다
우리들 곁에 있지만 사람들은 스스로 어두워
천변만화가 허공과 혼합되어
한 덩어리인 줄 거의 알지 못한다.


過去未來并現在 近在人身人自昧
千變萬化少人知 混合虛空成一塊


**▌강설 ▌**

"조사는 누구입니까?"
"이불 위에서 갓난아기가 오줌똥을 싼다."
"여래는 누구입니까?"
"갓을 쓰고 장가를 간다."


조사와 부처님, 조사선과 여래선이 서로 다르다고 이야기
합니다. 그러나 여래선 속에 조사선이요, 조사선 속에 여래선입
니다. 여래선을 알지 못하고는 조사선을 알 수 없고, 조사선을
모르고는 여래선을 알 수 없습니다. 확실하게 공부해서 상두관
을 타파하면 뭐든지 해결이 됩니다. 공부를 해도 해도 끝이 없는
것 같고 표가 나지 않으니까 얼른 드러나 뭔가 알아지는 것이
있어야 할 텐데 하고는 엉뚱한 짓을 하는 겁니다. 그래서 나름대

로의 집을 짓고 있는 사람이 있습니다. 이런 사람은 공부를 안 한 사람보다 못합니다. 공부는 아주 몰라야지 어렴풋이 아는 것이 생기면 이것이 도둑이 됩니다. 그래서 철저히 화두에 대한 의심을 지어 도둑놈이 엿보지 못하도록 해야만 합니다.

# 의반야바라밀 다고

依般若波羅蜜多故

▎주해 ▎

수행하는 사람은 반드시 지혜를 추구해야 하니 백 가지 방편으로 무시겁 이래의 습성을 제거하고 대립이나 어긋남이 없이 하나의 진실된 성품을 이루어 피안에 올라가야 한다. 이는 견성하지 못하면 성취하기 어렵다.

이 글귀는 삼세 모든 부처님의 모체이니, 시방의 모든 부처님이 이것을 의지해 수행하여 과행이 원만해져 등정각을 이루셨다. 만약 이 글귀를 등지고 수행하게 되면 비록 헤아릴 수 없이 오랜 세월 동안 부지런히 공부한다 해도 대도를 성취하기 어려울 것이다.

修行人須要智慧 百種方便 去無始劫來習性 調和成一眞之性而
登彼岸 若不見性 卒難成就 此句是三世諸佛之母 十方諸佛依此修行

果行圓滿 成等正覺 若離此句修行 雖經多劫 久守勤苦 望成大道者鮮
矣

열심히 공부하면 마치 나뭇잎이 모두 떨어져 나무의 알몸
이 드러나듯이 모든 것이 말끔히 씻어져 한 몸 뒤집으면 하나의
참모습을 이룹니다.

삼세의 모든 부처님의 모체는 반야바라밀다입니다. 요즘
산에 들어가 혼자 신선도를 닦는 사람이 많이 있는데 그것은 평
생 동안 해 봐야 이루기 어렵습니다.

이 글귀를 근본으로 삼지 않으면 소승법에 속해 있어 성
문·연각·벽지불·귀선·인선·지선에 떨어지게 된다. 유위법은 결
국 모든 성인이 얻으신 결과를 성취하지 못한다. 그것은 정진함
에 있어서 틀림없이 주관과 객관을 두기 때문이다. 반야바라밀
다법을 의지하여야 위없이 바르고 참된 도를 얻을 수 있으니, 오
직 이 한 가지가 가장 수승하다고 한 것이다. 이 밖에 따로 수행
할 것이 있다든가, 이 법보다 뛰어난 것이 있다는 것은 있을 수
없는 일이다. 이것을 교법 밖에 따로 전하는 것이라고 하며, 이

법으로 몸소 자성을 보아야만 비로소 전수할 수 있는 것이다. 이 것이야말로 천 분의 성인도 전해 주지 못하는 것으로 스스로 깨 닫고 스스로 믿어야 하며 수기를 용납하지 않는다.

屬小乘法 墮在聲聞緣覺辟支佛鬼仙人儶地仙 有爲之法 終不成 就一切聖果 須當精進 存有能所 依般若波羅蜜多法 得無上正眞之道 唯此一事 若別修行 過此法者 無有是處 此是敎外別傳 此法親見自性 方乃傳授 千聖不傳 自悟自信 不容授記

**▌ 강설 ▐**

깨닫는 일만큼은 자기 자신이 해야 합니다. 내 집안의 혈통 을 다른 집 부부가 이어줄 수는 없듯이 깨달음의 길 역시 문 앞까 지 이끌어 줄 수는 있지만 깨닫는 것은 오롯이 자신의 몫입니다.

**▌ 주해 ▐**

원돈의 지위는 홀로 법을 드러내니, 선지식을 참예하고 높 은 경지에 다다른 사람[至人]에게 묻고 스승의 가르침에 의거하 는 인연이 있어야 깨달음에 계합한다. 원돈의 가르침은 인정이 없으니, 만약 사심을 가지고 전수한다면 그것은 외도의 가르침 이다.

圓頓之位 獨孤標法 參善知識 求問至人 憑師指示 有緣契悟 圓
頓教沒人情 若有私心傳授 是外道法

■ 강설 ■

40여 년 전 남해 보리암에서 삼칠일 간 용맹정진을 한 적이
있습니다. 업장소멸도 되고 부처님의 가피도 입을 수 있다고 해
서 삼칠 일을 주야장천 서서 잠도 안 자고 용맹정진을 해보았습
니다. 기도를 마치던 날 보리암 부처님 몸속에서 어느 노장이 가
사 장삼을 입고 나오는데 이 세상에서는 보기 드문 모습으로 티
하나 없이 맑았는데 얼굴이 경봉 스님 그대로였어요. "수좌가 뭘
그렇게 열심히 하시나? 요사채로 갑시다." 하고는, "수좌에게 필
요한 게 뭐 있나?" 하더니 소매 속에서 여의주를 꺼내, "죽도록
기도했는데 이거나 가져라!" 하며 던지는 겁니다.

던지는 것을 보고, "이것은 나도 있어! 어디 이 따위로 사람
을 희롱하고 놀려! 이것 말고 다른 것 내놓아 봐." 하면서 여의주
를 방바닥에 팽개쳤는데 여의주가 부딪치면서 사방으로 튀었어
요. 그러자 노장이 호탕하게 웃으면서, "과연, 그렇게 해야지. 출
격장부로다! 천하 만인이 이것을 좋아하는데……. 더 이상 너하
고 이야기할 것이 없다." 그렇게 말하고는 사라졌습니다.

과거에 어느 스님이 준제주를 외우다가 준제보살이 나타나

허공에서 수기를 한다고 하더랍니다.

"어떻게 하면 성불할 수 있습니까?"

"성불하려면 색심이 없어야 한다."

"어떻게 하면 색심이 없어집니까?"

"너의 성기를 끊어라!"

그리하여 성기를 끊었지요. 성기를 끊으면 뭐가 있나요? 아무것도 없어요.

예전에 도리사에 학산 스님이란 분이 계셨어요. 열심히 정진을 하시며 포행을 하는 도중에 학산 노장이 그 자리에 딱 서더니 "악!" 하고 소리를 질러요. 다른 스님이 "왜 그러십니까?" 하고 물었지요.

"이상한 일인지고! 내가 분명히 화두를 들고 있었는데 시방법계가 확 무너지면서 아무것도 없는 허공에 한 점 빛이 환했어. 환한 속에서 부처님이 호화찬란한 광명을 나타내시며 오셔서는, '네가 정말 성불하여 깨닫고 싶으냐?' 하셨어. 그때 아차 싶어서 화두를 챙기니까 없어졌는데, 그때 소리를 질렀지. 자칫하면 내가 속을 뻔 했어."

기도를 하면 힘도 얻고 아는 것도 생기고 이상한 것이 열리는 것은 사실이나 궁극의 깨달음은 안 됩니다. 부처니, 신이니, 선지식이라는 껍질을 쓰고 나타나 '너는 되었다.'고 한다 해서 되는 것이 아닙니다. 그것이야말로 흉악한 외도법이니 잘 알아야 정도正道로 갈 수 있습니다.

▌ 주해 ▌

나누어 주는 것이 있고 전수해 주는 것이 있으며 얻는 것이 있고 잃는 것이 있고 가르침이 있고 전수받는 것이 있다고 하는 것은 다 외도의 사견이며 생사의 근본이다. 선사仙師는 "법에는 삼천육백 가지의 문이 있는데 수행하는 과정에서 이것을 진실이라 여기기도 한다. 현묘하고 미묘한 것은 있으나 삼천육백 가지 견해에 있는 것이 아님을 알아야 한다."고 하였다.

有分咐 有傳授 有得卽[46]有失 有教有授 盡是外道邪見 生死根本 仙師云 法有三千六百門 修行路徑此爲眞 須知有箇玄微處 不在三千六百門

▌ 강설 ▌

참선하다가 훤히 밝아졌다고 하고, 뭐가 나타났다고 말하는 사람이 많습니다. 그러나 그것은 흉악한 외도로 대번에 후려쳐야 합니다.

모든 부처님과 조사들은 스스로 닦아 증득하였으며, 본래 말이 없고 또한 한 법도 사람들에게 전해 줌이 없다. 만약 한 법이라도 수기해 준 것이 있다면 석가모니라는 이름을 붙이지 않았을 것이고, 도인이라고 부르지도 않았을 것이다. 도는 본래 말이 없지만 사람들로 하여금 스스로 닦고 스스로 깨닫게 하기 위하여 말한 것이지 말 자체가 참은 아니다. 누구나 스스로 본 것이 아닌 것을 제거해 버리면 볼 수 없는 것을 보게 될 것이니, 만약 사람의 가르침 때문에 병들었다면 급히 서둘러 토해 내야 한다.

仙佛祖師 自修自證 本無語句 亦無一法與人 若有一法授記 不名釋迦 不喚道人 道本無言 只是教人自修自悟 說著不眞 除非自見 見無可見 若被人教壞 急須吐去

부처님께서 사선四禪 팔정八定 모든 관법, 신선법 등을 다 해 보았지만 나를 깨닫는 것과는 거리가 멀기 때문에 다 내던지고 보리수 밑에 앉으셨던 것입니다. 그리고 '깨닫지 않으면 일어나지 않으리라' 하고 일주일 동안 정진하시다 새벽별을 보고 깨우치셨는데, 일주일이라는 그 기간 동안 무엇을 하셨는지 아무 설명이 없습니다. 과연 무엇을 깨달았는지 생각해 보세요.

인도에 30년 동안 묵언한 각자가 있었습니다. 너무 오랜 기간 묵언을 하다 보니 말하는 기능이 다 없어져 벙어리가 되었습니다. 천하를 다 알지만 혼자서만 알 뿐이지 누구에게도 그것을 말할 수가 없고, 누가 자기를 알아주지도 않고, 길거리나 군중 속에 앉아 있어도 모두 벙어리로 알았다고 합니다.

라즈니쉬도 3년 동안 묵언을 했다고 합니다. 묵언한 지 3년이 되는 어느 날 길을 걷는데 어디선가 가느다란 소리가 노랫소리처럼 들려 왔습니다.

"구도자여! 내 소리가 들리는가?"

"예?"

"내 말을 들으시오. 당신은 3년 이상 묵언을 하면 안 됩니다."

주위를 돌아보니 길거리에 호호백발 노인이 앉아 있어요. 그래서 그 노인에게 갔습니다.

"역시 내 말 알아듣는 사람이 한 사람 있구나. 그대가 공부하여 깨달았다 해도 계속 묵언하게 되면 세상 사람들에게 전하지 못하게 된다. 그것은 올바른 법이 아니다. 빨리 묵언을 풀고 사람들을 제도하라."

그래서 3년 만에 묵언을 풀고 "잠에서 깨라! 잠에서 깨라!" 하고 다녔다고 합니다.

부처님은 한마디도 말하지 않으려고 하셨지만 결국 어쩔 수 없이, 사람을 가르쳐야 되니까 팔만 사천 법문을 토설하신 것입니다.

사람을 위하고자 하면 자기로부터 값을 매길 수 없는 보배 구슬[無價寶珠]을 꺼내야 하니, 그렇게 되면 무진장하게 쓸 수 있을 것이다. 상근기의 사람은 하나를 들으면 천 가지를 깨달아 대총지를 갖추지만, 중·하 근기의 사람은 많이 들어도 많이 불신한다. 태상은 "상근기는 도를 들으면 부지런히 행하고, 중근기는 도를 들으면 기억하기도 하고 잊어버리기도 하며, 하근기는 도를 들으면 크게 웃어 버린다."고 하였다. 이는 참으로 믿기 어려운 진실이며, 세상에 드문 일이다.

大凡爲人 須從自己 流出無價寶珠 用之無盡 上根之人 一聞千悟具大總持 中下之機 多聞多不信 太上云 上士聞道 勤而行之 中士聞道 若存若亡 下士聞道 大笑之 此乃難信之法 希有之事

알았는가?

세상 사람들은 다만 그림자를 따라 유전하는 것만 알 뿐, 그림자를 떠나 고향에 이르는 것은 알지 못한다.

: 의반야바라밀다고 :

애-!

理會麼 世人只知隨影轉 不知離影到家鄉 嗄

옷을 벗음에 본래의 형상을 보았으며
실오라기 하나 걸치지 않음으로 편안함을 얻었다.
만약 사람이 온몸의 그림자를 던지고자 하거든
곧바로 그림자가 없는 나무 아래로 가라.

脫落衣裳見本形 寸絲不掛得安寧
若人要越渾身影 便向無陰樹下行

### ▌강설▐

법문을 해놓고 '애~' 하고 목쉰 소리를 냈습니다. 여기에서
척 하니 계합하면 법문을 일목요연하게 간파할 수 있습니다.

어느 선사에게 비구니 스님과 보살이 법을 청했습니다.
"스님, 법문 좀 해 주십시오."
"옷을 벗어라."
법을 청한 비구니 스님과 보살이 옷을 벗었습니다.
"스님, 한마디 일러주십시오."

"옷을 벗어라."

그래서 또 벗었습니다. 이제 팬티와 런닝셔츠만 남았습니다.

"스님, 부디 법을 일러주십시오."

"옷을 벗어라!"

할 수 없이 모든 것을 다 벗고 알몸이 되었습니다.

"스님, 법을 일러주십시오."

"옷을 벗으라니까 왜 안 벗느냐?"

호통을 치며 주장자로 후려치니 알몸으로 쫓겨 나왔습니다. 그리고 그 의문을 3년 만에 알아차렸다고 합니다.

모든 부처님이나 조사 스님들이 다 반야바라밀을 의지하여 성불해 부처의 몸을 나투고, 또한 팔만 사천의 법문도 반야를 의지하여 밖으로 드러내 보이는 것입니다. 일체중생은 상근기, 중근기, 하근기에 따라서 반야바라밀을 깨달아 쓰기만 하면 되는데 그 자리를 믿지 않고 깨닫지 못하면 영영 반야 지혜를 쓰지 못하게 되는 겁니다.

반야 지혜를 바로 쓰는 것이 대신통입니다. 지금은 돌아가신, 제가 잘 아는 한 스님은 평생 신통을 배우는 것이 원이었어요. 오대산에 가면 기인이 많다고 해서 발원을 하여 그곳에 가서 오랫동안 여러 가지 고행을 했습니다. 그러던 어느 날 약초를 캐고 있는데 비승비속인 사람이 나타났습니다.

"무엇을 하고 있습니까?"

"저는 신통을 배우고 싶은데 그게 잘 안 됩니다."

"신통을 배워 어디에 쓰려고 합니까?"

"신통이 있어야 사람들을 제도할 것 아닙니까? 신통을 보여 주면 사람들이 물밀 듯이 모여들 것 아닙니까?"

"그래요! 그렇다면 우선 그대가 사람들을 제도할 만한가 한번 봐야겠군요."

그렇게 말한 뒤 느닷없이 발길로 차는 것입니다. 일어나면 다시 차고 다시 차고 하다가 똥인지 거름인지를 얼굴에 칠했습니다.

"여보쇼! 뭐하는 짓이요. 이제 보니 나쁜 사람이구만."

"허허! 그런 마음으로 신통을 배운들 무엇 하겠는가! 오히려 무수한 사람에게 나쁜 짓만 할 터인데……."

"잘못했습니다. 그러면 어떻게 해야겠습니까?"

"신통을 배우려는 마음을 쉬어라. 그리하면 내 몇 가지 가르쳐주겠다."

그래서 지시하는 대로 공부를 했습니다.

어느 날 드디어 스승이 물었습니다.

"무슨 신통을 배우고 싶은가?"

"담벼락을 거침없이 드나드는 것을 배우고 싶습니다."

마침내 스승은 가르침을 주었고 스님은 아주 열심히 배웠습니다. 그 결과 드디어 이상한 힘이 생겼습니다. 문을 열지 않고 나가보라고 하여 그대로 나가니 아무 거리낌이 없었습니다. 그러면서 다른 생각을 하지 말고 열심히 정진하라고 하면서 갔습니다.

그런데 공부를 하다 보니 문득 예전에 속가에서 지낼 때의 일이 떠올랐습니다. 그의 집안은 선대가 양반도 아니고 그렇다고 아주 상놈도 아니었습니다. 그런데 이웃에 벼슬하는 양반 집안의 득세 때문에 말할 수 없는 수모를 당하고 집안이 파산하는 참담한 일을 겪었습니다. 신통을 배우기 전에는 그런 생각이 없었는데 신통을 배우고 나니 복수를 해야겠다는 마음이 생겼습니다. 그래서 날을 정해 원수를 갚기로 했습니다.

스승은 그 일을 미리 관찰하고 3일 전에 먼저 가 있었습니다. 그 집에서 숙식을 하면서 주인에게 상세히 상황의 전말을 설명하고 그것을 막는 방법까지 일러 주었습니다. 그리고 그가 잡히면 스승에게 인계해 주는 조건으로 계획을 짜 놓았습니다. 주인에게 진언을 써서 방 네 귀퉁이에 붙이고 밤이면 앉아서 외우게 했습니다.

원수를 갚기로 정해놓은 날이 되었습니다. 원수를 갚아야겠다는 일념으로 대문과 벽을 무사히 통과하고 들어와 장검을 꺼내 주인을 치려는 순간 뇌성벽력이 치면서 쇠밧줄로 짠 망이 천장에서 내려와 갇히게 되었습니다. 들어갈 때는 거침없이 들어갈 수 있었는데 망에서 나오려고 할 때는 마음대로 되지 않았습니다. 할 수 없이 잡혀 스승에게 인계되었습니다.

스승이 말했습니다. "이 사바세계는 원수와 친한 이가 있어서 끝이 나지 않는다. 오늘은 내가 갚았지만 다음에는 갚음을 당한다. 이것은 끝이 없기 때문에 옳지 않은 것이다. 진정으로 잘 살 수 있는 길은 진실한 마음으로 사는 것이다. 진실 앞에는 일체가 무너진다. 그것이 대신통이다." 스님은 그 뒤로 많은 경책을 받고 재발심하여 이 세상의 원수와 원수 아닌 것을 다 버리고 마음을 쉬어 진실한 도를 공부했다고 합니다.

신통이라는 것은 중생이 애증 시비를 가지고 있는 한은 아무 소용이 없습니다. 만약 그런 사람에게 신통이 있다면 엄청난 악행을 저질러 그것으로 말할 수 없는 업을 짓게 되며 신통 또한 머지 않아 소멸되어 버릴 것입니다.

반야 지혜를 깨달아서 청정한 본성을 그대로 쓰게 되면 그것이 곧 대신통이고 일체중생에게 이익을 줄 수 있습니다. 자신이 수천 가지로 핍박을 받아도 원수로 여기는 마음이 전혀 없어서 자비로운 마음으로 일체중생에게 방편을 지어 제도할 것입니다.

# 득아뇩다라삼먁삼보리

## 得阿耨多羅三藐三菩提

**‖ 주해 ‖**

이것은 인도말이다. '아阿'는 무無라는 의미이고, '욕다라耨多羅'는 높은 것[上]이라는 의미이며, '삼먁三藐'은 정正이라는 의미이고, '삼보리三菩提'는 진眞이라는 의미이다. 중국에서는 이것을 '바르고 진실됨'이라 번역하였고, 또 '등정각을 이룸'이라 번역하였으니, 이 네 글자[無上正眞]를 새롭게 보아야 한다. 옛사람은 "도를 보고 난 후에 비로소 도를 닦아야 한다. 도를 보지 못했는데 무엇을 닦겠는가!" 하였다.

무한 광대한 대장경 속에서도 이 네 글자를 다 설하지 못하였고, 모든 부처님도 또한 다 설하지 못하셨으며, 삼교의 성현도 모두 이 네 글자를 닦아 성인의 도에 들어 등정각을 이룬다. 지금 곧 어떤 사람이 이 반야바라밀다 삼먁삼보리법에 의지하여 수행한다면 확연히 단박에 깨달아 무상정진無上正眞을 새롭게 보아, 스스로 미래의 부처임을 알아 성인의 단계를 바로 초월할 것이다.

此是西天梵語也 阿言無 耨多羅言上 三藐言正 三菩提言眞 東土飜爲正眞 又云 成等正覺 此四箇字須是親見 古云 見道方修道 不見復何修 一大藏經說此四字不能盡 諸佛亦說不盡 三教聖賢皆修此四箇字 盡歸聖道 成等正覺 今人若能依此般若波羅蜜多三藐三菩提法修行 廓然頓悟 親見無上正眞 自知當來仙佛 直超聖果

**▌후송 ▐**

무상정진을 보고자 하는가?
존재 하나하나에 모두 나타나고 모든 존재에 두루 완전하다.

要見無上正眞麼 頭頭顯露 物物周圓

묘도와 허공은 조사가 전한 종지로
부처님의 몸 나투어 보이심이 서로 같지 않다.
만약 사람이 참되고 영원한 도를 깨달으면
바로 그 자리에서 우리의 옛 참모습을 만나리라.

妙道處空是祖宗 分明應化不相同

若人悟得眞常道 便識從前舊主公

무상정진이 불교의 골수입니다. 이 도리를 바로 깨달아서
쓰면 이 사람이 부처요 조사입니다.

# 고지반야바라밀다

## 故知般若波羅蜜多

수행함으로 말미암아 무상정진의 도를 보고, 반야바라밀다의 위신력을 안다. 또 과거의 모든 부처님은 자비로 중생을 불쌍히 여기시어 백 가지 지혜방편을 써서 근기에 따라 대상을 이롭게 하고, 나중에 오는 이들을 인도하기 위해 형상을 만들어 사람들을 교화하였다. 진흙을 이기거나 나무를 조각하여, 또는 종이로 엮어서 만든 경전 속에서 원인을 설하고 결과를 설하는 것은 단지 방편으로 중생을 인도하기 위한 마음 때문이다. 선악, 과보의 실제와 천당, 지옥의 이야기는 사람들로 하여금 나쁜 것을 고쳐 좋은 방향으로 가게하며, 거짓을 버리고 진실한 것으로 돌아가게 해, 성문, 연각, 십성(십지), 십주, 십행, 십회향의 삼현, 제불의 지위를 차례대로 이끌어 인도해 주기 위한 것이다. 선사偧師는 "천 리 길도 한 걸음으로부터 나아간다."고 하였고, 불가에서는 "천 길이나 되는 보배 집에 하나도 위태롭지 않게 올라가게 하기 위한 것이다."라 하였다.

因修行得見無上正眞之道 知般若波羅蜜多之神力也 且過去諸佛慈悲憐悶衆生 百種智慧方便之力 隨之利物 接引後來 設像化人 使泥塑木雕 黃卷赤軸 說因說果 但以假名引導有情 將善惡報應之事 天堂地獄之說 使人改惡向善 離假歸眞 聲聞緣覺十聖三賢諸佛地位次第接引 儼師云 千里程途 逐步而進 釋云 千仞寶臺 非一坺而上

■ 강설 ■

아이들을 제도할 때 아이들이 좋아하는 여러 가지 장난감을 만들어 주어 방편을 쓰는 것과 같습니다. 무서운 지옥, 축생, 천당 등 인과법을 말해 주어 중생들이 점차적으로 진리의 문에 들어올 수 있도록 이끌어 줍니다.

■ 주해 ■

홀연히 스스로 깨닫고 자기의 본성을 보면, 모든 부처님의 지위에 오르는 차례를 건너 뛰어, 한 번에 바로 여래의 지위에 들어간다. 만약 견성하지 못하고 밖을 향해 치달리면서 구한다면 결국 깨달음을 성취하지 못할 것이니, 깨달음에 무슨 연월이 있고 날짜가 있으며 때가 있겠는가. 옛사람은 "도를 배우려거든 먼저 깨달음이 있어야 한다."고 하였으니, 만약 깨닫지 못했다면 문자를 떠나서 걷고 머물고 앉고 누울 때 내 집에 난 불을 끄는 것처럼 화급히 공부를 해야 한다. 그러면 어느 날 단박에 깨달을 것이다. 도가에서는 "천일 동안 도를 배우지만 깨달음은 찰나에 있으며, 바로 그때 문득 경쾌해져 가장 뛰어난 어진 이와 함께 한곳으로 돌아간다."고 하였다.

忽然自悟 自見本性 超過諸佛位次 一超直入如來地 若不見性 向外馳求 終不成就 悟有年月有日有時 古云 學道先須有悟由 若無悟 離文字外 行住坐臥 火急自救 一同[47]頓悟 道云 千日學道 悟在一時 只這一時 便得輕快 諸上善人 同歸一處

▌ 강설 ▌

화두를 급하게 틈이 없이 밀고 나가십시오. 무엇보다 시급한 것은 여러분의 내부에 타오르고 있는 불길입니다. 중생의 몸은 지수화풍 사대와 오온으로 이루어져 있어서 그 자체가 매우 불완전하며 시시각각 변화합니다. 이 몸뚱이를 위해 일생을 바쳐 봉사를 하지만 이 몸은 항상 생로병사의 불길 속에서 타고 있습니다. 그리고 우리의 마음 또한 삼독심, 팔만 사천 번뇌, 망상심 등으로 꽉 차서 쉬임없이 타오르고 있습니다.

이것을 느끼지 못하면 그 사람은 발심을 못합니다. 이것을 보고 급한 것이라고 느끼면서 화두를 챙기면 참으로 힘이 있는 화두가 됩니다. 그 불을 끌 수 있는 길, 영원한 안심입명처를 얻을 수 있는 길, 그것은 오직 화두 한 길뿐입니다. 이것이야말로 병아리가 알을 깨고 나오듯 일체 모든 중생심의 속박에서 뛰어날 수 있는 길입니다. 또한 중생심이 뒤집어져 대승 보리심으로 바뀌는 길입니다. 누구든지 틈을 두지 말고 이 화두를 세밀히 철저히 밀고 나간다면 몰록 깨달을 수 있습니다.

이것이야말로 오뉴월 무더위, 숨이 헉헉 막히는 그 속에서 아주 시원한 바람을 맞이하는 것과 같고, 시원한 물을 마시는 것과 같아 상쾌함을 얻습니다.


▌▌ 주해 ▌▌

만약 배워서 안다면 이것은 옛사람들이 뱉어 놓은 침에 나아가는 것으로 모두 외도의 사견이다. 생사의 길이 각각 다르고 업에 따라 과보를 받기 때문에, 서로 말을 나눌 수 없게 된다.

어찌 듣지 못했는가? 수보리는 티끌 수처럼 많은, 오랜 겁 이전부터 수행하였지만 석가모니 부처님 회상에 이르러서 공을 가장 잘 아는 제자[解空第一]가 되었다. 방등회 가운데『금강경』에서는 수보리가 주로 질문하였는데 사구게를 듣고 확연히 깨달았다. 깨닫고 나서 눈물을 흘리고 울면서, "이전에 얻은 혜안으로는 일찍이 이 경을 들어 보지 못했습니다."라고 스스로 탄식하였다.

若是學解 就古人唾津 盡是外道邪見 生死各路 隨業受報 不可
共語 豈不聞 須菩提 塵點劫前修行 直至釋迦會下解空第一 方等會中
金剛請問四句偈 廓然頓悟 涕泪哭泣 自歎云 前所得慧眼未聞此經

■ 강설 ■

이 공부는 실지실견입니다. 천 분의 성인, 부처님, 어떤 조사 스님도 대신해 줄 수 없는 것입니다. 대신해 줄 수 있다면, 물건을 나누어 주듯이 하나씩 나누어 줄 수 있겠지요. 그러나 실제로 맛을 보고 깨닫는 것은 자기가 해야 합니다. 공부는 하지 않고 이런 글귀, 저런 자취를 담아 가지고 학문으로 하는 사람은 말만 배워 남에게 이야기해 주는 사람입니다. 그런 사람이야말로 글 장사를 하는 사람이고, 남이 뱉어 놓은 침을 핥아 먹는 사람입니다. 그런 사람은 영원히 나고 죽는 생사윤회의 고통에서 헤어나지 못합니다.

윤회 속에서 짐승이 되기도 하고, 천국에 가고, 벼슬도 하고, 부자도 되고, 혹은 왕도 됩니다. 그러나 왕이 되고, 장관이 되고, 총무원장이 되고, 본사의 주지가 되고, 종회의장이 된다고 하여 생사를 면하는 것은 아닙니다. 생사를 면하는 길은 이 도리를 깨닫는 데에 있습니다.

해공解空은 일체 모든 것이 공한 것임을 깨달았다는 의미입니다. 부처님의 10대 제자 가운데 모든 법이 공하여 있는 바가 없다는 공의 도리를 깨달은 분이 수보리입니다. 수보리는『금강경』사구게에서 깊이 깨달아 눈물을 흘리며 웁니다. 그런데 우리 대중은『금강경』을 독송하면서, 또『반야심경』을 들으면서 왜 깨닫지 못할까요? 원인은 과거에서부터 수행을 게을리했기 때문입니다. 반야 지혜를 멀리하고 많은 업을 지었기 때문입니다. 빠르고 더딘 것은 얼마만큼 정진을 했는지에 따라 판가름이 납니다.

예전에 밀양 표충사에 혜산 스님이라는 훌륭한 선지식이 계셨는데 혜수라는 수좌가 법담을 하다가 거량을 하는 도중에 그만 앉은 채로 숨이 넘어 갔습니다. 목이 옆으로 기울어져 꼼짝도 하지 않자 혜산 스님이, "저 사람이 지금 목숨을 마쳤다."고 말씀하였습니다.

대중들이 이상하여 바지를 벗겨 보니 바지 밑이 축축했습니다. 공부를 하다가 조그만 견해가 났다고 하여 선지식에게 우기고 달려들었는데 혜산 스님이 아니라고 소리를 치니까 그만 심장이 멈추어 버린 것입니다. 본인이 지지 않으려고 오기를 부리다가 그랬다고 평을 합니다. 그래서 그런 것인지, 일부러 좌탈

입망하려고 그랬는지 확실한 것은 모릅니다만, 오늘날 공부인 가운데에서도 이런 일이 허다히 많습니다. 이런 짓을 해서는 안 됩니다. 공부를 하다가 생긴 조그만 경계를 재산으로 삼으면 안 됩니다.

▌▌ 후송 ▌▌

삼세의 모든 부처님이 다 이 경에서 나오셨다고 했는데, 이 경이란 과연 어떤 것인가?

볼 때는 한 글자도 없지만 가는 곳마다 항상 광명을 놓는다.

三世諸佛 皆從此經流出 如何是此經 看時無一字 當處放光明

지혜에 의지하지 않고 깊은 강을 건너면
만겁 동안 잠겨 파도에 휩쓸려 다니게 된다.
이미 저편 언덕에 올라 진실한 도에 돌아갔는데
어찌 다시 사바하를 생각하는가.

不憑智慧渡深河 萬劫沈淪溺浪波
旣登彼岸歸眞道 何須更念薩婆訶

# 시대신주

是大神呪

■|주해|■

만약 바라밀다를 안다면 이것은 곧 대신주를 본 것이다. 이 신주는 사람마다 모두 갖추고 있으나 닦지 않으면 보지 못한다. 이것은 중생의 심지법문이며, 이 법문을 얻으면 커다란 신통이 있게 된다. 도가에서는 "마음에 주재하는 것이 있으면 만 가지 삿된 것이 침입하기 어렵다."고 하였고, 유가에서는 "마음을 바르게 해야 삿된 것을 물리칠 수 있다."고 하였다, 또『도인경』에서는 "만 가지 삿된 것이 간섭하지 않으며, 밝고 신령스러운 것이 문전을 호위한다."고 하였다.

若會波羅蜜多 便見是大神呪 此神呪 人人俱有 不修不見 亦是 衆生 心地法門 有大神通 道云 心有主宰 萬邪難侵 儒云 心正可以辟 邪 度人經云 萬邪不干 神明護門

■ **강설** ■

반야 지혜, 무상정진이 대신주입니다. 중생은 항상 삿된 것에 끄달리게 되어 있는데, 삿된 것에 끄달리지 않고 일체의 침입을 당하지 않으려면 속지 말아야 합니다.

예전에 어느 노장님과 길을 가는 도중에 웬 술에 취한 사람이 노장님께 이놈, 저놈 하면서 시비를 거는 바람에 부득이 말려야 했던 적이 있었습니다. 참으로 난감하기 짝이 없었습니다. 잘못 하면 화두는 십만 팔천 리 달아난 가운데, 같이 주먹질하면서 상스러운 짓을 해야 하거든요. 그래서 수차례 "참고 이해하세요." 했는데도 점점 기고만장해졌어요. 그러나 그 사람에게 속으면 큰 손해입니다. 여간 공부해 가지고는 누구나 여기에 속게 되어 있고, 100퍼센트 시비하게 되어 있습니다. 그러나 반야 지혜를 깨달은 사람은 지혜의 방편이 나오고, 그럴 때를 당하여 자신의 공부가 얼마나 되었는가 알 수 있습니다.

자꾸 노장 스님에게 대들기에, "할 말이 있으면 나에게 하시오. 폭행을 해도 좋고 욕을 해도 좋습니다. 무엇이든지 받아들이겠소." 이렇게 말해놓고 선 채로 화두를 관하였습니다. 한참을 서 있어도 기척이 없어 눈을 떠보니 그놈이 멍하니 보고만 있더라고요. 그래서 벽력같이 소리를 지르고 어깻죽지를 후려치면서, "이놈아! 정신 차려라. 대낮에 속고 살면 되느냐?" 하니 그가 고개를 숙이고 미안하다고 하면서 길을 비켜 주었습니다. 상대방에게 속지 않는 것이 중요합니다.

한번은 손님이 온다고 하여 대전역에 나간 적이 있습니다. 사람이 가득 차 있는 대합실에 나이 30대쯤 된 청년이 다가오더니, "어이! 중아, 왜 먹물 옷을 입고 있어. 우리 교회로 와서 예수 믿어!" 하였습니다. 이리 피하면 이리로 쫓아오고, 저리 피하면 저리로 쫓아오고 자꾸 따라붙어요.

"왜 사탄의 소굴에 들어가 있어! 왜 사탄의 도를 믿느냐?"

사람은 꽉 차 있고, 같이 싸울 수도 없고, 같이 상스런 소리도 할 수 없고, 그럴 때 자칫 잘못하면 그놈에게 속습니다. 그 순간 깨닫고,

'아차! 내 앞에 아무것도 없는데 무엇을 보고 피했는가?'

이렇게 화두를 관하니 상대방이 어디로 갔는지 흔적이 없어요. 화두를 놓치고 피하거나 따라가면 갈수록 그놈이 더욱 기고만장해져 시비를 합니다. 얼른 '내가 속았구나!' 하고 관을 하고 있으면 그 사람이 풀이 죽어서 가 버립니다.


덕산 스님은 법문을 할 때마다, "일러도 30방이요, 이르지 않아도 30방"이라고 했습니다. 어느 날 조주 스님이 시자에게 말했습니다.

"너는 덕산 스님이 '일러도 30방이요, 이르지 않아도 30방이요' 그러거든 말없이 일어나서 주장자를 빼앗고 밀쳐 버려라."

그래서 시자가 덕산 스님 법상에 가서 법문을 듣다가 다짜

고짜 주장자를 빼앗고 확 밀쳤습니다. 덕산 스님이 물었습니다.

"어째서 그러는가?"

"이렇게 하라고 해서 한 것입니다."

그러니까 덕산 스님이 아무 말 없이 머리를 숙이고 방장실로 들어갔습니다. 시자가 조주 스님에게 돌아가서 견후 사정을 이야기하였습니다. 조주 스님이 말했습니다.

"과연 그 늙은이가 선지식이다."

선지식이니까 간파를 하는 거지요. 네가 옳으니 옳지 못하느니 시비를 하면 덕산 방장의 체면이 어떻게 되겠습니까? 선지식은 날카로운 칼날과 같아서 적재적소에 행동이 나오는 것입니다.

화두일념삼매, 염불일념삼매의 대정 속에서는 만 가지가 다 침입하지 못합니다. 그 자리를 깨달아서 일을 해 마친 대장부라면 어느 곳에서든 침해를 받지 않습니다.

우리의 마음자리가 너무 밝아서 일체의 모든 것을 호위합니다. 일체 모든 중생을 호위할 수 있는 것은 『반야심경』의 신주입니다. 『반야심경』 이것은 문자의 대신주입니다. 우리들이 실제로 반야의 지혜를 열지 못했더라도 이 『반야심경』을 일심으로 외우면 일체 삿됨이 침입하지 못할 것입니다.

이 신주는 삿된 것을 몰아내고 바른 것을 세우며, 죽은 사
람을 변화시켜 산 사람으로 깨우며, 마군의 경계를 고쳐 신선의
경계로 만든다. 존재 하나하나에 모두 나타나고 모든 존재가 확
연히 밝게 드러난다. 믿음의 손으로 잡아옴에 그 어떤 것도 방해
될 것이 없다. 이 대신주는 마음을 들어 생각이 움직이면 귀신이
없어져 상쾌해진다. 근본을 돌이켜 근원에 돌아가면 외도들이
놀라 혼비백산하고, 정령을 항복시켜 얽어맨다. 그래서 이것을
비밀한 주라고 한다.

能驅邪立正 變死人作活人 改魔境爲仙境 頭頭示現 物物全彰
信手拈來 百無妨碍 此大神呪 擧心動念 鬼神滅爽 返本還源 外道魂
驚 精靈伏罔 此蜜呪也

신중단에 『반야심경』을 독송하는 것은 최상의 법문을 하는
것입니다. 그러나 일반 신도들은 스스로 반야 대신주를 밝히려
는 마음으로 독경하는 것입니다. 절에 있는 스님들도 마음을 깨
치지 못하고 반야에 대한 정안이 열리지 않은 채 『반야심경』을
독송하는 것은 법문을 한다고 할 수 없습니다. 일체 모든 성문,
연각도 이 『반야심경』에 의거해 성불하고 해탈을 합니다. 이 『반

야심경』은 일체 모든 법을 통괄하는 것이어서 아주 중요합니다.
이 경을 말하면 일체 정령이 항복을 합니다.

**▌ 후송 ▌**

이 신주를 알겠는가?
신통과 묘용이 어느 곳에선들 서로 따르지 않겠는가.


識此呪麽 神通幷妙用 何處不相隨


대위신력이 있어
삿된 마군이 자진하여 칼 위에 엎어져 버린다.
어느 곳에선들 서로 따르지 않겠는가.
사람들은 함께 있으면서도 그것을 알지 못한다.


有大威神力 伏劍邪魔息
何處不相隨 同居人不識

◉

# 시대명주
## 是大明呪

◉

▐ 주해 ▐

　　원래 대위신력이 있어 한 점의 신령스런 빛으로 자연스럽
게 밝게 빛나 시방 법계를 두루두루 환하게 비춰 삼계를 통과한
다. 산하대지가 막히거나 걸림이 없고, 해와 달보다 뛰어나 비추
지 않는 곳이 없다. 여조는 "마음의 한 점 등불이 끊임없이 새차
게 타오르니, 수고롭게 심지를 돋우거나 바르게 하지 않아도 환
하게 밝다. 그것을 얻으면 인간의 어두운 것을 비추어 깨뜨리고,
홀로 찬 빛을 놓으니 빛이 하늘에 가득하다."고 하였다. 비록 말
하긴 하였지만 스스로 알지 못하면 밝혀내지 못한다.


　　既有大威神力 一點靈光 自然晃耀 照徹十方 射透三界 山河大
地無有隔碍 過於日月 無處不照　呂祖云 一點心燈焰焰生 不勞挑剔
朗然明 得來照破人間暗 獨放寒光滿太清　雖然說破 自不了不明

햇빛이 비치는 곳에는 음양이 있습니다. 나무 하나만 막혀도 음지가 생깁니다. 그러나 반야의 대신주가 비추는 곳에서는 음양이 없어서 일월을 능가합니다. 해와 달이 아무리 밝다 해도 비교가 되지 않습니다.

■ 후송 ■

밝히고자 하는가?
거울 위의 먼지를 털어 내라. 그러면 곧 본래면목을 보리라.

要明麼 拂却鏡上塵 便見本來面

번쩍번쩍 빛나는 광명이 대천세계에 가득 차 있는데
어리석은 사람은 보지 못하고 제 형편에 끌려 다닌다.
만약 놓아 버린다면 확실하게 한 물건도 없어서
마음이 본래와 다름이 없이 본 성품의 달이 둥글 것이다.

燁燁光輝滿大千 愚人不見被情牽
若能放下渾無物 依舊心天性月圓

　　반야 지혜는 일부러 드러내서 쓰는 것이 아닙니다. "거울의 때를 털어 내면 본래면목을 본다."고 한 것은 거울을 오래 묵혀 두어 때가 묻었다는 상징적인 표현입니다. 이 말은 밝지 못한 사람을 위하여 부득이 붙인 것인데 대명주에서는 이 말이 해당되지 않습니다. 본래 허허탕탕하여 하나의 티끌도 걸릴 것이 없으니 일체 모든 것이 황금처럼 밝아 다른 말을 붙일 수가 없습니다. 그래서 이 말은 불료불명不了不明한 사람을 위하여 노파심으로 한 소리입니다.

# 시무상주

## 是無上呪

**▌ 주해 ▌**

자기 광명을 친히 보아 깨달아서 종전의 어둠을 비추어 보니 더욱 분명해져 더는 남아 있는 것이 없다. 이 신주는 가장 높고 가장 수승한 것으로 이보다 뛰어난 것이 없다. 일체 모든 법이 다 이 심주에서 벗어나지 못하므로 이것을 위없는 주문이라고 한다. 도가에서 "마음은 모든 것의 왕이다."라 하였고, 불가에서는 "마음이 법 가운데 왕이다."라 하였기에 위가 없다고 하는 것이다. 다만 한 번이라도 왕이 동요하지 않으면 만백성이 스스로 편안해지고, 마음이 어지럽지 않으며, 모든 삿된 것이 일어나지 않는다.

得見自己光明 照見從前黑暗 無有能極者 此神呪最上 無過於此 是爲第一 一切諸法 皆不出於心呪 是無上呪也 道云 心是衆之王 釋

云 心是法中王 所以無上也 只一件 王不動 萬姓自安 心不亂 諸邪不
起


**▌| 후송 |▌**

알았는가?


理會麼


심주는 최상이라 더 이상 위가 없으니
부질없는 생각을 모두 버려라.
사람도 소도 보이지 않을 때
이때가 바로 영산의 어른이더라.


心呪最無上 要去閑思想
人牛不見時 便是靈山長

●

# 시무등등주
## 是無等等呪

●

**▌ 주해 ▌**

이 신주는 같은 것이 없어서 말할 수도 없고, 비교할 수도 없고, 또한 끝 간 데도 없다. 세간에 이 주문은 드물며, 말해 주어도 믿기 어려우니 반드시 이 주문을 몸소 보아야만 한다.

此神呪無有等齊者 不可說 不可比 無有邊際 此呪世間少 時說著難信 須是親見此呪

**▌ 후송 ▌**

이 주문을 보고자 하는가?

열어 놓으면 태허공을 싸안으며, 거둬들이면 털끝만 한 물건도 세우기 어렵다.

要見此呪麼 放開包裹太虛空 收來難立纖毫物

본래 같은 것이 없으니
신묘한 성품만 홀로 높다.
하늘과 땅을 덮거나 싣기가 어려워
만고에 항상 오래오래 그대로 존재한다.

本來無等件 神性獨爲尊 乾坤難覆載 萬古鎭常存

# 능제일체고

## 能除一切苦

■▌주해▐■

만약 견성을 했다면 무슨 고액이랄 것이 있겠는가? 부처님의 마음은 자비로우셔서 중생이 세간에 떨어져 무한한 세월을 유랑하면서 끝이 없는 고통을 받고 근본으로 돌아가지 못함을 불쌍히 여기신다. 그래서 부처님께서는 갖가지 모양을 나투시어 세상에 출현하시며, 여러 방편을 시설해 일체의 미한 중생을 구해 내고 제도하여 불타는 집에서 함께 나오도록 한다.

若得見性 有甚苦厄 佛意慈悲 愍衆生墮在世間 流浪經刧 受苦無窮 不能返本 是以應現種種相 出現於世 設種種方便 救度群迷 同出火院

부처님이 이 세상에 출현하신 것은 바로 반야 대신주를 중생에게 가르쳐 주어 일체의 고통을 부수어 없애 버리기 위함입니다.

여러분의 몸이 집이며 욕계, 색계 그리고 무색계가 다 집입니다. 그것을 줄여서 말하면 근본적으로 자기 자신을 일컫는 것입니다. 집에 불이 났다는 것은 이 몸이 생로병사의 불에 타고 있다는 뜻입니다. 마음속에 탐·진·치 삼독과 팔만 사천 번뇌가 타고 있다는 뜻입니다. 여기에서 뛰쳐나오지 않으면 영원히 불길 속에서 고통을 받습니다. 그러나 면하려면 누구든지 다 면할 수 있습니다. 믿지 않고 공부를 하지 않아 그렇지, 하기만 하면 생로병사와 탐진치, 번뇌 망상의 불길 속에서 완전히 헤어날 수 있습니다.

만약 지혜가 있는 사람이라면 대도에 대한 말씀을 자세히 듣고 다만 마음자리만을 꿰뚫어 연구하라. 옆으로 다른 것을 구하지 않고 처음부터 쓸고 닦아 정결하게 하면 오랜 겁 동안 쌓아 온 습성이 제거될 것이다. 대전 조사는 "달을 기다리지 말고 연못을 만들어라. 연못이 완성되면 달은 저절로 온다."고 하였으니 수행인이 먼저 마음자리를 깨끗하게 하면 자연히 도가 생겨난다.

若有智慧之人 諦聽大道之言 只究心地 莫去旁求 初則打掃潔淨
去累劫之習性 大顚云 開池不待月 池成月自來 修行人 先要心地淸淨
自然道生

**∎ 강설 ∎**

　　많은 사람과 이야기해 보지만 지혜가 없는 사람은 귓등으
로만 듣습니다. 첫째는 믿지를 않습니다. 혀가 닳도록 공부를 하
라고 해도 안 합니다. 그러고도 다해 마친 사람처럼 보회향진언
을 하고 그 길로 집에 돌아가 훨훨 세월만 보냅니다. 절에 와서
법문을 들을 때는 동그랗게 눈을 뜨고 얼굴을 쳐다보면서 귀를
기울여 듣습니다. 공부를 하려고 쳐다보는 것인지 안 하려고 쳐
다보는 것인지 잘은 모르지만 좌우지간 내 얼굴은 쳐다봅니다.
그러다가도 "요새 공부 좀 하십니까" 하고 물어 보면 "아이고!
저희들이 되겠습니까? 집안일이 너무 바빠서요." 그러면서 공부
를 한 기색이 전연 보이지 않습니다. 참 애석한 일이지요.

　　일체 만법을 밖에서 풀어 보려고 하면 풀 방법도 없고 해답
도 안 나옵니다. 모든 것을 안으로 거둬들여 꿰뚫어 조명하면서
들여다보아 의심을 해야 합니다. 그 의심하는 것을 깨면 모든 것
이 풀립니다. 실타래를 안에서 풀어야 잘 풀리지 밖에서 풀면 잘
안 되는 것과 같습니다.

유가에서는 "예로써 마음을 다스리라."고 하였고, 불가에서는 "조용한 곳에 있으면서 그 마음을 거두어 섭수하라."고 하였다. 또 도가에서는 "마음을 항복받고 생각을 끊으라."고 하였으니, 삼교의 성인은 다만 중생으로 하여금 마음이 한가롭고 깨끗하게 하고자 하신 것이다. 만약 마음에 물듦이 없다면 자연히 견성할 것이며, 견성하면 영원히 생사윤회를 벗어나 죽지도 않고 나지도 않는 도를 얻을 것이다. 또한 위의 모든 부처님과 성인들도 오랫동안 부지런히 수행한 끝에 비로소 견성을 하였으니, 마음과 마음, 생각과 생각, 곳곳에서 근원을 만나게 된다.

儒云 以禮制心 釋云 在於閑處收攝其心 道云 降心絕念 三教聖人 只教衆生心閒清虛 心若無染 自然見性 若得見性 永免輪廻更不受得不死不生之道 且從上諸佛諸聖久受勤苦 方得見性 心心念念 處處逢源

■ 후송 ■

자, 말해 보아라!
최후에 어느 곳을 향해 가겠는가?
살피지 못하면 처처에서 돌아가는 길이 어두워지나, 깨달으면 항상 본 고향에 있다.

且道 末後向甚麼處去 不省處處迷歸路 悟來時時在本鄉

부처님은 무엇 때문에 인간 세상에 나오셨는가?
윤회 속에 빠져 있는 중생을 사랑하여 불쌍히 여기셨기 때문
이다.
만약 사람이 옳게 여겨 뱃머리에 도달하면
진흙물에 빠진 물 묻은 사람이 되는 것을 면하리라.

仙佛出世爲何因 皆因慈愍衆沈淪
若人肯到船頭上 免做拖泥帶水人

■ 강설 ■

　살핀다는 것이 도대체 무엇일까? 그것은 의심하고 생각하
는 것을 말합니다. 사람은 고향에 돌아와야 다리를 쪽 뻗고 편안
히 잠을 잘 수 있습니다. 요새는 누구나 잠자리에 침대나 푹신한
자리를 만들어 놓고 잘 자고 있습니다만, 그러나 그것이 꼭 잘
자는 것은 아닙니다. 번거롭고 성가신 지옥 고통을 끌어안고 있
는데 그것이 어찌 잘 자는 것이겠습니까?

　일제 때 어느 군수가 절에 와서 한암 큰스님에게 법문을 청했
습니다.

"스님, 법문 한마디 해 주십시오."

"법문이라고 할 것이 어디 있습니까?"

"어떤 것이 불법입니까? 한마디 일러주십시오."

"다른 것 없습니다. 밥 잘 먹고 잠 잘 자면 그것이 불법입니다."

이 말은 누구나 다 할 줄 알고 또 너무 쉬운 말인 것 같아서 군수의 마음에 와 닿지 않았습니다. 그래서 그 후 범어사의 동산 스님을 친견하였습니다.

"오대산의 한암 큰스님이 밥 잘 먹고 잠 잘 자면 그것이 불법이라고 했는데 그것은 신빙성이 없는 말 같습니다. 세상에 그 누구나 다 밥 잘 먹고 잘 자는데요."

동산 스님이 군수에게 말씀하셨어요.

"군수는 그동안 살아오면서 편안하게 잘 잔 날이 며칠이나 되고, 밥 먹을 때 순수하게 밥만 먹은 시간이 몇 시간이나 되었지? 밥 먹을 때도 그날 사무 처리 할 일, 또 좋은 일, 나쁜 일 여러 가지를 생각하면서 밥을 먹었겠지?"

"예, 그렇습니다."

"그것 보게, 자네는 한 번도 편안한 날이 없었지 않았는가?"

한 나라의 왕이 되더라도 마음은 항상 불안하다는 동산 스님의 법문에 군수는 발심을 했다고 합니다.

내 마음을 바로 깨달은 사람은 고향에 이른 사람 같아서 편안하고 걸릴 것이 없습니다. 그러나 태평시절이라고 말하는 사람에게 일러준 소리가 있습니다.

"장군이 군사들을 거느리고 적을 물리쳐 태평시절을 이루었지만 장군은 그 태평시절을 보고 있지만은 않네."

이 말을 척 알아들으면 그 사람은 공부를 애써서 한 사람이라고 할 수 있습니다.

부처님께서 일체중생을 불쌍히 여기시지 않고 사랑하는 마음이 없었다면 오늘날 불교는 존재하지 않았을 것입니다. 타니대수拖泥帶水란 진흙 속에서 뒹구는 것을 말합니다. 배를 타고 물을 건너면 진흙탕을 벗어날 수 있습니다.

무구자 도인은 선불이니, 황면노자니 하는 말을 많이 했습니다. 중국에는 도교, 유교가 성했습니다. 그러나 부처님 말씀이 중국에 전해진 후에 유교나 신선도에서 풀지 못한 숙제를 풀었습니다. 그래서 부처님 말씀을 배척하지 못합니다. 부처님 말씀을 놓고 설명하면서, 도교에 대한 것도 살리고 유교에 대한 것도 살려 서로 융합해서 하나로 회통시켰습니다. 그 가운데에서도 부처님의 반야사상을 똑같은 견지에서 드러내려고 노력한 분이 무구자 도인입니다. 가만히 보면 도교, 유교의 성격을 불교와 비슷하게 해 놓았지요.

# 진실불허

## 眞實不虛

**▌주해 ▌**

　이것은 참으로 진실한 법의 말씀이며 허황되게 꾸민 말이
아니다. 일체 모든 부처님께서 이 신주를 설하시어 중생을 제도
하셨다. 이것은 다른 말도 아니며, 겸손하게 하는 말도 아니다.
영가현각 스님은 "실상을 증득하고 나니 인[我]과 법이 없어져서
아비지옥의 업이 찰나 사이에 사라진다."고 하였다.

　존재하는 모든 모양은 다 허망하며, 오직 모양이 없는 모양
만이 진실한 모양이다. 삼천대천세계가 다 무너져 없어져도 이
모양은 무너지지 않으니 어찌하여 그러한가? 도가에서는 "모양
이 있는 것은 결국 거짓이며, 모양 없는 것이 진인이다."라 하였
고, "몸을 이루고 있는 모든 뼈는 스러져 흩어지나 한 물건만은
영원히 남아 신령스럽다."고 하였다. 『도경』에서는 "처음에 한 보
배 구슬을 달아 놓았는데, 그것은 텅 비어 현묘한 가운데 있다."고

하였다. 『법화경』에서는 "나에게 값어치를 따질 수 없는 보배 구슬이 있어 옷 속에 매달아 꿰매 두었는데 밤낮으로 찾다가 어느 날 홀연히 마니보주를 보았다."고 말하고 있다. 또 "마니보주는 사람들이 알지 못하므로, 여래장 속에서 몸소 거두어야 한다."고 하였다. 이와 같이 도를 보기는 쉽지만 도를 지키기는 어렵다.

是眞實法語 非虛華之言 一切諸佛 說此神呪 度脫有情 不是異語 不是謙言 永嘉云 證實相無人法 刹那滅却阿毗業 凡所有相 皆是虛妄 惟此無相之相 是眞實之相 大千俱壞 此相不壞 因甚不壞 道有云 有形終是假 無相是眞人 又云 百骸俱消散 一物鎭長靈 道經云 元始懸一寶珠 在空玄之中 佛經云 我有無價寶珠 繫在衣裡 日夜推究 忽然見牟尼寶珠 又云 牟尼珠 人不識 如來藏裡親收得 然雖如是 見道易 守道難

■ 강설 ■

과거, 현재, 미래의 부처님께서 『반야심경』을 이대로 설하십니다. 더 이상 빼고 더할 것이 없이 똑같이 설하시는 것입니다.

이 세상에서 무상無相의 상相이 제일 크다고 할 수 있습니다. 마니보주는 알아서 얻은 것이 아닙니다. 중생마다 자기 안에 부처가 될 수 있는 종자를 가지고 있는 것을 여래장如來藏이라고 부릅니다.

달마 스님은 말세에는 이치를 아는 도인은 많으나 실제로 행하는 도인은 극소수라고 말씀하셨습니다. 사실 말세에는, 공리를 알고 이치를 아는 도인도 드물고 육조 스님이나 달마 스님처럼 완벽하게 이사理事에 구족되게 행하는 도인이 나오기는 더욱 어렵습니다. 공리를 깨달아서 이치에 걸림이 없는 사람을 불퇴전不退轉이라고 하는데 그런 사람만이 공부하는 학자들을 이끌어 줄 수 있습니다.


**▌ 후송 ▐**

이 구슬을 보고자 하는가?

둥글고 아름다우며 빛나고 빛난다. 수레바퀴가 구르듯 자유자재로 굴러가는데, 마치 고기가 활발하게 헤엄치는 것과 같다. 우리는 그것을 항상 앞에 두고 있으나 "관에 넣을 수 없다."고 말한다.


要見此珠麽 圓陀陀 光爍爍 轉轆轆 活鱍鱍 常對曰 不可棺


진실한 광명이 나오는 값을 매길 수 없는 구슬은
사람 사람이 다 갖추고 있어서 없어지거나 차이가 나지 않는다.

단지 조금 그릇되고 잘못된 것 때문에
푸른 하늘에 구름이 인 것처럼 달빛이 가려졌을 뿐이다.


眞實光明無價珠 人人分上沒差殊

只因些子誵訛處 雲起青天月色無

# 고설반야바라밀다주

故說般若波羅蜜多呪

**▌ 강설 ▌**

반야에는 두 가지 뜻이 있습니다. 하나는 청정淸淨이요 또 하나는 승묘勝妙입니다. 영원히 혼탁한 것을 여읜 것이 '청淸'이고, 깨끗해서 티끌을 멀리하여 때가 없는 것을 '정淨'이라고 합니다. 상대가 끊어져 비교가 안 되는 것을 수승殊勝하다고 하는데, 마음과 입으로 측량할 수 없기 때문에 그것을 묘妙라고 합니다. 지혜에도 두 가지 뜻이 있으니 첫째는 지智요 둘째는 혜慧입니다. 지는 하늘의 해와 같아서 지혜의 본체를 말하고, 혜는 빛이며 용用입니다. 체와 용을 함께 이야기해서 지혜라고 합니다.

사람을 보고 만법을 보는 것은 망상입니다. 사람과 법이 공한 것을 요달하면 이름이 지혜입니다. "무엇이 지혜입니까?" 할 때 진리를 논하고 법을 논하고 사람을 논하면 이미 천 리 만 리나 거리가 벌어집니다. 그것은 참 지혜를 떠나서 논리적으로 이야기하는 지혜일 뿐입니다. 인·법이 다 공함을 증득하는 것을 지혜라고 합니다. 마음을 일으켜 생각을 움직이면 있는 것을 보고 없는 것도 보며 마음을 보고 경계도 보며 공을 보고 색을 보고 옳은 것도 보고 그른 것도 보며 마음 밖에 일체법을 보니 이 두 가지 모양이 차별을 짓는 것이고 망상입니다.

과거에 어느 선사는 누가 묻기만 하면 평생 "망상!"이 대답뿐이었습니다. 이 소리를 바로 알아들으면 공부하여 깨달았다고 할 수 있습니다. 일체법을 요달하면 본래 불생이고 본래 불멸이어서 두 가지 모양이 없으며, 바로 허공과 같으므로 이理와 체體를 보았다고 합니다. 이와 체를 본 사람을 지혜인이라고 합니다.

태양빛이 지구에 오는 데 8분이 걸린다고 합니다. 빛의 속도는 엄청나게 빨라서 1초에 30만 킬로미터를 갑니다. 우주는 그런 속도로 100억 광년을 갈 수 있는 거리로 벌어져 있다지만 그것도 먼 것은 아닙니다. 이 세상에서 가장 빠른 것은 반야의 지혜입니다. 반야의 지혜가 그토록 빠르다고 하는 것은 간격이 없기 때문입니다. 수천억만 년이라고 해도 찰나에 갑니다. 생각하면 생각하는 찰나에 다 되어 버립니다. 한 생각 속에 꼭 들어옵니다. 그 한 생각이 반야 지혜에서 바로 솟아나기 때문에 그렇습니다.

'바라'는 두 가지 뜻이 있습니다. 이쪽 언덕과 저쪽 언덕입니다. 그러면 이쪽 언덕은 어디에서 어디까지이고, 저쪽 언덕의 경계는 어디에서 어디까지입니까? 차안은 분단생사分段生死요 범부의 경계입니다. 변역생사變易生死는 7지 이전의 보살의 경계입니다. 초지부터 성인이지만 제7지 원행지遠行地까지는 이쪽 언덕에 속하는 것입니다. 7지 보살은 입태入胎까지는 자재하지만 출태出胎에서는 어둡습니다. 7지 보살까지는 미세한 망념이 일어납니다. 손바닥이 눈을 가리면 천하가 안 보이듯이 그 미세한 망념 때문에 출태라는 경계에 부딪쳐 어둡게 됩니다. 아기가 나올 때 산모의 고통은 말할 수 없이 큽니다. 산모만 고통을 당하는 것이 아닙니다. 아기는 산모보다 세 배 이상 고통을 받는다고 합니다. 이때에는 오관이 다 어둡습니다. 그러나 제8 부동지不動地에 가면 출태와 입태에도 어둡지 않습니다. 전혀 지장이 없습니다. 부동지 이후부터는 저쪽 언덕입니다. 변역생사라고 하는 것은 생사에서 벗어나지는 않았지만 범부는 면한 것입니다.

저 언덕에는 다섯 가지가 있으니 교教피안, 이理피안, 경境피안, 행行피안 그리고 각覺피안입니다. 『반야심경』이 곧 교의 피안입니다. 일체 모든 생사가 없다고 하는 피안의 말씀을 해 놓은 것이기 때문에 피안의 교리입니다. 우리는 이것을 의지하여 반야의 실상을 밝혀냅니다. 그래서 교피안인 것입니다. 이 교를 의지하여 아집·법집을 없애고 인·법이 공한 묘한 이치를 얻습니다. 이것이 이치피안입니다. 항상 이 이치를 관하여 마음에 간단이 없이 계속 밀어붙여 나가는 것이 경계피안입니다. 쌍으로 인집·법집을 여의고 생사도 여읜 것, 분단생사 그리고 변역생사를 여의어 번뇌장과 소지장을 다 없애 인공, 법공을 닦아 행하게 됩니다. 이것은 곧 지혜를 써서 모든 것이 해결되는 자리행이고 행피안입니다. 이타행은 일체중생을 위하여 자비의 마음을 내는 것입니다. 자식이 병이 들면 부모도 따라서 병이 들듯이, 깨달은 각자는 혼자만 열반락을 즐기는 것이 아니라 일체중생을 보고 자비를 씁니다. 자비와 지혜를 쓰면 비로소 각피안입니다. 이러한 피안을 행할 때 보리의 묘과를 다 얻은 것이므로, 그래서 이름이 각피안입니다.

'밀다'에도 두 가지 뜻이 있습니다. 하나는 여읜다[離]는 것이고 또 하나는 이른다[到]는 것입니다. 여읜다는 것에도 두 가지 뜻이 있습니다. 생각으로 헤아리는 것을 여의고, 문자 언어를 여읜다는 것입니다. 이른다는 것은 진여실상의 이치에 이른다는 것입니다.

생사는 이 언덕이라 하고 열반은 저 언덕이라 하면 그 중간의 근본체의 성품이 어떤 것이냐고 물었을 때 어느 스님이 이렇게 대답했습니다.

"만약에 변역생사를 여의면 열반에 이르지 못하느니라. 즉 초지로부터 7지까지 닦아나가는 것이 없으면 어떻게 저 언덕에 갈수 있겠는가? 중간에는 약간 하열한 무루종[劣無漏種]이라 약간 번뇌가 난다. 그러나 삼악도에는 떨어지지 않는다."

왜냐하면 가는 곳을 알기 때문에 삼악도에 떨어지지는 않는다는 것입니다. 갈 때는 지옥인지 천당인지를 확실히 알고 갑니다. 습기가 있기는 하나 미약하여 열무루종이라고 하고, 중간에 있는 사람이라고 합니다.

■ 주해 ■

수행함으로 말미암아 여기에 이르러서야 비로소 반야 신주의 공이 가장 큼을 안다. 이 글귀(고설반야바라밀다주)는 앞의 여러 가지 방편을 매듭지어 모두 하나로 돌아가게 하는 것이니, 대총지를 갖추어 함께 한 마음으로 돌아가게 하는 법이다. 옛사람은 "법계의 성품을 관해 보라. 일체가 오직 마음으로 짓는 것이다." 하였고, 선진仙眞은 "선과 악의 있고 없음이 모두 마음에 있다." 고 하였다. 대전 조사는 "깨닫지 못한 자는 (마음을) 함장식이라 하니 죽은 뒤에 독사가 된다. 깨달은 자는 비밀신주라 하니 태어남이 없는 법을 얻는다. 여래께서 비밀한 말씀을 하셨고, 가섭은 장식에 덮이지 않았으므로 이 신주를 깨달은 것이다. 만약 어떤 사람이 오로지 한 마음으로 이 주를 마음에 새기어 지키면 공덕과 수행이 원만해지며, 항상 이 주문을 지니면 귀신도 멀리 떠나 버리고, 모든 하늘이 귀 기울여 조용히 들으며 항상 기뻐한다." 고 하였다.

因修行到此 知般若神呪之功最大 此句結前多種方便 總歸爲一 具大總持 同歸一心之法 古云 應觀法界性 一切惟心造 仙眞云 善惡

存亡總在心 大顚云 迷者爲含藏識 死後作毒蛇 悟者爲秘蜜神呪 得無
生法 如來有密語 迦葉不隱藏[48] 語[49]此神呪 若人專心受持 功行圓滿
常持此呪 鬼神遠離 諸天寂聽常懽喜

**▌ 후송 ▌**

알았는가?

수지하라는 것은 입으로 외우라는 것이 아니니 마음으로
받아지녀야 하며, 마음을 크게 열어 쓰되 치달리지 말아야 한다.

이 주를 보고자 하는가?

밖에 있는 것도 아니요 안에 있는 것도 아니며, 중간이나
안팎에 있는 것도 아니다.

자, 말해 보라! 어떤 곳에 있는가?

알았는가?

내가 있는 그 자리를 벗어나지 않으니 미혹하지 말라.


理會得麼 非是口誦 要心受持 大開著眼 休教走了〇 要見此呪麼
不在外 不在內 不在中間與內外 且道 在甚麼去處 會會麼 不離當處 休
教迷了


성품의 바다가 넓고 크니 바람이 일어날까 두렵다.

바람이 조금만 일어나도 파도가 허공까지 밀어 닥친다

하루아침에 바람이 자고 파도도 고요해져
한 개의 둥근 달이 수정궁에 자취를 남긴다.

性海寬洪怕起風 風纔起處浪飜空
一朝風定波濤靜 一輪月印水晶宮

# 즉설주왈

即說呪曰

▌▌주해▌▌

사구게를 들면 경을 가진 사람을 옹호하여 좌우를 떠나지 않는다. 순리대로 생각하든 거꾸로 생각하든, 소망하는 세간의 모든 것을 이루어 주지 않는 것이 없으니, 하루 종일 24시간 내내 잠시도 망각하지 말아야 한다.

擧起四句偈 擁護持經人 不離左右 順念逆念 世間一切所求 無不果遂 十二時中不可忘却

▌▌강설▌▌

노자는 무위자연지도無爲自然之道라고 했습니다. 언젠가 텔레비전을 보니 김 아무개 교수라는 사람이 노자의 『도덕경』강의를 하는데 사람들이 엄청나게 모여 있었습니다.『도덕경』의 우월성을 나타내는 것은 좋으나, 불교에 대한 교리를 확실하게 알지도 못하면서 가끔 인용하여 거기에다 비교해서 말할 때, 부처님의 말씀을 잘못 소개하는 것이 가슴 아팠습니다.

부처님께서 말씀하신 공은 변화무쌍하여 중생이 헤아리지 못합니다. 바깥의 허공은 완공이고 색에 들어가며 변통이 없고 변화무쌍하지도 않으며 무용지물입니다. 변화무쌍하고 무한 광대한 공의 세계는 바로 여러분의 마음자리입니다. 생성되고 이루어지는 것을 노자는 무위자연이라고 했는데 부처님께서는 업연業緣의 소치로 그렇게 되었다고 하셨습니다. 부처님께서는 그것을 깨달아서 부처가 되셨습니다. 부처님께서는 그것을 확실히 말씀해 놓으셨으나 노자는 이것을 몰랐기 때문에 무위자연이라고 해 놓았습니다. 제가 볼 때 김 아무개 교수는 부처님 말씀을 제대로 드러내 놓지도 않았고 그렇다고 노자의 골수를 뚜렷하게 말하는 것도 아니었습니다. 그분은 이렇게 말합니다.

"불교는 적멸지도인데 노자는 그렇지 않다. 모든 움직이는 것은 그대로 묵黙이다. 묵묵하니 고요하다[靜]. 노자가 고요하다고 하는 것은 움직이는 것을 말하는 것이다. 그러나 불교는 적멸이라고 하지 않았는가? 적멸은 고요하여 아무것도 없다."

그분은 적멸지도를 꿈에도 보지 못한 것입니다. 중생이 가지고 있는 잘못된 소견, 그 전도된 생각을 뒤집어엎으면 바로 알게 되고 그렇게 되면 일체 천태만상이 그대로 적멸입니다. 간단하게 설명했지만 텔레비전을 보고 속지 말라는 이야기입니다.

『반야심경』이 본래면목이라고 하는데 무엇을 본래면목이라고 합니까? 『육조단경』에 "선도 생각하지 말고 악도 생각하지 말라고 하였는데 이럴 때의 당신의 본래면목은 어떠합니까?" 도명 스님은 이 대목에서 깨달았습니다. 여러분이나 도명 스님이나 다 똑같은데 왜 여러분은 깨닫지 못합니까?

머리도 없고 꼬리도 없다. 이름도 없고 글자도 없다. 그러나 하늘을 버티고 땅을 버티고 있으니, 그 무엇이 그대의 본래면목인가? 이런 말은 깨달을 수 있도록 해 준 것입니다. 이때 깨달으면 되는데 깨닫지 못하니까 '어째서 그런가!' 하고 생각하게 됩니다. 이것을 이 산승이 말로 해 주고 싶지만 그렇게 되면 여러분과 큰 원수가 됩니다. 그렇긴 하지만 사실은 제가 다 해 준 것입니다.


■ **후송** ■

알았는가?
착각하거나 오인하지 말지어다.

會麼 休教錯認了

만 분의 성인과 천 분의 현인이 자기 몸에 있으니

어두운 것을 쉬면 본래가 참이다.
무엇 때문에 수고롭게 권장하고 거듭 거듭 예를 드는가?
한 번 잡아 일으켜 쓰면 한 번 더 새롭다.


萬聖千賢在己身 休教昧了本來眞
因何苦勸重重擧 一番提起一番新

# 아제아제

揭諦揭諦

아제揭諦는 주관인 '나'가 공해진 것[人空]이며, 또 아제는 대
상경계가 공해진 것[法空]을 말한다. 나와 대상 경계가 함께 공해
지고 두 가지가 공했다는 것마저 전부 잊는다. 도가에서는 "자기
의 마음이 움직이지 않게 된 다음에 더는 남아 있지 않은 그것
마저 없는 참 기틀이 있다."고 하였고, 동선洞仙은 "사람도 소도
보이지 않고 자취도 없는데 달빛이 비치니 만상이 공하다."고 하
였다.

揭諦者人空 又揭諦者法空 人法俱空 二空全忘也 道云 自心不
動之後 復有無極眞機 洞仙云 人牛不見杳無踪 月色光含萬象空

실제로 공한 사람에게는 공했다는 생각조차도 없습니다.

또한 '나'가 공해졌다는 것은 다만 사람으로 하여금 형상을 잊고 체를 잊게 하는 것이며, 대상 경계가 공하다고 한 것은 사람으로 하여금 정리를 잊고 생각이 끊어지게 하는 것이다. 만법을 다 버리고 선악이 섞여, 일체가 되어 자기 몸에도 집착하지 않으며, 모양에도 집착하지 않는다. 그리하여 어느 날 문득 밖에 자기 몸이 있는 줄을 알지 못하고, 안에 자기의 마음이 있는 줄을 살피지 못하며, 모든 물건이 멀리 있는 줄도 모르게 된다. 이런 경지에 이르면 몸을 벗어나 모든 것을 다 잊으며, 자연히 이 소식을 본다. 이 소식을 말하면 또한 일에 집착하는 것이다. 대전 조사는 "수고롭게 옛 거울을 매달아 놓지 않아도 날이 새면 저절로 분명해진다."고 하였다.


且人空者 只是教人忘形忘體 法空者 只是教人忘情絶念 萬法俱捐 善惡俱混 不執己身 不著於相 忽然外不知有己身 內不省有己心 遠不知有諸物 到這里 脫體全忘 自然見箇消息 說箇消息 又是執於事也 大顚云 不勞懸古鏡 天曉自分明

자, 말해 보라! 어떤 것이 날이 밝은 것인가?

금닭이 세 번 울고 그치니 붉고 둥근 것 하나가 껴안고 나온다.

且道 如何是天曉 金鷄三唱罷 擁出一輪紅

나[人]와 대상 경계[法]를 둘 다 잊으니 만사가 고요하다.

향로에는 불이 없고 바깥에는 차가운 바람소리

하늘가에 새 기러기 한 소리에

물은 깊고 하늘이 높으니 가을이 한 빛이로다.

人法雙忘萬事休 香爐無火冷颼颼

一聲新雁遼天外 遠水長天一色秋

**▌강설 ▌**

조그만 구멍으로 나오려 하면 얼마나 힘이 듭니까? 여러분이 어리석어 이렇게 고생하는 것입니다. 절대 어리석지 않으려면 이 몸에 붙은 불을 끄는 것처럼 열심히 공부하십시오.

악!

풍간豊干 대사가 길을 가다 냇가에서 열세 살 된 동자가 벌벌 떨고 있는 것을 보았습니다.

"너희 집이 어디냐?"

"저는 집이 없습니다."

"부모는 계시느냐?"

"부모가 없습니다."

"너의 성이 무엇이냐?"

동자가 일곱 걸음 앞으로 나와 차수叉手를 했습니다.

"그럼 너의 이름은 무엇이냐?"

동자가 한 걸음 나서더니 빗자루로 쓸었습니다.

"나를 따라가자."

그래서 국청사로 데리고 와 후원에서 일하는 것을 돕게 했습니다. 어린 동자가 밥을 가지고 산신각으로 올라가서는 산신을 나무랍니다.

"큰스님들이 대승법을 닦고 있는데 네가 감히 밥을 먹고 절을 받을 수 있는 자격이 되느냐?"

그 뒤 조실 스님의 꿈에 산신이 나타나서 말합니다.

"제발 후원의 동자승 좀 나에게 보내지 마십시오. 자꾸 나를 찾아와 뭐라고 하는데 양심에 찔려서 밥을 받아먹지 못하겠습니다."

또 어느 날은 동자승이 법당에 올라가서는, "대승보살이 대승법을 써야지, 소승법을 쓰면 되겠어요. 소승법을 쓰는데 여기서 밥 얻어 먹을 자격이 있어요?" 하면서 자기가 그 밥을 다 먹어 버렸습니다.

후원의 별좌가 보니 큰일 나겠거든요. 그래서 산에서 소먹이는 목동으로 가 있게 했습니다.

그러던 어느 날 국청사에서 큰 법회가 있어 수천 명의 신도가 모여와 법회를 하고 있는데 동자승이 소들을 끌고 마당으로 내려왔습니다. 대중이 나무랐습니다.

"왜 소를 끌고 내려왔느냐?"

동자가 말했습니다.

"오늘이 법회하는 날이라 소도 법문을 들어야 되기 때문에 데려왔습니다."

대중들이 어서 산으로 올라가라고 했습니다.

"너무 그러지 마세요. 이 소들도 다 이 절에 살았던 대중들이에요. 과거에는 이 산중의 스님들이었고 다 당호가 있었어요. 너무 괄시하지 마세요."

"어째서 그러한가?"

"보십시오! 전생의 홍정 율사 나오너라!"

그 소리에 하얀 소가 대답을 하면서 나왔어요.

"전생에 전좌 정오 수좌 나오너라!"

그러자 이번엔 송아지가 나왔습니다.

"매일 참선만 한다고 상을 내고 살림하는 사람 애먹인 상면 수좌 나오너라!"

그러니 눈을 부릅뜬 황소가 나왔습니다. 동자가 제일 큰 소를 가리키면서, "전생에 말할 수 없이 많은 시주의 은혜를 받고 공부를 하지 않더니 결국 큰 소가 되었구나! 너 나와라!" 그러니 제일 큰 소가 "음메! - " 하고 나왔습니다.

동자승이 대중들에게 말했습니다.

"나에게 보물이 하나 있는데 이 보물은 세상에서 가장 진귀한 것으로, 색수상행식, 오음의 옷 속에 가지고 있다. 모든 부처님이 여기에서 나왔고 모든 조사와 성인이 여기에서 나왔다. 이것만 바로 알면 여러분들은 일체 생활하는 가운데 무애자재할 것이다."

그리고는 대중들을 휘 둘러보고는, "나는 이후에는 여기 오지 않으리다." 하고는 뒷산 바위 앞으로 가니 바위가 열려 그 속으로 들어갔습니다. 그래서 탑의 이름이 무봉탑無縫塔입니다.


깨우치기 전에는 하심을 하고 쉬지 않고 열심히 화두를 쪼아 나아가 아공, 법공 그리고 구공을 타파해야 완전히 해결이 됩니다. 모든 것이 다 공했기 때문에 한 점 티도 있을 수 없습니다. 있다고 하는 모든 것이 없고, 그 어디에 털끝 하나 세울 수 없는 것이 이 소식[箇消息]입니다.

# 바라아제

波羅揭諦

바라아제波羅揭諦는 공하나 공한 것이 없는 경지에 이른 것을 말한다. 선사仙師는 "이미 공한 것이 없어서 바닥까지 다 깨끗하다."고 하였고, 호안 선사는 "모르겠는가! 또한 공이라고 하는 것도 공한 것에 집착하는 것이다."고 하였다. 만일 이미 공한 바가 없다면 피안에 도달한 것이다. 그대로 피안에 이르렀다면 그 피안도 모두 떼어놓고 다시 나아가야 영원히 태어나지 않게 되며, 윤회가 끊어지고 생사가 그치게 된다.

波羅揭諦者 到空無所空是也 仙師云 旣無所空徹底淨 虎眼禪師云 不識亦空著所空 若是旣無所空 得到彼岸 若到彼岸 其彼岸亦須離而再 進則永不受生輪廻 斷生死息

다시 말해 보아라! 남도 없고 죽음도 없는 이것이 무엇인가?

알았는가?

잠자지 말라.

에잇!

너도 전전하고 그 밖에 모두도 전전한다. 그래서 서로 대면하여 찾아보아도 알아보지 못한다. 만약 보고자 한다면 타성일편이 되기를 기다리라.


且道 無生無死是箇甚麼 認得麼 休睡著 咦 他也轉 你也轉 對著面 尋不見 若要見 待成片


공하되 공한 바가 없으니 바닥까지 모두 제거되어

편안히 안정되어 돌아가니 맑고 비어 있는 곳에서 만난다.

완공을 단련하지 말고 근본을 잃지 말라.

자연히 도를 체득하면 진여에 계합할 것이다.


空無所空徹底除 坦然歸去合淸虛

莫煉頑空休失本 自然體道契眞如

예전에 용악 스님(1830~1908)은 28세에 일대 강백이 되고 조실이 되었습니다. 심안이 열린 것은 아니고 다만 글에 문리가 난 것입니다. 그때에는 강백이 나오기도 힘든 때입니다. 더구나 참선을 해 깨달아 눈이 열린 선지식이 없던 시기였습니다.

어느 목욕일, 삭발하는 날이어서 강의를 하루 쉬었던 날, 산중의 대중들은 바람도 쐴 겸 등산을 갔습니다. 연배의 스님들과 하루를 뒹굴고 놀고 싶은 마음도 있었지만 조실 스님이었던 용악 스님은 방에 앉아 있었습니다. 점심 때 별좌가 국수를 해서 올렸는데 국수를 먹으려고 젓가락으로 들어보니 국수 가락이 마치 기계로 썬 것처럼 고르게 잘 만들어졌습니다. 그 순간 뇌리를 스치는 한 생각이 있었습니다.

'나는 일대 강사요 조실로서 많은 사람을 가르치는 스승인데 국수를 만들라고 하면 이렇게 못 만든다. 나는 국수를 만든 이 사람에게는 경학에 대한 스승이지만, 살림하고 국수 만드는 데에는 이 사람이 나의 스승이다. 이 세상 모든 사람이 다 자기 나름대로의 특성이 있고 기술이 있어서 제각기 다 스승이구나. 나는 모든 사람의 스승이 될 수가 없구나.'

이런 생각이 스치고 지나가 크게 발심을 해서 강의하던 것을 내던지고 보따리를 싸들고 행각에 나섰습니다. 30년 동안 걸망지고 다니면서 서쪽에서 조사가 오신 뜻을 묻자 앞니에 털이 났다고 한 것에 의심을 품고 깊이 연구한 끝에 어느 따뜻한 봄

날 흘러가는 물에 얼굴을 씻고 손을 씻다가 물에 비친 자기의 그림자를 보고 홀연히 깨달았습니다.

# 바라승아제

## 波羅僧揭諦

바라승아제波羅僧揭諦는 모든 부처님의 청정한 경계이며, 이 경계는 오욕락의 번뇌가 물들이지 못한다. 부처님과 같이 중생을 사랑하고 아끼며 모든 곳에서 근기에 따라 교화한다. 어리석은 모든 중생을 구원하고 제도하기 위해 다른 종류[異類] 속에 들어가서 실행한다. 마치 용과 뱀이 섞여 있듯, 성인과 범부가 같이 살며, 사리에 맞는 행위를 하기도 하고 거스르는 행위를 하기도 하므로 성현들은 헤아릴 수가 없다. 마치 물에 있는 달처럼 천강에 나투지만 하나의 같은 달인 것이다. 그 진짜 달은 본래 하늘 끝에 있으며, 잡지도 못하고 물들이지도 못한다.

波羅僧揭諦者 是諸佛清淨境界也 五慾[50]塵勞染污不得 如仙佛慈愍衆生 隨機應化 救度群迷 在異類中行 龍蛇混雜 凡聖同居 逆行順行

聖賢莫測 如月在水 應現千江 如同一月 其眞月本在天端 拿捉不得 染
汚不得

### ▍강설▍

　이류중행異類中行은 중생의 경계에서 행하는 것이 아니고 반드시 부처님만이 행할 수 있는 높은 차원의 경지입니다.

　순행은 중생을 거스르지 않고 중생의 비위를 맞추면서 세상 사람의 법칙을 어기지 않고 중생을 제도하는 것을 말합니다. 역행은 때에 따라서 부처님의 계율과 말씀도 어기는 것을 말합니다.

　경허 큰스님은 깨닫고 난 후 중생을 제도하기 위해 이 세상에서 버림받은 문둥이 여자를 불쌍히 여겨서 3일 동안 품에 안고 지냈다는 이야기가 있습니다. 그 후에 여자의 문둥병이 나았다고 합니다.

　문수보살은 자장 율사를 제도하기 위하여 개를 구어 짊어지고 다리를 뜯으면서 사자산 법흥사로 찾아갔습니다. 그러나 자장 율사는 문수보살을 알아보지 못했습니다. 문수보살은, "500생 동안 청정한 계행을 지켰다는 그 상에 집착하여 나의 본신을 보지 못하는구나." 했습니다. 이와 같이 중생을 위하여 역행을 하는 것입니다.

일본에 원주 율사와 지상 선사가 있었습니다. 원주 율사는 청정한 율사요, 지상 선사는 심안을 얻은 출중한 대선사였습니다. 이 두 율사와 선사는 각기 한 산중에서 많은 대중을 거느리고 가르치는 스승이었습니다. 지상 선사는 때에 따라 술도 먹고 고기도 먹으면서 기생집에도 가는 등 걸림 없는 행을 했습니다. 원주 율사는 청정한 계행을 잘 지키는 게사였습니다. 원주 율사는 학인들에게, "지상 선사는 이름이 선사이지 파계승이요 땡초이니 그 사람 말은 믿을 것이 없다."고 가르쳤습니다. 또 지상 선사는 학인들에게 항상, "본성은 본래 청정한데 마음속에서 중생이다, 깨닫지 못했다하는 생각이 있어서 모든 것을 행하려고 해도 마음에 안심입명처를 얻을 수 없는 것이다. 본래 안심이 되어 있고 본래 청정하니 이 마음자리를 바로 보고 밖으로 행하면 바로 그 사람이 부처"라고 가르쳤습니다.

그러면서도 두 선사는 서로 한번 만나보기를 원했습니다. 어느 날 원주 율사가 열차에서 내렸습니다. 그때 지상 선사가 마침 역사에 나와 있었습니다. 제자들이 각각 상대가 누구라는 것을 가르쳐 주었습니다. 갑자기 지상 선사가 푸줏간에 가더니 고기 한 점을 끊어 가지고 칼로 찍어서 원주 율사에게 먹으라고 했습니다. 원주 율사가 정색을 하면서 소리쳤어요.

"이게 무슨 해괴망측한 짓이요? 수행자는 모름지기 계행을 잘 지켜야 하거늘 어찌하여 이렇게 막무가내로 고기를 씹어 먹고 그럽니까?"

그 말에 지상 선사가 물었습니다.

"그럼 이 고기가 『화엄경』 39품 가운데 어느 대목에 해당됩니까? 또 찰찰미진수품刹刹微塵數品의 어느 품에 해당됩니까?"

원주 율사가 대답을 하지 못하고 묵연히 서 있었습니다. 그러니까 지상 선사가 생고기를 씹으면서, "이 사람이 산 사람인 줄 알았는데 돌미륵이로다." 하였습니다.

물론 계행도 잘 지켜야 하지만 계행을 지키는 것은 마음의 본성을 깨치고자 하는 목적을 향해 가기 위한 하나의 단계이지요. 그렇다고 그런 단계에서 계율 지키는 것을 버려서도 또한 안 됩니다. 계정혜 삼학이 두루 원만해야만 합니다. 지상 선사나 문수보살, 경허 스님 등은 중생을 제도하기 위하여 보여 주었던 것이며, 이와 동시에 반드시 중생을 제도했습니다. 모든 부처님이나 조사 스님들은 순행도 잘하고 역행도 잘합니다.

신라 때 월광 공자라는 이가 있었지요. 산속 혜숙 대사의 절 옆에서 매일 노루나 사슴을 사냥하여 잡아먹었습니다. 하루는 월광 공자가 뛰어가는 노루를 겨냥하고 있는데 혜숙 대사가 먼저 활을 쏘아서 잡았습니다. 월광 공자가 달려가 보니 혜숙 대사가 화살을 뽑고서 피를 빨아먹고 있어요. 그러고는 월광 공자를 보고, "사냥을 하려면 이 정도는 할 줄 알아야지!" 합니다. 월광 공자가 기분이 나빠서 내려오려는데 어찌된 일인지 그 노루가 벌떡 일어나 뛰어가고 있어요.

월광 공자가 절로 내려와 법당에서 절을 하려고 하는데 혜

숙 대사가 법당 안에서 웬 아가씨와 홀딱 벗고 자고 있어요. 월
광 공자가 "에잇! 참." 하면서 내려왔습니다.

　　마을 밖으로 내려오다 보니 웬걸 혜숙 대사가 걸망을 지고
절로 올라갑니다.

　　"스님, 어디를 다녀오세요?"

　　"오늘 아침에 신도님이 돌아가셔서 다녀오는 길입니다."

　　"그럼 오늘 절에 안 계셨나요?"

　　"그렇지요."

　　그때 월광 공자는 깨닫고 참회를 하였습니다.

　　"큰스님, 잘못했습니다."

　　"무엇을 잘못했지요?"

　　"제가 산에 와서 살생한 것을 참회합니다."


　　■ **후송** ■

　　잡고자 하는가?

　　비록 친히 보긴 하였지만 잡기 어려우며, 그렇기는 하나 몸
은 태허 가운데 있다.


　　要拿捉得麼 雖然親見應難捉 除非身在太虛中


　　청정한 경계는 사량이 없으며

티끌만큼도 이 도량을 물들이지 못한다.

시험 삼아 보름날 밤 삼경에 밝은 달을 보라.

달 그림자가 천 강에 나투지만 어느 것 하나 방해되는 것이 없다.

清淨境界沒思量 不染纖塵是道場

試觀十五三更月 影現千江百不妨

# 모지사바하
## 菩提薩婆訶

**▋ 주해 ▋**

대전 조사는 "모지菩提는 처음이요 사바하薩婆訶 마지막 회향이므로 수행인은 처음 수행을 할 때, 먼저 보리심을 일으켜 용맹정진하는 것으로 도를 삼아야 한다."고 하였다. 옛사람은 "도에 대해 생각하기를 만약 잡념 일으키듯이 한다면 이미 오래 전에 신선이 되고 부처가 되었을 것이다. 학인은 곧바른 것을 좋아하지 않고, 곧 세 가지 마음(6식, 7식, 8식, 觀經, 至誠, 深心)과 두 가지 의(천지, 음양)를 행한다. 그래서 도달하지 못하는 것"이라고 하였다. 또 선사仙師는 "저 이정표를 분별하느라 가지 않고, 입으로만 장안을 말하기 때문에 마음으로는 거두지 못한다."고 하였다.

大顚云 菩提是初 薩婆訶是末 且修行入[51]起初 先須發菩提心 勇猛精進 日夜爲道 古云 道念若還比雜念 成仙成佛已多時 只是學

人不肯驀直 便行三心二意 故不能到 仙師云 數他墰子却不行 口念長
安心不徹

■ 강설 ■

대승 진리를 깨달아서 회향함입니다. 잡념을 일으키듯이
도를 생각하여 마음을 일으키면 쉽게 도를 성취할 것입니다. 여
기에서 장안은 최고의 깨달음을 비유한 말입니다.

■ 주해 ■

만일 뜻이 있는 사람이라면 일도양단하여 도를 닦아 부처
를 배워 다시는 퇴전하지 않을 것이며, 또 그것을 지켜서 게을
리하지 않는다. 홀연히 깨달아 본성이 공함을 요달하면 바로 보
리를 얻어 삼계를 벗어날 것이니, 요달하되 요달한 바가 없고
얻었지만 얻은 바도 없다. 텅 비어 청정하니 극락에 이른 것이
며, 그것은 수용함이 이루 말할 수 없이 많으므로 사바하薩婆訶
라고 한다.

若是有志底人 一刀兩段[52] 修道學佛 更無退轉 又守不怠 忽然
悟道 達本性空 卽得菩提 超出三界 了無所了 得無所得 蕩然淸淨則
到極樂之所 受用無盡故曰薩婆訶

사바하는 속성취했다는 뜻입니다. 『반야심경』의 성취는 아주 빠릅니다.

자, 말해 보아라!
수행하여 어떤 경지에 이르렀는가?
이 머리까지 사무친 곳은 물이 다하고 산이 다한 곳이며,
풀 한 포기도 나지 않는 시간이다.
알았는가?

且道 行到甚地面 是徹頭處 水窮山極處 寸草不生時 省麼

먼저 한 조각 보리심을 일으켜
그 다음에 만 가지 생각이 침투하지 못하게 하라.
곧바로 허공의 뼈를 뚫어 투득하면
이전의 병을 치료하던 침을 뽑아내라.

先發菩提一片心 次教萬慮不相侵
直教鑽透虛空髓 拔出從前治病鍼

　이런 곳에 이르러 눈이 열리면 자기 살림살이가 나오게 되어 있습니다.

　이 땅에 이르러 다시 한 걸음 나아가 몸을 뒤집어 나와라.

　목마가 불 속에서 찬바람을 낸다.

　금닭이 유리의 껍질을 쪼아서 깨고

　옥토끼가 벽해의 문 없는 문을 두드려서 연다.

●

# 후기
## 後記

●

**▌ 주해 ▌**

『반야심경』 주해하는 것을 마쳤다. 새롭게 책 한 권을 뒤져 과거에 같이 공부하던 도반들을 청해 자세히 열람하고 연구하느라 20년이 지나 비로소 출신지로 가 있었으니 결코 잊어버리지 말라. 늙은이가 어떻게 저 언덕에 오르겠냐고 하겠지만 덕 높은 스승은 이러한 한계를 두지 않는다.

註經已畢 更留一篇 請晚學同志 詳覽硏窮 二十年後 有出身之路 休要忘了 老何到岸 高師不在此限

**▌ 강설 ▌**

만사를 젖혀 놓고 쉬고 놀기를 좋아하면 어떻게 늙어서 저

● 516

언덕에 이르겠습니까? 여러분은 지금도 늦다고 생각하지 말고 부지런히 해야 합니다. 지금 이 시기를 놓치면 다시는 이런 시기를 만나기 어렵습니다.

▥| 주해 |▥

법은 본래 마음에서 나오며
또한 마음에서 없어진다.
생멸이 다 누구 때문인가?
그대에게 청하노니 스스로 판별해 보라.
처음부터 다 자기의 마음인데
어찌 타인의 말을 쓰겠는가?
바로 손을 내려 쇠소의 피를 뽑아내라.
노끈을 꼬아 코를 잡고 콧구멍을 뚫으니
그제야 허공을 잡아 묶는다.
가는 배가 함이 없는 기둥에 있으니
다른 사람으로 하여금 넘어지게 하지 말라.
도적을 잘못 알고 자식을 삼지 말고
마음과 법을 모두 끊어 버려라.
다른 것으로 나를 속이게 하지 말고
먼저 한 주먹으로 쳐부숴 버려라.
마음을 관해 보니 또한 마음이 없고

법을 관해 보니 법 또한 끊어졌다.
사람도 소도 보지 못할 때
푸른 하늘이 맑고 밝고 깨끗하다.
가을달은 한결같이 둥글어
이것과 저것을 구별하기 어렵더라.


法本從心生　還是從心滅

生滅盡由誰　請君自辨別

旣然皆己心　何用他人說

直須自下手　扭出鐵牛血

戎繩暮[53]鼻穿　捏定虛空結

絟在無爲柱　不使他巓劣

莫認賊爲子　心法都忘絕

休教他瞞我　一拳先打徹

觀心亦無心　觀法法亦輟

人牛不見時　碧天淸皎潔

秋月一般圓　彼此難分別


**▌강설▌**

　확실히 깨쳐야 하는데 깨치기 전에 알음알이로 안 것과, 사
량분별로 안 것을 재산으로 삼는 사람이 많습니다. 거량을 해 보

면 자기 생각이 잘못된 것을 모르고 자기의 생각과 맞지 않다고 상대방을 탓합니다. 이것이 도적을 자식으로 삼는 것입니다.

보리심을 발해서 꽃을 피우고 나면 거기에서 얻는 것이 자랑스럽고, 만 가지를 다 잡아 내는 것이 이 지혜 속에 있습니다. 천상의 서기가 여기에서 발하기도 하고, 석가모니 부처님께서 청정하여 세간에서 뛰어넘은 것도 여기에서 비롯됩니다.

총히 공한 것이기 때문에 마음이 부처요, 법입니다. 천당과 지옥이 다 마음으로 말미암아 지은 것이며, 만법이 불생이기 때문에 주인공입니다. 범부라고 하여 감소하는 것도 아니요 물러나는 것도 아닙니다. 성인이라 하여 더하는 것도 덜하는 것도 아닙니다.

분명히 여덟 냥에 이것이 반 근입니다.


당 앞에 풀 한 포기 없으니 소제하는 것을 쉬어라.
거울 위에 티끌이 없으니 공부해서 쓸려는 것이 없다.
어떤 사람이 진실한 뜻을 알아들으면
타방에서 바야흐로 묻는 것을 쉬어라.


『반야심경』은 모든 부처님의 골수이고 모든 보살의 생명이며 혈맥입니다. 또한 조사의 대의이고 정안을 여는 대의이며 삼교의 근본 진리입니다. 이것은 수행의 문이고 모든 만물의 뿌리이자 기틀입니다. 모든 법 가운데 왕이고 팔만대장경의 어머니입니다.

　정성스럽게 『반야심경』을 아주 잘 생각하고, 한 번이라도 일념으로 외우면 일대 팔만 사천 법문을 열람하는 것보다 수승합니다. 그 뜻을 아는 사람은 바로 생을 뛰어넘고 죽음을 넘어섭니다. 지옥을 면하고 윤회를 벗어나 본원에 돌아가며 무위에 들어갑니다. 비유하자면 하늘이 평평하여 참되고 거짓된 것을 상대하되 조금도 어긋남이 없는 것과 같습니다. 마음을 밝혀서 성품을 바로 보면 모든 것이 진실할 뿐 허망하지 않습니다.

　선재, 선재라. 세상 사람이 신심으로 받들어 봉행하면 몸에는 항상 광명이 있을 것이며, 팔만 사천 선신이 항상 그대의 신변을 옹호하여 윤회에 떨어지지 않을 것입니다. 또한 고취苦聚에도 떨어지지 않습니다. 만천의 재災의 벽을 뚫어서 소제합니다.

　『반야심경』에서는 공해서 없다 그랬지요. 제가 공부하면서 조실 스님들께 물어 봤어요.

　"『반야심경』은 공도리입니까?"

　"『반야심경』은 공도리이지."

　"다른 것은 없습니까?"

　다른 것은 없습니다. 다른 것은 볼 것이 없습니다. 그러나 그것만은 아닙니다. 제가 고암 큰스님에게 여쭈어 보니,『반야심경』은 공의 도리도 아니고 무의 도리도 아니라고 합니다. 그러면 왜 공의 도리를 내세우고 무의 도리를 내세웠느냐? 반야의 바른 눈을 드러내기 위해서 공을 이야기했고 무를 이야기했을 뿐입니다. 공이 근본은 아닙니다. 『반야심경』의 근본은 반야를 바른 눈으로 보는 데에 있습니다. 『반야심경』은 마음의 지혜 도리를 보이는 것입니다. 이것이 핵심입니다. 공의 도리도 아니고 무의 도리도 아니고 마음의 반야 도리를 이야기한 것입니다. 반야의 눈으로 비추어 보니 일체가 다 공합니다. 일체의 유무, 시비의 대립이 없어진 것입니다. 죄와 복이 녹아서 없어졌습니다. 마치 불이 모든 것을 태우듯이 반야 지혜의 눈으로 보면 일체를 태워 모두 없애 치웠습니다. 공한 것으로 꿰뚫어 보니까 일체가 없습니다. 없으므로 그 세계가 청정 극락 국토입니다. 그 세계의 주인공인 아미타불이 자기 자신이더라 하는 것입니다. 이 근본을 사람들은 잘 모릅니다.

허공세계가 다하고
중생의 업과 번뇌가 다하고
이와 같이 모든 법이 광대무변하듯이
내가 원하고 회향하는 것은 이와 똑같다.

乃至虛空世界盡 衆生及業煩惱盡
如是四法廣無邊 願勸廻向亦如是

내가 지금까지 한 것은 어떤 도리인가?

악!

일할에 철벽이 무너지니
북방에서 붉은 해가 솟았다.

一喝壞鐵壁
北方紅日出

주장자 삼타 하신 후 내려오시다.

摩訶般若波羅蜜多心經 無垢子 註解 終

◉

# 주 註

1. 『논어』에는 '焉'으로 되어 있다.

2. 『대일본속장경』1. 42. 1(藏經書阮, 1908, 이하 '속장경'이라 함)에는 '欽'으로 되어 있으나 여기에서는 '斂'으로 해석하였다.

3. 대라(大羅)는 10계 중 천상계를 가리키기도 하며, 인간계와 천상계의 가르침을 말한다.

4. 부드러운 솜.

5. '赤躶躶 淨洒洒'로 해석하였다. 이하 모두 동일하며, 각주는 생략하였다.

6. 문맥상으로 볼 때 '游'의 오기인 듯하며, 여기에서는 '游'자로 해석하였다.

7. 망탕(莽盪)은 흐리멍텅한 모양.

8. 태양신, 또는 봄을 맡은 동쪽의 신.

9. '見'은 '現'과 같은 음, 같은 의미로도 쓰인다.

10. 선가에서는 摸索不著이라 하여 더듬어 찾아도 찾지 못한다고 하는 의미로 摸索, 摸著란 말을 사용한다. '模'는 '摸'의 오기인 듯하며, 여기에서는 '摸'로 해석하였다.

11. 안이비설신의(眼耳鼻舌身意)의 6근을 창문에 비유한 것이다.

12. 속장경에는 '畿'로 되어 있으나, 의미상 '幾'로 해석하였다.

13. 속장경에는 '模'로 되어 있으나, '摸'로 해석하였다.

14. 앞의 색불이공의 내용을 볼 때 '無'는 잘못 들어간 것 같으며, 여기에서는 해석하지 않았다.

15. 속장경에는 ‘撒’로 되어 있으나, 내용상 ‘撤’로 해석하였다.

16. 불교에서는 마하, 유가에서는 태극이라 한다.

17. 속장경에는 ‘棟’으로 되어 있으나 여기에서는 ‘揀’로 해석하였다.

18. 속장경에는 ‘稍’로 되어 있으나, 의미상 ‘梢’로 해석하였다.

19. 속장경에는 ‘逃’로 되어 있으나, 의미상 ‘迷’로 해석하였다.

20. 『대전 조사 주심경』에는 ‘求’로 되어 있으며, 여기에서도 ‘求’로 해석하였다.

21. ‘大’는 ‘太’의 오기인 듯하며, ‘太上’은 노자를 가리킨다.

22. 속장경에는 ‘活’로 되어 있으나, ‘汚’로 해석하였다.

23. 혼돈은 천지가 아직 나누어지기 전에 한데 엉겨 있는 모습을 말한다.

24. 속장경에는 ‘昧’로 되어 있으나, ‘眛’로 해석하였다.

25. 속장경에는 ‘臭’로 되어 있으나, ‘嗅’로 해석하였다.

26. 만안은 얼굴이 큰 모양을 말하며, 속어에서는 사리에 통하지 않은 자를 말한다.

27. 속장경에는 ‘弓’으로 되어 있으나 이는 ‘兮’의 오식이다. (『선문염송』 1,012칙 참조)

28. 속장경에는 ‘靜’으로 되어 있으나 ‘淨’으로 해석하였다.

29. 속장경에는 ‘模’로 되어 있으나, ‘摸’로 해석하였다.

30. 속장경에는 ‘竟’으로 되어 있으나 ‘意’로 해석하였다.

31. 속장경에는 ‘稍’로 되어 있으나, ‘梢’로 해석하였다.

32. 속장경에는 ‘兎’로 되어 있으나 ‘免’으로 해석하였다.

33. 속장경에는 ‘稍’로 되어 있으나, ‘梢’로 해석하였다.

34. 속장경에는 '其'로 되어 있으나 '甚'으로 해석하였다.

35. 아난 존자의 전법송이다. (『선문염송』 83칙 참조)

36. '齊'는 '際'의 오기인 듯하다.

37. 여러 기록에 선성 비구는 12부경을 독송하여 욕계의 번뇌를 여의고 제4선정을 얻었으나 나쁜 친구와 사귀고 사견을 일으켰기 때문에 산 채로 아비지옥에 떨어졌다고 한다. 『대전 조사 주심경』에는 유타(維陀) 경전을 강의하였다고 하여 베다 경전을 강의하는 사람으로 되어 있다. 부처님 당시의 비구라고 전하는 것을 볼 때 『유마경』을 강의했다는 것은 조금 무리가 있다.

38. 글의 문맥상 이 자리에 '涅槃'이 오는 것은 적절치 못한 것 같다. 해석상 '諸般'이나 '這般' 등을 넣어 해석하는 것이 좋을 듯하며, 여기에서는 '갖가지'로 해석하였다.

39. 이 게송은 제7조 바수밀의 전법게이며, 『종경록』『원오극근선사어록』을 비롯하여 여러 어록에 보이는데, '心同虛空界'로 되어 있다.

40. 속장경에는 '活'로 되어 있으나 '汚'의 오기인듯하다.

41. 속장경에는 '戀'으로 되어 있으나 '變'의 오기로 여겨지며, 여기에서는 變으로 해석하였다.

42. 속장경에는 '老'로 되어 있으나 究竟의 '竟'을 해석하는 곳이므로 여기에서는 '竟'으로 해석하였다.

43. '餘'는 '內'가 아닌가 하며, 여기에서는 '內'의 의미로 해석하였다.

44. 속장경에는 '其'로 되어 있으나, '身'으로 해석하였다.

45. '不'자를 빼고 해석하였다.

46. '卽'은 해석하지 않았다.

47. 속장경에는 '同'으로 되어 있으나 해석상『대전 조사 주심경』에 보이는 '日'이 더 적당한 듯하다.

48. 『원오불과선사어록』권15에 의하면 '如來有密語 迦葉不覆藏 乃如來眞密語也 當不覆藏卽密 當密卽不覆藏'이라 하였고, 다른 곳에서도 '迦葉不覆藏'이라 하고 있다. 『대전 조사 주심경』에도 '迦葉有蜜藏'으로 되어 있는 것을 볼 때 '隱'은 '覆'의 오기라고 여겨지며, 여기에서는 '覆'으로 해석하였다.

49. '語'는 '惡'의 오기라고 여겨지며, '悟'로 해석하였다.

50. 불교에서 오욕이라 할 때 보통 '欲'자를 사용한다.

51. 속장경에는 '入'으로 되어 있으나 '人'으로 해석하였다.

52. '일도양단'이라고 할 때 보통 '斷'자를 쓴다.

53. 속장경에는 '暮'로 되어 있으나 여기에서는 '著'으로 해석하였다.

## 학산 대원鶴山 大元 대종사

1942년 경북 상주 출생. 1956년 만 14세의 나이에 상주 남장사로 출가(은사: 고암 스님, 계사: 동산 스님)하여, 1958년(만 16세)에 사미계를, 1962년(만 20세)에 구족계를 수지했다. 1966년 일대시교를 이수한 뒤 혼해 스님으로부터 전강을 받았으며, 21년간 제방선원을 다니며 효봉, 동산, 고암, 경봉, 전강, 향곡, 성철, 구산, 월산 스님 등 여러 선지식를 회상에서 정진했다. 1972년 해인총림에서 방장실을 찾아 참문하고 공부를 점검하던 중 홀연히 깨닫고 오도송을 지어 고암 상언 대종사로부터 인가를 받았으며, 1986년 전법계와 부촉을 받았다. 같은 해 계룡산 제석골 제석사 옛터에 학림사를 창건하고, 1995년 오등선원을 개원했다. 조실로 추대된 큰스님은 2001년에는 오등시민선원을 개원하였으며, 2002년 한일 월드컵 당시 우리나라를 방문한 외국인들을 위해 템플스테이를 최초로 진행하기도 했다. 2010년 전국선원수좌회 수석대표를 역임하였으며, 2013년에는 해인총림 서당, 고암문도회 회주로 추대, 동년 대한불교조계종 원로위원에 위촉되었다. 또한 2014년 대한불교조계종 대종사 법계를 품서받았으며, 2017년 대한불교 조계종 원로회의 수석부의장에 위촉, 고암문도회 문장으로 추대되었다. 큰스님은 현재도 간화선 수행 가풍의 진작과 선불교 대중화에 진력하고 있다. 법어집으로『철벽을 부수고 벽안을 열다』,『진흙 속에서 달이 뜨네』, 강설집으로『무구자 도인 주해 반야심경』,『대주선사어록 강설』,『금강경오가해 강설』등이 있으며, 현재 BBS불교방송에서『조주록』을 강설하고 있다.

무구자 도인 주해
# 반야심경

2012년  9월 10일 초판 1쇄 발행
2021년 11월 19일  2판 1쇄 발행


강설 학산 대원 대종사
발행인 박상근(至弘) • 편집인 류지호 • 상무이사 양동민 • 편집이사 김선경
편집 이상근, 김재호, 양민호, 김소영, 권순범, 최호승 • 디자인 쿠담디자인
제작 김명환 • 마케팅 김대현, 정승채, 이선호 • 관리 윤정안
펴낸 곳 불광출판사 (03150) 서울시 종로구 우정국로45-13, 3층
        대표전화 02) 420-3200 편집부 02) 420-3300 팩시밀리 02) 420-3400
        출판등록 제300-2009-130호(1979. 10. 10.)

ISBN 978-89-7479-957-1 (03220)
값 25,000원

잘못된 책은 구입하신 서점에서 바꾸어 드립니다.
독자의 의견을 기다립니다. www.bulkwang.co.kr
불광출판사는 (주)불광미디어의 단행본 브랜드입니다.